行為依存と刑事弁護

性依存・窃盗症などの弁護活動と治療プログラム

神林美樹・斉藤章佳
菅原直美・中原潤一 著
林　大悟・丸山泰弘

日本加除出版株式会社

は し が き

　刑事弁護に携わる中で，特定の行為を病的に繰り返してしまう方と出会うことは少なくありません。我々の依頼者は，自分のしている行為が悪いことだとわかっています。その行為をすれば，社会的・経済的な不利益が生じることも，経験して十分にわかっています。その行為を繰り返すことによって，意に反して，大切な仕事や社会的な信用を失ったり，家族を苦しめたり，盗んだ金額の100倍以上の罰金を何度も支払ったりしています。我々の依頼者の多くは，その行為をやめたいと思っています。しかし，その行為への衝動を抑えることができず，同じ行為を繰り返しては，再び刑事手続に戻ってきてしまいます。最終的には，実刑判決を受けて，刑務所に入る方も決して少なくありません。それどころか，法律の規定により，次に犯罪をしたら絶対に実刑判決になることがわかっているのに，行為をやめられず，刑務所との行き来を繰り返している方さえいます。検察官は，ただただ我々の依頼者を起訴し，裁判官は，ただただ我々の依頼者に実刑判決を下すだけです。

　刑事裁判において，我々の依頼者の行為は，「常習的で悪質である」「規範意識が鈍麻している」等という評価を受けているケースがほとんどです。繰り返された行為の外形だけをみれば，そのような評価を受けることも，やむを得ないことのようにも思えます。

　しかし，弁護士として，特定の性犯罪や万引き「だけ」を何度も繰り返してしまう方の弁護を担当する中で，特定行為への病的依存の実態を目の当たりにしたとき，本人の意思の弱さだけは説明できない問題があるとしか思えないものが多数ありました。そこには，行為依存から抜け出せずに苦しんでいる本人と，本人の行為を止められずに苦悩している家族の存在があります。行為依存の問題に苦しむ方の弁護を担当する中で，特定の行為だけを病的に繰り返してしまう方の行為に対して，「常習的で悪質である」「規範意識が鈍麻している」という形式的な言葉で片付けてしまってよいのかという問題意識を持つようになりました。

　本書は，行為依存の中でも，特に刑事事件となることの多い，性依存と窃盗症の2つの問題に焦点を当てて，行為依存の問題を抱える方の弁護活動，治療的アプローチについて考察しようという試みです。

　刑事手続において行為依存の問題をどのように取り扱うのかについて
は，未だ，十分な議論がなされているとはいえません。弁護士も，検察
官も，裁判官も，事件の背景にある行為依存の問題に気づかないまま終
結しているケースも少なくないのではないかと感じています。本書にお
いては，まず，弁護士が各過程で出会う方々の行為依存の問題に気づく
ためのポイントを解説した上で，性依存や窃盗症の弁護を多く担当する
著者が，どのような問題意識をもって，どんな点に注意しながら弁護活
動を行っているのかを紹介します。

　その上で，精神保健福祉士・社会福祉士として，性依存・窃盗症治療
の最前線に立って支援されている斉藤章佳先生より，それぞれの問題に
対する治療的アプローチについて，解説いただいております。

　さらに，刑事政策・犯罪学の専門家である立正大学法学部准教授の丸
山泰弘先生より，主として薬物問題を題材に，研究者の視点から，依存
症患者への刑罰の在り方について，考察，解説いただきました。

　日本加除出版の皆さまに企画いただいたことをきっかけに，行為依存
の問題を抱える方の弁護に注力している弁護士，及び，行為依存の問題
の専門家である斉藤先生，丸山先生にお声がけをさせていただき，それ
ぞれの立場から議論を重ねた上で，このたび，本書を出版する運びとな
りました。

　本書が少しでも皆さまの弁護活動のご参考になると同時に，このよう
な行為依存に苦しむ方々が従来の刑事手続とは切り離される「問題解決
型裁判所」の導入のきっかけになったら，こんなに幸せなことはありま
せん。

　令和3年2月

弁護士法人ルミナス

代表弁護士　中原　潤一

刊行にあたって

　本書は，若手でありながら，刑事弁護全般で目覚ましい活動を続けている中原潤一弁護士，神林美樹弁護士が企画した行為依存と刑事弁護に関する共著である。

　本書は他に類書に乏しく，今，世に出す意義は大きいと考えている。

　とはいえ，私を含め，本書のタイトルに相応しい執筆者の選定となっているのか疑問を感じる読者もいるかもしれない。「治療的アプローチ」のタイトルとの関係では，共著者に精神科医がいないことは甚だ不十分であるとの批判も当然あり得るところである。

　この点，本書は，情状弁護の実践や技術向上のために第一線で活躍されている菅原直美弁護士を始め，日々の業務の中で信念をもって情状弁護に熱心に取り組んでいる弁護士が各章の執筆を担当している。

　また，本来は入院治療が望ましいが，諸事情によって，入院治療をすることができない患者もおり，そのような患者にとっては，外来治療専門の病院は貴重な存在である。窃盗症のミーティング療法の支援は医師よりはカウンセラー向きだとも指摘されている。このような現状に鑑みると，本書の治療的アプローチに関する章を外来専門の医療機関において行為依存の回復支援を続けてこられた斉藤章佳氏（精神保健福祉士・社会福祉士）に担当して頂いたことは精神科医の代替以上の高い価値がある。

　さらに，丸山泰弘立正大学法学部准教授（刑事政策・犯罪学）に参画頂いたことにより，本書は，学術的な意義を有する内容となった。

　以上の次第であり，本書は，弁護士を対象とした実務書であると同時に学術的な価値もあり，「理想」と「実践」と「理論」をそれぞれ関連付け，バランス良くまとめられた良書に仕上がったと自負している。

　私の専門分野である窃盗症弁護の現状について若干触れておきたい。

　現在，窃盗症の治療効果に期待をして再度の執行猶予判決や罰金判決を言い渡し，懲役の実刑を回避する判例群が形成されつつある。これを

私は，治療的司法観に基づく判例群と評している。現時点では，窃盗症の量刑判断においては，思考停止された行為責任主義と治療的司法観に基づく判例群が拮抗した状況にあると理解し得る。

　ここで裁判官に申し上げたい。刑事裁判において被告人を裁くのは裁判官である。しかし，裁判官が署名した判決文は歴史に裁かれる。後世における刑事司法の研究者は，異口同音に「精神障害者が治療を中断させられて刑務所に収容されていた暗黒の時代があった」と断ずるであろう。今こそ思考停止された行為責任主義に基づく判決ではなく，治療的司法観に基づく判決を志向すべき時がきたのである。

　また，私には忘れられない検察官がいる。私の説得に応じて勾留請求を取りやめ，被疑者の治療風景を見学した上，累犯前科を抱えた被疑者を起訴猶予にしてくれた。その時の元被疑者は，その後，精神保健福祉士となり，窃盗症患者の治療に携わるようになった。

　弁護人に告げたい。依頼者が懲役の実刑判決を受けた場合に，検察官や裁判官の無理解を理由としてはならない。自らが望む結果が得られなかった場合，その結果責任はもとより弁護人のみが負うべきものである。自らの弁護の拙さを棚に上げて他者に責任転嫁するのでは自らの弁護技術の向上は見込まれないであろう。

　本書が一人でも多くの法曹実務家の目にとまり，情状弁護の技術向上，治療的司法観に基づく裁判実務に寄与できれば共著者の一人としてこの上ない喜びである。

　本書の出版には，日本加除出版の渡邊宏美氏に，周到かつ熱心なご助力をいただいた。同氏のご尽力がなければ本書は世に出ることはなかったであろう。厚くお礼を申し上げたい。

　令和 3 年 2 月

弁護士法人鳳法律事務所
代表弁護士　林　　大悟

目　次

第1章 行為依存症者を弁護すること 〜本書の活用方法など〜

第1 弁護士が出会う「行為依存症者」とは

1 弁護士は依存症者と出会う職業である

　「悪いこと」だと分かっていれば，やらない。これが社会や集団の中で安心・安全に暮らすためのルールであり，私たちはそれぞれに自制しながらこのルールを守って暮らしています。

　しかしながら，弁護士として仕事をしている中で，このような人たちに会ったことがあるかもしれません。

> ・パチンコをやめなければ経済的に破綻する状況にも関わらずやめられない人
> ・窃盗行為が犯罪になるとわかっているのに万引きを繰り返す人
> ・痴漢行為を繰り返し，警察に捕まったことがあるのにまたやってしまう人

　このように，「ある行為で自分に不利益やリスクがある（つまり『悪いこと』である）と分かっているが，その行為をやめたくても自制できない」状態になっている人たちが，本書のテーマである「行為依存症者」たちです。

　彼らは，財産を失い，家族や愛する人を失い，自分の良さや能力を生かせる会社や学校という場を失うという大きな犠牲を払いながらも，それらの原因となっている依存行為をやめることができない，という依存

症の状態にあります。

　もっとも，彼ら自身が自らの状態を「依存症」であると理解して，自発的に病院などの治療機関や援助に繋がるケースは多くありません。彼らはむしろ自分たちの依存行為を恥じてそれを隠そうとするため，依存行為に対する必要な治療や支援を受けることができないまま，依存行為が繰り返され，問題が深刻化していきます。

　このように隠される傾向にある依存症ですが，実は依存症の人と最も出会いやすい職業と言えるのが，私たち弁護士ではないでしょうか。彼らは，依存行為そのものについて問題視することは避けられても（このように自分が依存症であることを認めない態度を「否認」といいます），そこから派生する多重債務や犯罪行為という法律問題を放置し続けることはできません。その結果，彼らは自ら若しくは周囲の勧めで弁護士の元を訪れることになります。

　そこで，本稿では本書の総論として，弁護士が行為依存症者と出会ういくつかの典型的な場面を紹介するとともに，弁護士が行為依存症者などに接する際の注意点などについてお話ししたいと思います。

2　法律相談

　行為依存症者が直面する法律問題のうち，多いのは多重債務と夫婦・家族関係に関する問題です。依存行為者は，例えばギャンブルや買い物といった依存行為を続けるために，借金を重ねているケースが少なくありません。また，依存行為を続けることで，夫婦間や家族間の信頼関係が悪化していたり，生活費を使い込んでいたり，家族の承諾を得ず勝手に家族名義の借り入れをしたりしています。

　そこで，多重債務の相談や，離婚相談の際には，相談の背景に依存症の問題が隠されていないかを気にしながら，事実関係の聞き取りをすることがあります。

　例えば，次のような質問を例に挙げてみましょう。

第1章
行為依存症者を弁護することと〜本書の活用方法など〜

（多重債務の相談の場合）
・最初に借り入れをしたのはいつ，どのようなきっかけか
・借り入れたお金を何に使っていたか（生活費以外に使っていたことがないか）
・（借り入れとは関連付けせずに）趣味はあるか，趣味に使うお金はどのくらいか
・本人名義の他に，他人名義での借り入れがあるか
・多重債務について家族は知っているか（知っているとして反応はどうか）
・（端的に）ギャンブルはするか，ギャンブルの種類・頻度や使う額はどうか

（離婚等家族に関する相談の場合）
・不仲になったきっかけは何か
・不仲の原因についてどう考えているか
・相手は不仲の原因についてどう言っているか
・相手とのやり取りで言ったことや言われたこと

　このように，通常の法律相談で聞き取る内容を少し工夫して，質問する側が行為依存について念頭に置きながら事実関係を聞き取ることで，その法律問題の背景に依存症が隠れているかどうか，ある程度の予測ができるようになります。例えば，借り入れや不仲になったきっかけが相談者のギャンブルにあるような事実や，相手から「ギャンブル依存症ではないか」と言われたなどというエピソードを聞き取ることができれば，法律問題の背景にギャンブル依存症による生活の破綻があるのではないかと想像できるようになります。

　もちろん，弁護士は精神医療の専門家ではありませんので，依存症かどうかを医学的に判断することはできません。しかし，行為依存ではないかという視点を持つことで，相談者の問題を根本から解決するためには，目先の法律問題そのものの解決だけでなく，依存症に対する治療や

支援まで必要なのではないか，というより根本的な視点を持って，アドバイスできるようになります。具体的には，債務整理についてアドバイスをすることに加えて，債務の原因となるギャンブルについて適切な相談機関や治療機関を紹介することで，多重債務の連鎖を断ち切る根本的なアドバイスを提供できることになります。

　本書の各論は必ずしも民事事件を念頭にした内容ではありませんが，各論で紹介される治療や支援は民事事件でも役立つ内容であることを意識して読み進めることをお勧めします。

3　刑事事件

　また，依存行為そのものが犯罪行為に当たることがあります。窃盗行為や痴漢行為などは，それ自体が窃盗罪や強制わいせつ罪などの刑事事件となります。

　弁護士は，当番弁護士や国選弁護人として，また私選弁護人として，行為依存症者に出会う機会があります。彼らの再犯を防ぐために，彼らを適切かつ有効な治療機関や支援団体に繋げることが，弁護活動の大きな柱になります（具体的な弁護活動は本書各論を参照）。

4　まとめ

　弁護士は，法律相談や民事事件，刑事事件，いずれにおいても行為依存症者と出会う可能性がある職種である，というイメージをお持ちいただけたでしょうか。

　弁護士が，依存症やその治療に関する知識を多少なりとも持っていることで，依頼者が抱える法律問題を，行為依存というその根本原因から捉えることができるようになります。そのうえでなされる法的アドバイスや弁護活動は，表面上の問題解決に留まらず，おのずと彼らの悩みや苦しみを根本から解決するきっかけを提供するものとなるでしょう（最近では「治療的司法」という分野でこのような弁護活動を実践する弁護士も増えて

います)。

　本書で紹介される内容や知識は，弁護士としての仕事の幅を広げるとともに，司法の「問題解決」という役割そのものに対する根本的なスキルアップや問題解決能力の底上げにもつながるものと期待して読み進めていただければ幸いです。

第2 依存症の背景を知るということ

1　依存行為は『意思の弱さ』か

「自分の意思が弱いからです。」

　行為依存症者に対して，なぜ依存行為をやめることができないのかと尋ねると，このような答えが返ってくることがあります。また質問する側の私たちも，「費用対効果を考えたらやめられるのではないか。」「大切な人を思い浮かべれば依存行為を思い止まることができるのではないか。」といった『意思の弱さ』をベースとした見方を捨てきれていないかもしれません（例えば刑事事件での検察官の論告や，裁判官の説示などにはこのように『意思の弱さ』を叱咤するものが未だに多く散見されます）。

　しかしながら，依存症は，自分の意思では依存行為をコントロールすることができないという状況であり，上記のような見方や自己分析がもはや役に立たなくなっている状況であることを，ここで改めて確認する必要があります。

2　自己治療仮説と依存行為を支える「杖」

　では，どうして依存行為をやめることができないのでしょうか。この疑問に対する現在の最も有力な学説は『自己治療仮説』というものです。この仮説は，今から30年以上前にアメリカ合衆国の精神科医によって提唱され，日本では依存症治療の権威である松本俊彦先生が翻訳で紹介されています（エドワード・J・カンツィアンほか著『人はなぜ依存症になるのか──自己治療としてのアディクション』（翻訳：松本俊彦医師），星和書店，2013）。

　この仮説によれば，行為依存症を含む依存症とは，「その人が辛い出来事や困難な状況などに耐えるために，依存行為を繰り返した結果である」とされています。例えば暴力や虐待やその他辛い経験をしている人が，それに耐えるため（辛さを忘れさせてくれる）例えばギャンブルなどの

行為をするようになり，繰り返すことで依存症になってしまう，ということです。

　行為依存症者が，依存症になりながらも生き延びることができた，という意味で，依存行為はその人を支えていた「杖」の役割を担っていたと例えられることもあります。

　弁護士として行為依存症者と関わる際には，その人が過去に何かつらい経験や困難を経験しており，行為依存を繰り返しながらそれに耐えて今日まで生き延びた，という側面があるのではないか，このような依存症の背景事情に思いを致していただきたいと思います。

　その人が「杖」で何を耐えてきたのかに目を向け，虐待や過去のトラウマなどの背景事情を知ることができれば，行為依存症者に向き合う弁護士の側にもおのずと行為依存に対する共感や理解が生まれ，その弁護活動がよりその人を理解した適切なものになるのではないかと思います（弁護活動の具体例は本書の各論を参照）。

第3 行為依存症者等とコミュニケーションを取る際の注意点

1　依存症者本人とのかかわり方

　弁護士が依存症の知識を持つことは,「この人は行為依存症かもしれない」という気づきを法的アドバイスに生かすことができるというメリットがあります。しかしながら,他方で,弁護士はもちろん医師ではなく,依存症について専門的な診断をする立場にはありません。そのため依存症者本人との関係では,依存症ではないかという疑いやそれに基づくアドバイスについて,その言い方や伝え方に気を付ける必要があります。

> （注意点1）
> ・断定や決めつけはしない

　例えば,「もしかするとギャンブルという行為に依存しているようにも思えるのですが,そのように言われたことや思ったことはありませんか。」と断定を避ける。

> （注意点2）
> ・依存症者の心情に配慮する

　依存症の疑いを持たれること自体が相手に抵抗やショックを与えることも多いため,「失礼に聞こえたらごめんなさい。」「あくまで私が今伺ったお話の範囲で少し気になったところなのですが」など言葉の印象を和らげる工夫をする。

> （注意点3）
> ・法律問題と関連することを説明する

　例えば,「破産をする場合にギャンブルは免責不許可事由とされています。この点を乗り越えて免責を認めてもらう方法として,ギャンブル

依存症について診察を受け，必要な治療や努力をしていることを裁判所に伝えてみるのはどうでしょうか。」などと説明をする。

2　周囲の人間関係への配慮

　行為依存症者の身近にいるその家族や親しい友人などは，借金を無心されていたり，必要な生活費を入れてもらえないなど，すでに行為依存症者から迷惑や不利益を被っている場合が少なくありません。

　通常であれば，例えば弁護士がその弁護士費用を家族に支援してもらえないかと考えたり，行為依存症者に必要な治療や支援について家族にも協力を求めたいと思う場面であっても，そのような支援や協力を家族から拒まれることがあります。なお，行為依存症者本人はこのような家族や周囲の支援を得られると期待し，弁護士にはその期待が実現可能であるかのように伝えている場合もあります。弁護士が家族と話をしてみたらご本人から聞いた話と違うということもあります。

　行為依存症者の相談や依頼を受けるときには，行為依存症者の周囲の人間関係が悪化している状況や可能性を踏まえながら対応すべき場合があることを念頭に置いておくことをお勧めします。

（関係が悪化している例）
・家族から多額若しくは複数回の借金をしている
・行為依存症者が家族に無断で家族名義の借り入れをしている（クレジットカードの無断使用等もある）
・行為依存症者が必要な生活費を入れない
・行為依存症者が依存行為を隠すために嘘をついたり暴力を振るう
・行為依存症者の依存行為が犯罪に当たることを知り家族が悩んでいる

3　治療や支援を提供する機関との連携について

　弁護士が，行為依存症者と思われる相談者や依頼者と出会い，彼らに

必要な治療や支援を勧めようと考える場面では，そのような治療や支援を提供する機関をどのように探し選定するかについても問題となります。

　最近では，依存症の治療の一部に保険適用が認められるようになったことなどを背景に，依存症の治療や支援をする機関も増えてきています。以下では，目の前の相談者や依頼者にとって適切と思われる医療機関や支援団体等を探すプロセスの一例をご紹介します。

（プロセスの一例）
1　本人の希望を聞き取る

> 住んでいるところに近い方が良いか，料金についてどこまで負担できるか，入院が良いか通所施設が良いか，などの希望を聞き取る

2　インターネット検索などを利用して情報収集をする

> ①　「ギャンブル依存症」「本人の住む市区町村名」などのキーワードで検索する
> ②　検索結果から，機関のホームページや口コミを確認する
> ③　インターネット上で不明な点は直接機関に問い合わせをする
> 　（その際は本人の個人情報の取り扱いに注意し，本人の情報開示を伴わない一般的な問い合わせの形式をとることが無難である）
> ④　本人に治療や支援を受ける資金がない場合には，自助グループ（依存症の人たちが自分たちで運営しているピアカウンセリング・グループ）を探すこともある。この場合は「自助グループ」「依存行為のキーワード（ギャンブルなど）」「本人の住む市区町村名」で検索することで最寄りの自助グループを探すことができる

3　2の情報収集を踏まえて，本人の希望に沿う機関を選定する

> 弁護士と本人で意見交換をしながら選定を行う

4　3で選定した機関に本人から連絡をしてもらう

> ①　弁護士は守秘義務があり，弁護士から連絡することでむしろ相手機関に不信感を抱かせる場合もあるため，可能な限り本人から連絡をして受診等をしてもらう
> ②　どうしても弁護士から連絡する必要がある場合（本人が身体拘束されている場合など）は，本人から個人情報の提供に関する同意を得てから連絡をする

　以上のようなプロセス以外にも，弁護士がすでに適切な機関を知っている場合などもあるかと思われます。上記プロセスに捉われず，弁護士が本人とコミュニケーションを取りながら，本人にとって最も良いと思われる機関（本人が好感をもった機関であるとか，通いやすい料金・場所であるなど）を選定することが大切だと思います。また，適切な機関につないだ後も，弁護士が法的問題を解決する過程と並行して治療や支援が行われ，弁護士の側でその経過を弁護側立証や破産の申立書などに盛り込み裁判所に伝えるため，「つないで終わり」ではなく，代理人として専門機関と信頼関係を構築することも必要となります。

　行為依存症者のために，弁護士と適切な機関が連携する具体的なイメージは，本書の各論を参考にしてお持ちいただければと思います。

4　専門機関との連携における注意点

　上記3のように，本人が専門機関で治療や支援を受ける場合，弁護士は本人の法的問題を解決するプロセスにおいて専門機関の助力を得たり，

その治療経過を裁判所や捜査機関に報告するという場面があります。本人の法的問題が，民事事件なのか，刑事事件なのかによっても，弁護士が専門機関に依頼する助力の内容は変わります。他方で，専門機関の側では，司法に対する知識や理解が十分でないことがありえます。

　弁護士の側では，このような司法と医療・福祉のそれぞれが何を分担しているのか，また司法の側ではどのようなプロセスの中で，専門機関のどのような助力が求められるのかを，連携の当初から丁寧に説明するよう心がけることも必要となります。

　例えば，刑事事件の場合，専門機関に意見書の作成を依頼し，それを弁護側の証拠として請求することがあります。このような場合，弁護人は検察官の証拠意見が不同意となれば，意見書を作成した専門職に証人としての出廷まで依頼するのかを事前に十分検討したうえで，専門機関に対しては依頼の内容や範囲（意見書の作成までか，証人出廷まで含むのか）を正確に伝えましょう。

第4 まとめ

　本書の各論では，具体的かつ典型的な性依存・窃盗症の2つの行為依存を取り上げて，その弁護活動及び治療や支援について詳しく紹介します。その内容は明日から使える実践的なものであり，読み進める際には是非これまで出会った相談者や依頼者を思い出しながら，自分ならどのように弁護し，どのような治療や支援につなげるだろうかと想像しながら読み進めていただければと思います。

　また，本書第6章では，学術的な観点から，海外において司法がどのように依存症と向き合っているのかについて，比較法的な視点の論考も紹介されています。わかりやすい例として薬物事犯などが挙げられておりますが，行為依存症者の処遇についても理論や問題状況は共通しています。特に，海外では裁判所が主導している点なども大変興味深いものです。日本の現状が全てではないことを知っていただくとともに，個々の弁護活動の中に海外のアイディアを取り入れられないか，それをどのように裁判所に伝えていくか，という一歩先の弁護活動をより具体的にお考えいただくためのヒントとして，ぜひ活用してください。

　行為依存症者にとって，行為依存を繰り返している日々は，ギャンブルや痴漢に明け暮れて自分勝手に見えるその外観に反し，本人の内面は辛く苦しくみじめな日々であることも多くあります。私たち弁護士はそのような内面の語りに耳を傾け，彼らの生活が破綻に向かう悪循環を法的に解決しながら，同時に彼らが行為依存をやめてその人らしく生きられる「生き直し」のきっかけを提供できる存在になれるのではないでしょうか。そのような個々の弁護実践に本書をお役立ていただければ嬉しく思います。

第2章　性依存と刑事弁護

第1　性依存という問題を知る

1　性犯罪の背景にある性依存の問題

　性犯罪の背景に，性依存の問題があることは少なくありません。

　しかし，その問題の深刻さとは裏腹に，性依存の問題は，刑事手続の中で，見過ごされてしまいがちです。

　その原因としては，以下の点が挙げられます。

(1)　性依存問題の「気づきにくさ」

　1つ目は，性依存の問題に対する「気づきにくさ」です。

　性依存に限らず，何らかの精神障害を抱えている方の弁護活動を行う場合，私たち弁護人は，まず，依頼者との接見を通じて，障害があるかもしれないと気づくことが重要です。

　もっとも，弁護人は精神科医ではありませんので，当然のことながら，依頼者の抱えている病名を正確に判断することなどできませんし，その必要もありません。

　接見をする中で，何か違和感があると感じること。その素朴な違和感をキャッチすることが重要です。

　一般的に，このような違和感は，犯行動機や犯行態様の聴き取りの中で感じることが多いと思われます。たとえば，統合失調症患者による殺

人事件では，動機に幻覚や妄想が存在したり，犯行態様が不必要に執拗で残虐であることがあります。このような犯行動機や犯行態様の異常性から，素朴な違和感をキャッチし，障害があるかもしれないと気づくことは，その病気に関する知識がなくても，比較的容易であるといえます。

　他方で，性依存症患者による性犯罪の場合，一見すると，動機は自己の性的欲求を満たすためであるということで説明可能なようにみえます。そのため，動機から違和感をキャッチしにくいという側面があります。仮に，性的欲求の充足が主たる動機でないとしても，性依存症患者は，事件当時の自己の心理状態をうまく説明できないことが多いため，犯行動機は，性的欲求に基づくものだと安易に思われてしまう危険性が高いといえます。

　また，性犯罪という性質上，態様も，性的羞恥心を害するわいせつ行為という形態をとるため，その態様だけを客観的に観察すれば，性的欲求の充足に向けた行為として捉えることが自然に見えるケースが多いです。

　そのため，対象事件の動機や態様それ自体から違和感をキャッチし，性依存の問題に気づくことは難しいのではないかと考えられます。

　このように，依頼者との接見を通じた違和感の受け取りにくさが，性依存の問題に対する「気づきにくさ」の背景にあると考えられます。

(2)　性依存問題のハードルの高さ

　2つ目は，「性依存の問題を取り上げることに対するハードルの高さ」です。

　性依存とは，性的問題行動に対するコントロールを喪失し，やめたいと思っていても衝動に抵抗できずに行為を繰り返した結果，重大な心理的・社会的問題を引き起こしている状態をいうと解されています。

　性依存の状態にあることは，行為依存の一類型である心の病気として，精神科領域の治療が必要であると考えられています。

　もっとも，現時点では，精神科診断において広く用いられている，国際的診断基準である DSM-5（「Diagnostic and Statistical Manual of Mental Disorders」第 5 版）や ICD-10（「International Classification of Diseases」第 10 版）において，「性依存症」という名称の診断分類は設けられていません。

　そのため，弁護人が性依存の問題を法廷で取り上げた場合，検察官は，「性依存症は DSM-5 にも ICD-10 にも掲載されていないので，精神障害には当たらない」という趣旨の反論をしてくることがよくあります。

　しかし，そもそも，DSM-5 や ID-10 の診断分類は普遍的なものではなく，医学の進化と共に刻々と変化していくものなので，そこに掲載されているか否かが決定的な意味を持つものではありません。そして，刑事裁判は，診断名により（法的な責任非難の程度が）判断されるわけではなく，事件当時にどのような精神障害があり，それが犯行にどのように影響を与えたのかが問題となるのですから，上記のような検察官の主張は失当といえます。

　もっとも，上記のような検察官との応酬が想定されるため，刑事裁判で問題となることが多い精神障害（統合失調症やうつ病など）や，依存症の中でも DSM-5 や ICD-10 に掲載されている窃盗症による影響を主張する場合に比べると，性依存の問題を法廷で取り上げることに対して，弁護人がハードルの高さを感じているのかもしれません。

　また，現在のところ，性依存症の治療に対応している医療機関はきわめて少なく，依頼者が望んだとしても，適切な治療につながることが難しいという実情があります。そのため，医療機関と連携した弁護活動にも自ずと限界が生まれます。このような性依存の問題に対する社会資源の少なさゆえに，なし得る弁護活動に限界を感じて，弁護人が示談交渉以外の情状弁護活動を行うことをあきらめてしまうケースも少なくないのではないかと感じています。

　しかし，ハードルの高さを理由に，弁護人があきらめてはなりません。

　性犯罪の背景に性依存の問題があるケースが多くあることは，刑事施設において，性依存的傾向が認められる人（性犯罪の要因となる認知の偏りや，自己統制力の不足等がある者）に対して，性犯罪再犯防止指導（性依存症

の治療モデルである認知行動療法を中心とする）を行っていることからも明らかです。法務省も，性依存的傾向が認められる人の再犯防止を図るためには，認知行動療法の実施が重要であると考えているのです。私たち弁護人は，性依存の問題に対して，現存する社会資源を活用し，どのような弁護活動を行うことができるのかを模索し，実践していくことが大切です。

2　性依存の問題に対する「気づき」の重要性

　では，そのような弁護活動を行う前提として，どうしたら，性依存の問題に気づくことができるのでしょうか。

　着眼点としては，

　①　性依存とはどのような問題なのかを知ること

　②　違和感をキャッチするための着目点を意識して対話すること

の2点が重要ではないかと考えています。

　性依存という問題の正体がわからなければ，性犯罪＝すべからく性的欲求充足のための行為であると勘違いして，問題を見過ごしてしまうおそれがあります。そのような見過ごしがなされ続ける限り，性依存の問題の根本は解決されず，それゆえ，再犯が繰り返されるおそれが高まります。このような負の連鎖は断ち切らなければなりません。まずは，性依存の問題に関する基本的な理解が必要不可欠です。

　そして，性依存の問題に関する基本的な理解を前提として，対話における着目点をほんの少し意識すれば，素朴な違和感をキャッチすることは，決して難しくはありません。

　①については，次章「性依存症者の地域トリートメント」の項でくわしく解説しておりますので，そちらを参照ください。

　本稿では，まず，性犯罪の初動対応について，否認事件・自白事件に分けて簡単に説明します。自白事件のパートの中で，②の着目点についてもお話しします。

　その上で，自白事件を前提に，性依存症患者による性犯罪に関して，捜査段階の弁護活動，公判段階の弁護活動について，順番にお話しします。この中で，著者の実際の経験をもとに，これまで実践してきた弁護活動についてもお話ししたいと思います。

　そして，最後に，判決後のことについても若干触れたいと思います。

第2章

性依存と刑事弁護

第2 性犯罪の初動対応

　ここでは，逮捕直後の初回接見の場面を想定して，否認事件・自白事件それぞれの初動対応について，お話しします。

1　否認事件の初動対応

　否認事件の場合，まずは，「本当は何があったのか」という依頼者の話を丁寧に聴き取ります。

　性犯罪とひとくくりにいっても，そこには多種多様な事件が含まれています。罪名によっても，依頼者のおかれている状況によっても，否認の理由はさまざまです。

　まずは，「本当は何があったのか」という依頼者の話を丁寧に聴取したうえで，否認の理由（法的根拠），例えば，犯人性否認なのか，対象行為について被害者の同意があったことを主張するのか，行為の内容を争うのかなどを検討します。

　上記のような聴き取りと検討を一通り行ったら，次に，依頼者に対して，今後行われる捜査機関による取り調べにどのように対応したらよいのかを，具体的にアドバイスします。否認事件の場合は，特段の事情がない限り，黙秘することをアドバイスします。いまだ情報も少なく，捜査機関の持っている証拠を見ることができないこの段階で捜査機関に対して話をするメリットは何もない反面（依頼者が話をしたところで，その言い分を信じて，すぐに釈放してくれるということはあり得ません），話をすれば，依頼者の言い分を潰す捜査をされてしまうリスクが生じます。また，人の記憶は，100パーセント正確であることはあり得ないところ，もし，依頼者の話の中に，一部，客観的な証拠と異なる不正確な供述が含まれていた場合（このようなことは常識的に考えて十分起こり得ることです），捜査機関はこれを供述調書に記載し，裁判になった場合には，この調書を利用して，当初依頼者は客観的な証拠に反する供述をしていたと主張する

ことが予想されます。捜査に協力して作成に応じた供述調書が，後に，依頼者にとって不利な証拠として利用されてしまうのです。

　このようなリスクがあることを前提に，依頼者の利益を護るためには，取り調べに対しては，黙秘することが最善であること，黙秘権の行使は憲法上保障されている権利であり，黙秘権を行使したことを理由に不利な取り扱いをすることは許されないことなどについて，わかりやすく説明したうえで，依頼者が取り調べの場面で黙秘権を行使することができるように，リハーサルを行いましょう。著者は，性犯罪の否認事件で，多数の不起訴処分，複数の無罪判決を獲得した経験がありますが，全ての事件において，捜査段階の最後まで黙秘する方針をとりました。

　本稿は，被疑事実に争いのない自白事件を前提に，性依存の問題を抱える方の弁護活動を主題としていますので，否認事件の初動対応については，以上の簡単な説明にとどめたいと思います。

2　自白事件の初動対応

(1)　依頼者からの聴き取り

　被疑事実に争いのない自白事件の場合も，まずは，「事件当日に何があったのか」という依頼者の話を丁寧に聴き取るところから始めます。

　このとき，弁護人が被疑事実を読み上げて「このとおりで間違いないですか？」と聞いてはいけません。そのような，捜査機関と同じ誘導的な聴き方をすれば，依頼者が委縮・迎合してしまって，本当のことを言えなくなってしまう危険性があるからです。弁護人が誘導して聴くのではなく，事件当日の出来事について，依頼者自身の言葉で，時系列に沿って，具体的に説明してもらいましょう。その話を聴いて，被疑事実の内容と依頼者の話との間に齟齬がないかを確認してください。

　齟齬がないこと（被疑事実に争いがないこと）を確認したら，次に，本件行為に至った「動機・経緯」について，依頼者の話を聴きます。さらに，身上関係（家族との関係や就労状況等）や余罪の有無，前科・前歴等につい

ても，聴いていきます。

　これらの聴き取りを通じて，事件の背景に性依存の問題がある可能性があるか否かについて，一次的な検討を行います。初回接見の段階で着目すべきポイントは大きく分けて2つあります。

　1つ目は，動機についての依頼者の説明

　2つ目は，対象行為の常習性　です。

ア　動機についての依頼者の説明

　性犯罪の動機＝すべからく性的欲求を満たすためであると安易に考えられがちです。判決書の量刑理由では，「自己の性的欲求を満たすためという身勝手な動機に酌量の余地はない」というような紋切り型の認定がなされるケースがほとんどであるといえます。この点が他の犯罪類型との顕著な違いです。たとえば，殺人事件では，怨恨，逆恨み，介護殺，無理心中…といった様々な動機が存在し得るので，弁護人も慎重に動機の聴き取りを行うはずです。しかし，性犯罪の場合は，「性的欲求の充足以外の動機が想定し難い」という固定観念があり，接見の際，動機の聴き取りに重きがおかれていない可能性があります。

　そのような固定観念は捨てて，依頼者に動機についての説明を求めましょう。

　このときに大切なことは，依頼者が話しやすい環境を作ることです。一般論として，性的な事柄について他人に話をすることに対しては，誰しも，少なからず躊躇いの気持ちが生じます。ましてや，逮捕されているという特殊な状況下で，精神的な動揺が強くある中，初対面の弁護人に対して，性犯罪行為の理由を話すことは容易ではありません。そのような心境を前提に，安心して話をすることができるような雰囲気作りを心がけてください。早口・強い口調・詰問するような聴き方をしてはいけません。それでは，相手を委縮させてしまいます。不自然でないくらいのゆっくりしたペースで，おだやかな口調を意識し，あなたの味方として話を聴きたいんだということが伝わるようなニュアンスで質問すると良いと思います。

　依頼者から見て弁護人が異性である場合には，より一層，話しにくいと思われる可能性もあります。そのような可能性があることを想定し，弁護人は，法律の専門家であり，その専門分野について相談することに躊躇いを感じる必要がないということが伝わるような言葉（むしろ事件を解決するために依頼者が相談したいと思う言葉）を添えることも，依頼者の真意を聴き取るうえでは重要なことです。

　また，必ずしも初回接見で聴取しなければいけないわけではありません。上記の通り初対面の弁護人に対して，自分の最もプライベートな部分である性的衝動の理由をすぐに話せる人はいないでしょう。接見を重ねる中で，信頼関係を積み上げて行き，タイミングを探った方が良いケースもあります。

　動機を尋ねる質問に対して，依頼者が，「つい魔が差してしまった」「性的欲求を抑えられなかった」など，性的欲求の充足のためであったと自身の言葉で明確に述べた場合は，同種行為を常習的に反復していたというような特別の事情がない限り，性的欲求に基づく一過性の犯行であり，事件の背景に性依存の問題がある可能性は低いと考えることができると思います。

　他方で，「ストレスが溜まっていて，その発散のためにやってしまった」「性的な気持ちもゼロではなかったかもしれないけれど，そういう気持ちからやったのではない」と述べたり，「なぜこんなことをしてしまったのか自分でもわからない」と述べたりして動機をうまく説明できないような場合には，性依存の問題がある可能性を疑います。

　一般的な感覚とは異なり，性依存症患者の多くは，性的欲求を充足するために対象行為（性犯罪である場合には当該性犯罪行為）を行っているわけではないと考えられています。性依存症患者の実態については，次章においてくわしく解説されていますが，性依存症患者の多くは，ストレス脆弱性が強く，ストレスに対するコーピング（対処行動）のレパートリーが乏しい状態にあるところ，溜め込んだストレスが高まったときに，

衝動的にストレスフルな心理状態へのコーピング（対処行動）として性的問題行動を用いていると解されています。対象行為をしている間は，別人格が行為するような一種の解離状態にあり，強いスリルと達成感・高揚感を感じており，そのような刺激（報酬）を得るための衝動抑制がきかなくなって，同じ行為を繰り返してしまう，と説明されることもあります（榎本稔「性依存症の精神病理」同『性依存症の治療』（金剛出版，2019））。

　上述の「ストレスが溜まっていて，その発散のためにやってしまった」という説明は，まさに，ストレス脆弱性，及び，ストレスへのコーピング（対処行動）として対象行為を用いているという性依存症患者の典型的な症状を表しているといえます。

　また，「性的な気持ちもゼロではなかったかもしれないけれど，そういう気持ちからやったのではない」という点も，性的欲求充足が対象行為の目的ではないという，性依存症患者の特性に合致しています。

　「なぜこんなことをしてしまったのか自分でもわからない」という点は，対象行為中は一種の解離状態にある（それゆえ行為中の記憶は明確でない）という特徴と整合します。これらのことを依頼者の説明から推測して，性依存の問題があるかもしれないという疑いを持つことが重要です。

　繰り返しになりますが，弁護士は精神科医ではないので，依頼者が性依存の状態にあるのかを判断することなどできませんし，その必要もありません。

　弁護人がなすべきことは，依頼者の話を丁寧に聴き取り，その中で違和感をキャッチして，問題がある可能性に気づくことです。逮捕直後の早期の段階で依頼者に会えるのは弁護人だけであり，問題の所在に気づくことができるのも弁護人だけです。「気づくこと」の大切さを自覚し，もし疑いが生じたら，依頼者の意向を確認したうえで，本人が希望するならば，医療機関への橋渡しをして，精神科医の診断を受け，適切な治療を受ける機会を確保することが弁護人の与えられた役割であると考えています。

　ここで注意すべきは，上記のような依頼者の話を「性的欲求からした行為だと認めるのが嫌でストレスにかこつけた不合理な言い訳をしてい

るだけだと捉えてはいけない」ということです。捜査機関の取調べでは，依頼者が，ストレスが行為の引き金となった旨説明すると，取調官は，「あなたの話はよくわからない」「性的な気持ちがあったらから，やったんだろう」「ストレスがあるからといって，誰もが性犯罪をするわけじゃない」などと言って，依頼者の話を不合理な言い訳だと決めつけてきます。そのような取調べを受けた経験のある依頼者であれば，弁護人に対して説明をしても理解してもらえないのではないかという不安を抱く可能性は十分にあります。

　センシティブな心理状態にある依頼者が，弁護人の反応を見て，やっぱり信じてもらえないのだと，真意を話すことをあきらめてしまうおそれもあるでしょう。そのような事態とならないように，依頼者の話に，丁寧に耳を傾けてください。

　一方で，捜査機関は上記のような依頼者の話を「性的欲求からした行為だと認めるのが嫌でストレスにかこつけた不合理な言い訳をしているだけだ」と捉えます。そして，何とかして「性的な気持ちがあったからやりました」という供述調書を作成させようとします。ですので，たとえ依頼者が被疑事実を認めているケースだとしても，取調べ対応として黙秘の選択をするべきです。公判でせっかく専門家に依頼したとしても，「性的な気持ちがあったからやりました」という供述調書を矛盾供述として利用されてしまうだけです。そして，論告で，「捜査段階では性的な気持ちがあったからと供述しておきながら，公判では依存症のせいにして本件と向き合っていない。反省していない。」などという無理解な指摘を受けることになります。やはり原則通り黙秘をするべきでしょう。

イ　対象行為の常習性

　仮に主たる動機がストレスへのコーピング（対処行動）であるとしても，それが初めての行為であれば，性依存の問題が強く疑われる状況とはいえません。ストレスから自暴自棄になって性犯罪を行うケースもあります。それがただ1度の行為なのであれば，ストレス反応等による影響は考え得るとしても，当該行為について，性依存の問題が生じること

は基本的にはありません。

　性依存は，依存症の 1 つであり，行為・プロセス依存の一類型として，特定の性的問題行動を反復し，これに耽溺した状態を意味します。対象行為への依存が問題の中核にあります。そのため，対象行為の常習性の有無が，「問題に気づく」ための 1 つのメルクマールとなります。

　常習性の有無については，余罪や前科・前歴に関する聴き取りの中で確認することができます。

　ここで重要なのは，性依存症患者は，通常，「同じ行為のみを繰り返す」ということです。性犯罪といっても，そこには，痴漢，盗撮，露出，（準）強制わいせつ，（準）強制性交等，児童買春など，態様の異なる様々な行為がありますが，これまで，性依存症患者の弁護を担当した経験の中で，著者の知る限り，痴漢をする人は痴漢だけ（電車内などの犯行の状況もほぼ同じ），盗撮をする人は盗撮だけ，路上で特定のわいせつ行為（背後から抱き着いて胸を揉む，キスをするなど）をする人は同種行為だけ，露出行為をする人は露出行為だけを繰り返すことが多く，その他の性犯罪行為はほとんどしていません。性的欲求をより解消するために，痴漢から強制わいせつ，強制わいせつから強制性交等へというように，より重大な性犯罪行為へとエスカレートすることもありません。ひたすらに同じ行為のみを病的に繰り返しているのです。まさに「特定の行為」を反復し，耽溺している状態といえます。

　また，余罪や前科・前歴について聴き取りを行う際には，抽象的に，該当する罪名を確認するだけではなく，いつ頃から，どこで，どのような行為を，どれくらいの頻度で行っていたのかについて，できる限り具体的に聴き取ることが重要です。そして，今回の犯罪行為と同種行為の常習性が認められるかどうかを確認します。対象行為の常習性が認められる場合には，性依存の問題を疑います。

　なお，性犯罪行為が繰り返された場合，一般的な感覚としては，そこに性的な意図がないとは考え難いのですが，依頼者の話をよく聴くと，たとえば，陰部を見せつけるという露出行為だけを繰り返すケースでは（非接触型），陰部を見せつけて，相手のおどろく顔を見たい（それがスト

レス発散になる）と思っていたけれども，性的な興奮という感覚は乏しく，ましてや相手に触れたいという気持ちは皆無で，異性との性交渉の経験も興味も一切ないと断言する人もいました。このエピソードは，性的欲求充足のためではなく，ストレスへのコーピングとして，対象行為を繰り返しているという性依存の特徴をよく表しているといえます。

(2)　小括

　初回接見において，これらの聴き取りを行った結果，違和感をキャッチして，性依存の問題があるかもしれないと気づいた場合には，一般的な情状弁護活動に加えて，性依存の問題に特化した弁護活動を行うことになります。

　性依存という問題は，一般に広く知られているとは言い難いのが現状であり，依頼者も，その知識を有していないケースがほとんどです。そこで，まずは，依頼者に対して，性依存症という病気があること，専門の医療機関や回復のための自助グループ，支援を行っている福祉の専門家等が存在すること，刑務所でも再犯防止指導として性依存症の治療プログラムを実施していること等を説明したうえで，性依存症に関する治療やプログラムの受診についての希望の有無を確認します。

　その際，治療の意義や有意性を伝えることは大切ですが，弁護人がこれらの受診を押し付けてはいけません。弁護人がすることは助言とサポートであり，あくまでも，最終的な判断は，依頼者自身に委ねる必要があります。依頼者自身が望まなければ，治療等を受けることに意味があるとは思えませんし，弁護士は法律の専門家であって，医療や福祉の専門家ではないので，自己の専門外の領域について，最終的な判断をする知識も資格も有しないことに対しては自覚的であるべきです。

　すべての弁護活動に共通することですが，刑事司法手続における法的攻防において，依頼者の利益のために徹底的に戦い抜くことは不可欠です。しかし，本来の弁護活動に付随する分野のサポートについては，専門外の一支援者として，謙虚な姿勢で臨むことが大切であると考えてい

第2章

性依存と刑事弁護

ます。ややもすると，一定の知識を習得した場合，本来の専門性を超えて，行き過ぎた意見を述べてしまいがちなので，注意しましょう。

　性依存に関する情報提供を行った結果，依頼者が治療等を希望する場合には，第 3 項・第 4 項で述べるような弁護活動を行います。

第3 捜査段階の弁護活動

　本節では，性依存症患者による性犯罪の自白事件を前提として，捜査弁護活動の概要を解説します。基本的な活動は，通常の捜査弁護と変わりません。そこで，通常の捜査弁護の流れに沿って，それぞれの場面で，性依存の問題に関してどのような活動を付加して行っているのか，①身体拘束からの釈放，②被害者への謝罪＋示談交渉，③治療支援，④福祉支援，⑤家族支援の5つのパートに分けて，解説したいと思います。

1　身体拘束からの釈放

　依頼者が逮捕されている場合，第1に，身体拘束からの釈放を考えます。具体的には，順次，以下の弁護活動を行います。

---

① 勾留請求阻止
② 勾留決定阻止
③ 勾留決定に対する準抗告
④ 勾留延長請求阻止
⑤ 勾留延長決定阻止
⑥ 勾留延長決定に対する準抗告

　これらの弁護活動を行うことは，通常の刑事事件と何ら変わりません。ここでは，「勾留決定阻止」を例に，弁護活動の概要と性依存の問題への触れ方について簡単にお話しします。

　検察官が勾留請求をした場合，弁護人は，勾留決定を阻止するために，意見書を提出した上で，裁判官と面談し，釈放交渉を行います。この意見書には主として以下の事情を記載します。

（意見書への記載事項）

① 罪証を隠滅すると疑うに足りる相当な理由がないこと
   （刑事訴訟法60条1項2号）

② 逃亡すると疑うに足りる相当な理由がないこと
   （刑事訴訟法60条1項3号）

③ 勾留の必要性がないこと（刑事訴訟法207条1項，87条1項）

---

(1) 罪証を隠滅すると疑うに足りる相当な理由がないこと

　自白事件であり，依頼者が自分のしたことを反省し，被害者への謝罪と示談交渉を希望しており，弁護人を介さずに被害者へ接触しないことを誓約しているような場合には，罪証隠滅の主観的可能性がないといえるでしょう。

　釈放された場合に，依頼者が性依存症の治療やカウンセリングを受ける意思を表明している場合には，そのことも，依頼者の反省・謝罪の気持ちを表す一つの事情として記載すると良いです。被害者への接触禁止を担保するために，事件現場には近づかない旨の誓約をすることも有効です。

　また，痴漢や盗撮などの事件では，依頼者は被害者と面識がなく，被害者の連絡先を知らないことも多くあります。そのような場合，そもそも，依頼者が被害者に接触することは事実上不可能ですので，被害者に接触する具体的・現実的な可能性がないことにも言及しましょう。

(2) 逃亡すると疑うに足りる相当な理由がないこと

　依頼者に家族がおり，定職があるなど，身上が安定していることを裏付ける事情を具体的に記載します。身元引受人を確保することも重要です。

　また，依頼者の反省状況（反省を示す一事情として，今後性依存症の治療を受診する予定であることについて一言触れても良いでしょう）や，事案の軽微性，

前科・前歴がないことなどから直ちに実刑判決を下される可能性が低い場合には，その旨を指摘したうえで，家族や仕事を捨ててまで逃亡することの合理性がなく，逃亡の具体的・現実的な可能性がないことに言及しましょう。

(3)　勾留の必要性がないこと

　身体拘束をしたまま捜査を行う必要性よりも勾留による不利益が大きい場合には，勾留の必要性は認められません。

　勾留されて身体拘束が長引けば，勤務先を解雇されてしまうおそれがあるような場合には，その旨指摘し，自白事件であり，罪証隠滅・逃亡を疑うに足りる相当な理由がない中で，あえて勾留をする必要がないことを記載します。

　依頼者に持病があり，勾留によって依頼者の健康が危険にさらされる危険性がある場合には，その病状等を具体的に記載します。

　依頼者が自己の性依存の問題を自覚し，治療を受けて，その問題を抜本的に解決することを決意するに至った場合には，身体拘束をされている状態では必要な治療を受けることができないことを指摘したうえで，身体拘束を解いて，専門家による十分な早期治療の機会を与えることが依頼者の更生や再犯防止につながる旨を記載します。受診予定の医療機関や初診予約の日程等について，できる限り具体的に記載することが望ましいでしょう。

コラム　逮捕・勾留の状況

　罪名別の逮捕・勾留の状況については，毎年，検察統計年報において公表されています。このデータは，法務省のウェブサイト上に掲載されていますので，誰でも閲覧可能です。

　以前は，痴漢や盗撮などの比較的軽微な類型の性犯罪であっても，前科・前歴がある場合には，勾留されるケースがありました。しかし，現在は，適切な弁護活動を行えば，痴漢や盗撮の事件では，前科・前歴があっても，勾留を阻止することは十分可能です。痴漢や盗撮は常習性が高く，性依存症の中でも多くの比重を占める行為類型です。勾留を阻止し，釈放を実現したうえで，依頼者が治療を望むならば，早期に治療を開始し，終局処分の交渉に向けて，再犯可能性が低減していることを示す具体的な主張・立証を尽くすことが重要となります。同種の前科・前歴がある場合でも，依頼者の反省が認められ，示談が成立し，かつ治療を通じて再犯可能性が低減していると認められる場合には，起訴猶予処分となることもあります。

2　被害者への謝罪＋示談交渉

(1)　被害者の意向確認

　依頼者が被害者に謝罪し，示談交渉を行うことを希望する場合には，担当検察官にその旨伝えて，弁護人が連絡することについて被害者の意向確認を依頼します。弁護人限りで連絡先を教えてよいとの回答を受けた場合には，弁護人から被害者に連絡をし，謝罪と示談交渉を行います。

(2)　示談交渉の行い方

　依頼者の謝罪の気持ちをどのように伝えるか，示談交渉をどのように行うのかについての正解はありません。ケースによっても，弁護人の考え方によっても，そのスタイルは様々だと思います。

　示談交渉は，重要な弁護活動である反面，被害者の抱える怒りや不安な気持ちをダイレクトに受け止めなければならず，覚悟が必要な仕事であるといえます。

　そして，一般的に，性犯罪の示談交渉は，特に難しいものと考えられています。他人の物を盗んだ窃盗罪であれば，被害者は盗んだ物を返してほしい，盗まれたことによる経済的な損害を賠償してほしい，と望むことが多いでしょう。被害者も，自然な感情として被害回復を望むことが多いので，金額の多寡等で交渉が必要になることはありますが，弁護士が間に入って示談交渉（被害弁償）を行うこと自体について，強い拒否感を示されることは，それほど多くないといえます。

　しかし，性犯罪による被害は，金銭賠償によって回復されるものではありません。被害者が，金銭賠償を求めることもありますが，逆に，金銭賠償も，弁護人からの連絡も，一切拒否することもあります。被害者によって，苦しんでいる内容も求めていることも大きく異なるのです。そのような事情が，性犯罪の示談交渉の難しさの背景にあります。

　もっとも，おそらく多くの被害者が抱いている不安として，「本当に

反省しているのか確認したい」「示談をしたら，また同じことをするのではないか」「（自分に対しても，他の人に対しても）もう二度と同じことをしてほしくない」という気持ちがあるのではないかと感じています。その不安にどのように答えることができるのかという視点を持って，依頼者・被害者双方と話をすることが弁護人には求められているのではないでしょうか。

　以下では，性依存症患者の方が起こした性犯罪事件の弁護人になった場合，上記のような被害者の不安に対して，どのようにこたえていくことができるのかを考察してみたいと思います。

ア　謝罪の手紙は必要？

　性犯罪の場合，ほとんどのケースで，依頼者が被害者に対して，直接謝罪をすることはできません。被害者は依頼者と二度と顔を合わせたくないと思うのが通常であるからです。

　そこで，弁護人が依頼者の謝罪の気持ちを被害者に伝えることになります。

　しかし，被害者は，依頼者が本当に謝罪の気持ちを持っているのか，それとも，弁護人の話に過ぎないのか，判断がつきません。そのため，依頼者が作成した謝罪の手紙を被害者に渡して，依頼者の謝罪の気持ちを確認してもらうということがよく行われています。

　この謝罪の手紙については，色々な意見があるところです。

　そもそも，性犯罪においては，被害者は加害者の書いた手紙を受け取りたいとは思わないだろうという考え方があります。

　また，謝罪の手紙には，通常，弁護士の添削が入っているので，無意味であるという意見もあります。

　逆に，示談の話を聴くかどうか迷っているので，まずは謝罪の手紙を書いて送ってほしいと被害者から言われることもあります。

　どの意見も理解できるものであり，傾聴に値します。

　私見としては，受け取ってもらえるかどうかはわからないけれども，謝罪の手紙を作成するのは大切なことだと考えています。なぜならば，

謝罪の手紙の作成を通じて，被害者の痛みと向き合うことができるからです。性依存症患者が性犯罪行為に至るとき，元来のストレス脆弱性＋ストレスコーピングのレパートリーの乏しさ→ストレスの溜め込み→ストレスフルな心理状態へのコーピングとして性犯罪行為を行う，という過程を辿ると解されています。依頼者自身がストレスに押し潰された心理状態にあり，一種の解離状態にある中で行為に至っていると考えられるため，事件当時は，そのような行為をすれば相手に対してどのような被害を与えてしまうのかという視点がすっぽり抜けてしまっています。自分のした行為を振り返り，それが被害者に与えた苦痛の大きさについて，しっかりと向き合う時間が必要でしょう。

　この点について，性依存症患者は，認知の歪み（性的問題行為を継続するための自分にとって都合の良い歪んだ考え方。認知の歪みについては，次章「性依存症者の地域トリートメント」の項を参照ください）を持っており，被害者の気持ちと向き合うためには，まずは，その歪んだ認知を自覚し，修正することが必要であるといわれています。そのことは正しく，治療の中で取り組むべき，必要不可欠な課題であるといえます。もっとも，本人にとっての認知の歪みを特定して，修正するためには，相応の時間を要します。しかし，その修正が完了するまでの間，被害者への謝罪を留保するということはできません。そこで，まずは，依頼者が自身で行為を振り返り謝罪の手紙を作成し，その手紙を，治療を受けながらどんどん更新していく，ということが必要ではないかと思います。

　弁護人として，依頼者の作成した手紙を見ることも，依頼者の考えられていないところを指摘することもあります。依頼者が作成した手紙によって，被害者を再度傷つけるようなことがあってはならないからです。しかし，指摘はしても答えは示しません。自分で考えなければ意味がないからです。そのようなやりとりを通じて，最初は表面的で短かった手紙が，回数を重ねる度に，内容が深まり，分量も増えて，気持ちが伝わる手紙へと驚くほどに変化することも多くあります。

　そのように作成した手紙を受け取ってもらえなかったケースもあります。しかし，受け取ってもらえなかったとしても，依頼者が被害者の痛

みと向き合い，何度も作成したその過程が無駄になることはありません。

　他方で，当初は示談に消極的であった被害者が，依頼者の手紙を読んで，謝罪の気持ちを確認し，示談が成立したケースもあります。示談書を取り交わした後で，被害者から「示談をしていいのか，ずっと心に引っかかっていたものがありました。でも，手紙を読んで，ようやく自分の中で納得し，受け入れることができました。治療を頑張ってくださいと伝えてください。ありがとうございました。」という電話を受けたこともあります。

　謝罪の手紙を作成することは，必要なことだと考えています。

コラム　性依存症患者は反省しない？

　性依存症患者は，自分のした行為に対する罪悪感を持ち合わせておらず，被害者の気持ちを理解して，痛みを感じることができないから，反省することもない，といわれることがあります。たしかに，行為当時の本人の心理状態としては，自己の行為が被害者にどのような被害を与えてしまうのか具体的に想像できていない，ということは否定できないように思います。

　しかし，弁護人として，性依存症の問題を抱えている方と接する中で，事件後，依頼者が自分のした行為を後悔し，反省していると感じることがあるのも事実です。本当にそのような心境の変化が生じているとしたら，それはどのような理由に基づくものなのでしょうか。

　そのことを考察するにあたっては，行為当時に，被害者の気持ちを想像することができなかった原因から考える必要があります。

　前述のとおり，性依存症患者は，認知の歪みを有しています。たとえば，盗撮の事件においては，「ばれなければ，相手を傷つけることはないだろう」「直接相手に触れるわけでもないし，大したことじゃないだろう」などという，盗撮行為を継続するための自分にとって都合の良い歪んだ認知を有しています。このような歪んだ認知を持ち続けている限り，本人に反省の気持ちが芽生えることはないでしょう。歪んだ認知によって自己の行為を正当化しているので，罪悪感も芽生えないのです。（なお，認知の歪みが生じる原因としては，幼少期に受けた性的虐待や現在の職場・家庭環境，その他様々な要因が考えられると解されています。）

　性依存症の治療においては，このような認知の歪みを特定して，修正するためのプログラムが行われています。治療を通じて，自身の認知の歪みに気づき，これを修正できた場合に，はじめて，本当の意味で被害者の気持ちと向き合うことができるようになるのではないでしょうか。性依存症患者は，決してその思考のすべてが病的に阻害されているわけではありません。むしろ，通常の社会常識を持ち合わせており，一定の社会的地位を築き，家庭を有している人も多くいます。性的問題行動を継続するための歪んだ認知が修正されたならば，その人本来の思考に基づいて，被害者の苦しみや痛みに想像を巡らし，自分のした行為に対して反省を深めることは，十分になし得ることではないかと感じています。

　もっとも，性依存症患者の中には，相手の気持ちを想像することが苦手な原因として，発達の問題を抱えている方もいます。発達障害の症状としての共感性の欠如や衝動性の強さが性的問題行動の制御障害に影響を与えているのです。そのような場合には，性依存症の治療とは別途，発達障害の問題に対する治療を受けることも必要となります。

イ　どうしたら再犯を防ぐことができるのか？

　この問いに対する解答は持ち合わせていません。弁護人として，「示談をしたら，また同じことをするのではないか」「（自分に対しても他の人に対しても）もう二度と同じことをしてほしくない」という被害者の不安に対して，どのように応えることができるのでしょうか。

　弁護人としてなし得ることとしては，以下の 2 つが考えられます。

　1 つ目は，被害者に対して，刑事処分の見通しや，刑事施設内で行われている再犯防止プログラムの概要について説明し，再犯を防止するためには，単に刑罰を科すだけでは不十分であり，適切な治療を受けることの重要性を伝えた上で，依頼者が治療に取り組んでいる状況について説明を尽くすことです。

　痴漢や盗撮を常習的に繰り返していた者であっても，刑事手続の対象となるのが 1 度目，2 度目であれば，事後の情状によって，起訴猶予もしくは略式請求による罰金刑となる可能性が高く，直ちに実刑判決となる可能性はほとんどありません。強制わいせつ事件の場合も，前科・前歴がないときは，執行猶予付きの判決となる可能性が高いといえます。強制性交等事件の場合には，起訴されると，実刑判決となる可能性が高いといえますが，法定刑は 5 年以上の有期懲役であり，生涯刑務所に収容されること（無期懲役となること）はありません。

　そして，起訴猶予処分や罰金刑，保護観察の付されていない執行猶予判決となった場合は，刑事手続終了後に司法・行政機関が主体となって再犯防止のための治療や指導を行うことはありません。刑事処分が確定した段階で，司法・行政の手を離れてしまいます。

　実刑判決となった場合には，刑事施設内で，再犯防止を目的とした「性犯罪再犯防止指導」（認知行動療法を中核とするプログラム）が行われますが，このプログラムは受刑者の全員が受けられるものではなく，その受講期間及び回数にも大幅な制限があり，受刑期間を通じて，継続的にプログラムを受けられるわけではありません。性的問題行動への衝動制御障害を来している性依存症患者の治療プログラムとして，十分であるとはいえないでしょう。このように，刑事手続における再犯防止に向け

た制度の実効性には現時点では限界があることを被害者に説明します。

　他方で，民間の医療機関における治療の場合には，依頼者が希望すれば，誰もが治療を受けることができます。治療期間や回数にも制限はなく，回復して，医師が治療終了との判断をするまで，継続的に治療を受け続けることができます。治療の継続性及び実効性を担保するために，家族の協力を得ることもできます。そして，何よりも，性犯罪の再犯は社会の中で起きるものですから，二度と再犯をしないためには，社会の中で回復する必要があります。

　このように，再犯防止という観点からは，単に刑罰を科すだけでは不十分であり（そこには上記のような限界があること），社会の中で適切な治療を受けることの有意性・重要性について説明します。

　そのうえで，2つ目として，示談書の合意事項として，依頼者が二度と再犯しないこと，性依存症の治療を継続することを誓約する旨の条項を設けることが考えられます。刑罰は内容も期間も有限ですが，当事者間の合意事項にそのような制限はありません。依頼者が治療の意思を明確に有している場合，治療の継続を約束し，刑事手続終了後も再犯防止に努めることを誓約することは，本人の更生においても，被害者の不安を軽減するうえでも，意味のあることであると思います。

　民間の医療機関による治療に強制力はなく，治療を受けるか否かは本人の意思にかかっていること，治療を受けたからといって，100パーセント回復することが保証されているわけではないことは，たしかです。しかし，何もしないことには，始まりません。医療機関の担当者や家族とも連携しながら，治療の継続を担保するための環境調整を行い，少しでも，再犯に対する被害者の不安を軽減することができるよう努めることが弁護人の役割の1つではないかと考えています。そして，何よりも，性依存症から回復し二度と再犯をしない生活を取り戻すことが依頼者の利益に適うものではないか，それを弁護人が強制することはできないし，そのような資格も立場も有しない以上，すべきではないけれども，依頼者が治療を望んでいるのであれば，そのサポートをすることは大切なことではないかと考えています。

3　治療支援

···

(1)　在宅事件の場合

　在宅事件（逮捕されていない事件，逮捕後に釈放された事件）の場合，依頼者は，すぐに入院・通院治療を受けることが可能な状況にあります。そこで，医療機関を選定し，早期に治療を開始することが望ましいといえます。

　この医療機関の選定が，治療を望む依頼者及び家族にとって，最初のハードルとなります。現状では，性依存症の治療を行っている医療機関は限られているからです。依頼者や家族から，どのように探してよいのかわからない，紹介してほしいと相談を受けることもよくあります。

　都内近郊には，数は非常に少ないですが，性依存症の治療を専門的に行っている医療機関が存在します。そこで第1に，これらの専門医療機関の受診を検討します。専門医療機関の治療プログラムは，密度が非常に濃く，入院治療のみを受け入れているところや，重症度に応じて，高密度の治療を要する場合には週6日間の通院が必要なところもあります。

　もっとも，依頼者が重症とまではいえない方で，定職があるような場合には，治療のために仕事を失うことが，かえってストレスを強めることとなり悪影響が生じるおそれがあります。ストレス脆弱性の強い性依存症患者の場合，そのような環境変化は，再犯リスクを高めることにつながりかねません。そのような場合には，平日の夜間や土曜日の通院が可能なプログラムを仕事をしながら受診するという選択肢を検討することになります。

　依存症の治療は，手術をすれば回復する，というような短期的なものではなく，一定期間の継続的な受診が必要となります。そこで，距離的な通院のしやすさも，継続受診をするうえでの1つの重要な選定基準になります。

　距離的な問題等から，専門医療機関の受診が難しい場合には，次に，依頼者の状況に応じた，一般の精神科・心療内科の受診を検討すること

になります。例えば，仕事上のストレスが問題の背景にある場合には，職場のストレスや悩み事の相談ができるクリニック，家族関係の悩みが背景にある場合には，家族関係の悩みを相談できるクリニックを探します。

　矯正施設内における性犯罪再犯防止指導においても行われている認知行動療法は，性依存症治療の中核的なプログラムであるとされています。そこで，認知行動療法を専門的に行っているクリニックやカウンセリング機関を受診することも，選択肢として考えられるでしょう。

　医療機関を探すのに迷ったら，依頼者の住んでいる自治体の相談窓口に相談することも有効です。自治体から情報提供を受けた医療機関に相談し，実際に治療へとつながったケースもあります。

　さらに，医療機関の受診とは別に，同じ悩みを抱える当事者が集まって，一緒に回復を目指す自助グループのミーティングに参加するということも考えられます。性依存の問題に関する自助グループとしては，SA（Sexaholics Anonymous），SCA（Sexual Compulsives Anonymous）があります。自助グループでは，治療を受けるという受動的な立場ではなく，当事者が主体となって能動的に回復を目指すこととなります。回復へのモチベーションを維持するうえでも，医師×患者という個別治療とは異なる気付きを得ることができるという意味でも，大きな意義のある場所であると思います。性依存とは別の依存症の方ではありますが，複数回の入院を経験するほどの重度の依存症を抱えており，薬物治療を始めとした様々な治療を受けたけれども，何十年も回復することができなかった方が，自助グループと出会ってはじめて回復の光が見え，以後何年間も参加し続けた結果，一度も再発していないというケースもありました。

　治療に取り組むのは依頼者本人であり，治療を行うのは医師であるので，弁護人ができることは，依頼者が治療へとつながり，これを継続することができるように，サポートすることになります。他方で，依頼者の状況，治療の必要性，治療状況等を刑事手続の中で伝えることは弁護人しかできません。治療開始後は，依頼者から治療状況の報告を受けるとともに，主治医と面談するなどして，治療状況を把握し，捜査機関や

裁判所に伝えるための弁護活動を行います。刑事手続においては，事実は証拠によって認定されます。証拠の裏付けのない主張は，単に弁護人の意見にすぎません。そのため，入院・通院の状況や，治療の状況，治療効果等について，聴き取りと併せて，証拠化する作業も必要です。

(2)　身体拘束されている事件の場合

　身体拘束を争っても釈放が叶わなかった場合には，依頼者が医療機関を受診することはできません。

　この場合，今後の刑事手続の流れを見通したうえで，最大23日間の捜査段階における身体拘束期間の中で，今できる治療支援を考えて実践しましょう。

　1つ目は，釈放された場合に受診する医療機関の候補をあらかじめ選定することです。依頼者に資料を差し入れたうえで，検討してもらい，選定した医療機関への初診予約等の問い合わせは，家族に代理して行ってもらいます。このような活動を行うことによって，起訴されずに釈放された場合には，直ちに受診することが可能となりますし，仮に起訴されてしまった場合であっても，保釈請求における保釈の必要性の中で，すでに治療環境が整っていることを主張し，保釈を強く求めることができます。

　2つ目は，性依存症の書籍や，性犯罪被害者の書籍などを差し入れすることです。これらの書籍を読んで考えたことを書面にまとめたり，被害者に対する謝罪の手紙を作成したりする中で，実際の治療を開始する前の段階であっても，内省が深まり，心境に変化が生じることもあります。

　3つ目は，留置施設に面会に来て，カウンセリングなどのサポートをしてくれる医療・福祉の専門家の支援を仰ぐことです。このような面会でのサポートをしてくれる専門家は限られていますが，書籍から情報を得るにとどまるのと，実際にカウンセリングを受けるのとでは依頼者の心境の変化に有意な差があります。一般論ではなく，自分自身の問題として捉えることができる点が，大きく異なるのだと思います。

　留置施設内においてカウンセリングを行う場合には，一般面会の取り
扱いとなります。そのため，面会には職員の立ち合いが入ります。一般
面会のため，面会時間も制限されますが，通常の一般面会は 15 分程度
に制限されるのに対し，事前に面会時間の延長を求める特別面会の申し
入れをすれば，都内の警察署の場合，通常，1 時間の面会が許可されま
す（東京拘置所では，カウンセリングを理由とする特別面会の申請をしても，現状
30 分の面会しか認められません）。初回のカウンセリングは，依頼者の生育
歴や，家族関係，事件に至る経緯などに関するヒアリングがメインとな
ります。弁護人も同席して，情報共有を図るようにしましょう。

4　福祉支援

　接見の中で，依頼者に性依存の問題があるかもしれないと思っても，
医療機関をはじめとした社会資源の探し方や支援体制の築き方を模索す
る中で，素人である弁護人だけでは対応に行き詰まってしまうこともあり
ます。そのような場合には，刑事事件を起こしてしまった障害のある方
の支援を行っている，社会福祉士に相談して，支援を仰ぐことが考えら
れます。
　依頼者が逮捕・勾留されている場合でも，留置施設で面会をして，支
援の前提となるアセスメントを行い，その問題に応じた社会資源を探し
たり，支援体制を築くうえでのアドバイスを受けることができます。後
日釈放されて入院・通院治療が可能となった場合には，実際に，医療機
関に赴き，治療に同行するなどして，依頼者の問題，治療状況などを把
握・分析した上で，依頼者の更生と再犯防止を目的とした「更生支援計
画書」を作成して，裁判で証言してもらうことも可能です。支援の入口
のところで悩んでしまったら，まずは社会福祉士に相談をしてみるとい
うのも 1 つの選択肢だと思います。
　弁護人が支援を行っている社会福祉士を探して相談するほか，東京の
場合には，所属する弁護士会を通じて，東京社会福祉士会に相談依頼を
行い，刑事司法サポートを行っている社会福祉士（刑事司法ソーシャル

ワーカー）の紹介を受けることができる制度があるので，この制度を利用することが考えられます。所定の「相談依頼書」に事件の概要や本人の様子，どのような支援を依頼するか等の情報を記載したうえで，所属弁護士会を通じて，相談依頼を行います。後日，担当の社会福祉士より弁護人に連絡がありますので，打ち合わせを行ったうえで，一緒に接見に行くという流れになります。接見に行く際には，事前に特別面会の申し入れを行うことを忘れないようにしましょう。

 MEMO 「相談依頼書」の書き方

　弁護士会を通じて，東京社会福祉士会に相談依頼を行う場合には，所定の「相談依頼書」に必要事項を記載した上で，相談依頼を行います。相談依頼書には，支援を必要とする理由や，必要とする支援の内容についても，概要を記載します。何を記載すればよいのか，最初は迷われるかもしれません。しかし，難しく考える必要はありません。支援を必要とする理由については，特定の性犯罪行為を繰り返していること，動機についての依頼者の説明内容をそのまま記載した上で，事件の背景に性依存症の問題がある可能性を指摘し，性依存症の治療等につながり，再犯を防止するための福祉的支援を依頼したい旨記載すれば良いと思います。発達の問題が窺われる場合には，接見の中で気づいたこと，例えば，視線が合わない，会話のキャッチボールができない（一方的に話してしまう），落ち着きがない等の事情をそのまま箇条書きの形で記載すれば，相談依頼の段階としては十分です。

　必要とする支援の内容については，「本人との面談，治療・環境調整に関わる福祉的支援，更生支援計画の作成，裁判での証言」というように，相談時点での依頼事項の概要を記載すれば問題ありません。具体的な支援方針については，本人との面談を通じて具体化していきます。

5　家族支援

　加害者家族は，刑事手続の中で，置き去りにされてしまいがちな存在です。

　弁護人の使命は，依頼者の利益を護ることにあり，依頼者との守秘義務の関係で，家族からの質問に答えることができない場面も生じ得ます。特に性犯罪においては，依頼者は，配偶者に対して，事件の詳細や動機について話をすることに強い躊躇いを感じることが多く，家族は，何があったのか，どうして事件を起こしてしまったのか，どういう事情があったのか，核心が見えず不安に陥ってしまうことがあるでしょう。

　捜査機関は，相対する立場にあるため，事情聴取や家宅捜索などの捜査を受けることはあっても，捜査機関が加害者家族に対して求める情報を提供したり，ましてや支援をしてくれることなどありません。

　ひとたび事件が報道されれば，マスコミが自宅に押し掛けてきたり，匿名の電話やインターネット上の書き込みなどによって一方的に強い非難を浴びるなど，平穏な日常は破壊され，心身ともに疲弊し切ってしまいます。

　しかし，そのような苦しい状況にありながらも，本人を支えようとする中で，家族自身が精神的に極度に追い詰められてしまったとき，どのような支援が考えられるのでしょうか。

　性依存を含む依存症の治療には，長い時間がかかります。依頼者が治療を継続し，依存状態から抜け出すためには，家族のサポートが必要不可欠です。しかし，そのサポートをすべて家族に委ねてしまっては，家族が先に倒れてしまいかねません。そこで，①家族だけに丸投げするのではなく，医療や福祉の専門家を含む支援体制を構築してチームで支援を行うこと，②家族に対するサポート環境を構築することが重要であると考えます。

　①の支援体制の構築については，社会福祉士に相談している場合には，更生支援計画書を作成する過程の中で，社会福祉士が指揮をとって検討・体制構築を進めてくれるでしょう。または，受診医療機関の主治医

に相談して，主治医による問診・治療以外の社会資源について助言を得ることも考えられます。さらに，家族支援を行っている NPO 法人（例えば，日本で最初に設立された加害者家族支援団体として，NPO 法人 World Open Heart が有名です）や，自治体の相談窓口に相談することも選択肢の1つです。東京都では「犯罪お悩み何でも相談」窓口を設置して，社会福祉士や精神保健福祉士が犯罪に関する悩み相談を受け付けています。家族や関係者（弁護人を含みます）からの相談も可能です。

　②の家族へのサポートとしては，家族自身が安心して話ができる場を確保することが重要です。上記のような NPO 法人，自治体への相談を通じて，そのような場所とつながることができることもあります。家族自身が，精神科や心療内科の治療を受けることもできますし，性的な問題に関して家族間で話をすることが難しい場合には，本人と一緒に家族カウンセリングを受けることも，選択肢の1つです。また，性依存症の専門医療機関の中には家族支援を行っているところもあります。

　家族支援の一環として，加害者本人の自助グループの家族版である，加害者家族のみが参加できるミーティングを実施しているクリニックもあります。同じ悩みを抱える家族が集まり，誰にも吐き出せない苦しさを吐露できること，苦しい状況とどのように向き合っているのかについて，当事者間で情報を共有することができることは，大きな支えになると思います。

　まだまだ数は少ないですが，加害者家族の支援の輪は広がりつつあります。このような社会資源があることを家族に伝えて，家族が必要な支援を受けられるようにサポートすることについては，依頼者との関係で利益相反が生じることはありません。むしろ，家族にとって，最初に頼ることができるのは，弁護人しかいません。家族からの SOS のサインに気づいたら，このような情報提供を行い，家族が社会の中で孤立し，限界を超えて追い詰められてしまわないように，サポートすることが大切です。

　なお，性依存の問題の場合，その性質上，家族は，問題を隠そう，隠そうとする防御的な心理反応が生じることがよくあります。家族以外に

問題を知られたくないと訴え，親族にも事件を知らせず，専門家や地域の窓口への相談を拒否することもあります。しかし，このような対応は，良い結果を生まない可能性が高いのではないかと感じています。

　性依存症患者は，性的問題行動への衝動制御が不能な状態に陥っているのであり，そのような問題を限られた家族だけで解決するということは現実的ではありません。本人は，自分の意思だけではコントロールできない症状に苦しみ続けることになりますし，家族も，問題解決の糸口が見えずに，単に本人を監視・叱責することしかできない状態が続きます。時間が経ち，問題に目をつぶり放置するしかない状態に陥ってしまった結果，さらに本人を孤立させて，追い込み，再犯が生じるという悪循環に陥るケースが少なくないように感じます。性依存の問題は，心の病気であり，本人の意思だけで解決することができない問題であるということを認識した上で，家族だけで問題を抱え込まず，専門家による適切な支援を受ける勇気を持つことが，問題解決に向けた，大切な一歩となるのではないでしょうか。

第4 公判段階の弁護活動

　本項では，起訴後の公判段階の弁護活動において，性依存症の問題をどのように取り上げていくのかについて，お話ししたいと思います。

1　保釈請求

　身体拘束されている事件で起訴された場合には，第1に保釈請求を行います。起訴日当日に保釈請求書を提出できるように，捜査段階から準備をしましょう。

　保釈請求をするにあたっては，実務上，弁護人から見て権利保釈（刑事訴訟法89条）が十分に可能な場合であっても，裁量保釈（同法90条）もあわせて請求するようにします。

　裁量保釈は「保釈された場合に被告人が逃亡し又は罪証を隠滅するおそれの程度のほか，身体の拘束の継続により被告人が受ける健康上，経済上，社会生活上又は防御の準備上の不利益の程度その他の事情を考慮し，適当と認めるとき」に許可されます。

　保釈請求書では，裁量保釈を認めるべき事情の一つとして，「保釈の必要性が高いこと」を記載しますが，この中で，性依存症の治療の必要性について論じることになります。

　具体的には，依頼者が性依存症の治療を受けることを決意していること，すでに初診予約をとっており，釈放されればすぐに治療を開始することができる準備が整っていること，身体拘束されている状態では治療を受けられないこと，早期に治療を開始してプログラムに取り組むことが，依頼者の更生と再犯防止に資することなどの事情について，できる限り具体的に記載します。

　捜査段階から専門家の支援を受けており，留置施設での面会を行っている場合には，検察官はそれで十分だと反論してきます。

　しかし，留置施設内での面会には時間的な制約があり，職員の立ち合

いも入るため，十分な面会をすることができる状態とは到底いえません。心理検査などを行うのにも限界があります。身体拘束を解いて必要な治療を受けることの重要性を説得的に論じて，交渉しましょう。

　裁判の前に，社会内での治療に着手することができているかどうかによって，依頼者の病気に対する理解の深まり，治療効果，再犯可能性の低減の程度は大きく異なります。実刑判決が回避できない事案であっても，裁判前の段階で治療に着手することができれば，裁判の場で，自身の言葉で，自分のした行為の重さ，動機・経緯，二度と繰り返さないためにどのように問題を解決するのかについて，具体的に話をすることができるようになります。また，社会に戻った後に戻る場所となり，治療へとつながりやすくなります。早い段階で保釈を実現できるように捜査段階からできる限りの環境調整を行い，最善を尽くしましょう。

　裁判員裁判対象事件で，示談未成立の段階で，実刑の回避は難しいと想定される事案であっても，必要な環境調整を尽くした上で，治療の必要性について強く主張し，交渉した結果，保釈が許可されたケースも複数あります。あきらめずに走り回りましょう。

2　法廷弁護

　公訴事実に争いのない事件の場合，争点は量刑となります。そこで，依頼者にとって有利な量刑判断の獲得を目指して，法廷弁護活動を行います。

　現在の裁判所における量刑判断の枠組みは，行為責任論に基づくものであり，犯情により刑の大枠を定めた上で，一般情状を考慮して具体的な刑を決めます。この判断枠組みに従って，性依存症の問題に関して，犯情における主張・立証，一般情状における主張・立証の在り方について考察し，その後，裁判員裁判特有の問題についても検討したいと思います。

(1)　犯情における主張・立証

　精神の障害により，弁識能力・制御能力がない，又は著しく障害されているといえる場合には，依頼者が，事件当時心神喪失又は心神耗弱の状態にあったとして，責任能力に関する刑の減免を主張します（刑法39条）。

　しかし，これまでに，被告人の抱える性依存症の影響により，弁識能力・制御能力がない，又は著しく障害されていたとして，心神喪失・心神耗弱が認められた裁判例は存在しません。この点については，そもそも，性依存症が刑法39条における「精神の障害」に当たるのかという問題，「精神の障害」に当たるとしても，その影響によって弁識能力・制御能力がない，又は著しく障害されているといえるのか，という 2 つの問題があります。性依存症と責任能力との関係については，いまだ，十分な議論がなされている状況とはいえないため，ここで深く立ち入ることは控えますが，以下の問題意識を共有したいと思います。

　刑法39条の「精神の障害」は，医学的な概念ではなく，法的概念であるので，DSM-5 や ICD-10 に掲載されているか否かによって判断されるものではなく（そもそも DSM や ICD が定める診断基準は普遍的なものではなく，医学の進歩とともに刻々と変化していくものなので，そこに掲載されているか否かが「精神の障害」という法的概念該当性を画すると考えることは適切でありません），およそ弁識能力又は制御能力に影響を与え得るものであれば「精神の障害」に含まれることを否定する理由はないと解すべきです。

　性依存症は，少なくとも制御能力に影響を与え得るものであると考えられるので，「性依存症」という概念を用いるか否かは別として，事件当時に性依存症の症状が認められる精神状態にあった場合には「精神の障害」に当たると解すべきであると考えます。

　もっとも，性依存症の症状（性的問題行動に対する衝動制御不能）からして，その影響によって弁識能力（当該行為の違法性を認識し得る能力）が阻害されるということは，一般的には考え難いように思います。

　他方で，その影響により制御能力（当該行為を思いとどまる能力）が障害

されるということは考えられます。

　性依存症患者の中には，発達障害や知的障害など他の精神障害を抱えている方も少なくありません。そのようなケースの場合，併存する精神症状による犯行への影響も考慮し，制御能力が「著しく」障害されていると考えられる場合には，心神耗弱を主張することになります。著しい障害とまではいえない場合であっても，性依存症の症状が犯行に影響を与えている場合には，犯情の1つとして，主張・立証していくことになります。

　性依存の問題は，現状では，一般情状（治療，その他の更生環境の整備による再犯可能性の低減など）としてのみ主張されていることが多いと思われますが，今後，弁護人において，犯情に関する主張・立証活動を行うことも，積極的に検討していくべきであると考えます。

(2)　一般情状における主張・立証

　依頼者が性依存症の治療に取り組み，現に治療効果が生じており，今後も治療を継続する意欲を有し，そのための治療環境が整っており，これを支える家族がいる場合には，そのような環境・支援者を有しない場合に比べて，再犯可能性が具体的に低減しているといえます。そこで，一般情状として，これらの事情を主張・立証します。

　立証方法としては，書証（診断書，通院証明書，医師や社会福祉士が作成した意見書，更生支援計画書など），情状証人（医師，社会福祉士，家族など），被告人質問などが考えられます。

　立証の順序は，まず，書証の取り調べを行い，依頼者の診断状況，精神症状，現在の治療状況，今後の治療・支援方針などの概要について立証します。意見書や更生支援計画書による立証がメインとなりますが，検察官が，その全部または一部に対して不同意の意見を述べた場合には，不同意の理由を確認した上で，弁護人の立証趣旨や当該記載の位置づけなどを説明して，同意を得るための交渉を行いましょう。

　交渉を尽くしても不同意部分が残る場合には，抄本を作成して請求し，

不同意部分については証人尋問によって立証することになります。

　一般情状としての立証方法として，意見書や更生支援計画書を用いる場合，検察官がこれに対して全部不同意の意見を述べることは，多くありません。しかし稀に，形式的に全部不同意意見を述べる検察官もいます。そのような場合には，証人尋問を実施し，適宜意見書や更生支援計画書を利用しながら尋問することで，過不足なく治療環境やその効果等を法廷に顕出しましょう。

　次に，被告人質問を行い，事件に至る経緯・動機から，事件当日のこと，及び事件後の治療状況，治療を通じた自身の思考の変化（認知の歪みの修正や，認知行動療法を通じたストレスコーピングの変化，被害者に対する謝罪の深まりなど），今後の治療継続の決意などについて，自らの言葉で語ってもらいます。これらについては，被告人自身の言葉で語る必要性が高いので，乙号証は不同意（必要性なし）としたうえで，被告人質問を先行させて十分な審理時間を確保しましょう。

　認知の歪みについては，事件当時に有していた認知の内容を説明し，現在は，その歪みを自覚していることを伝えた上で，治療を通じて，その歪みがどのように修正されていったのかについて，認知の変化の流れ（治療の効果）が具体的にわかるように，丁寧に説明することが重要です。

　認知行動療法を受けている場合には，行為の引き金となっていたストレス要因を特定した上で，そのストレス自体に対して，どのような対策を立てて，実行しているのか，また，ストレスに基づく行為リスクが高まったときのコーピングとして，どのような対策を立てて，実行しているのかなどについて，説明しましょう。

　被害者への謝罪の気持ちにも変化が生じているはずです。事件当時は，自身の歪んだ認知によって，被害者の気持ちを考えることができなかったことを認めた上で，治療を通じて認知の歪みを修正し，被害者の受けた痛み・苦しみと向き合う中で，どのような気付きを得たのか，謝罪の気持ちにどのような変化が生じたのかについて，被告人自身の言葉で裁判官に伝えましょう。

　その後，医師や社会福祉士などの証人尋問を行い，被告人自身が語っ

た自己の問題点や治療状況などについて，専門家の立場から説明をしていただきます。被告人質問と証人尋問の順序について，ルールはありませんが，被告人の話を聴いた上で専門家証人がこれを解説するという流れが，わかりやすいのではないかと思います。専門家証人の尋問によって，性依存症という病気の説明，本件との関連性，治療や支援の状況，治療の効果，今後の治療・支援計画，治療・支援を継続した場合の再犯可能性の有無などについても，立証していきます。

　このような弁護活動を尽くした結果，実刑判決か執行猶予判決かが問題となるケースにおいて執行猶予判決となった事案や，検察官の求刑を大きく下回る判決となった事案もあります。

　特に，実刑判決か執行猶予判決かが問題となるケースにおいては，事件の背景に性依存の問題があることを指摘したうえで，問題を根本的に解決するためには治療が必要であること，治療を通じて生じた被告人の具体的な変化，治療を中断することによる不利益の大きさなどを立証した上で，弁論において，執行猶予判決として，社会内での治療を継続することが本人にとっても社会にとっても良いことと真正面から論じることが重要です。ただし，あくまでも犯情が量刑議論の中心に位置づけられているので，犯情としても執行猶予が十分にあり得ることを説得的に論じる必要があります。

(3)　裁判員裁判特有の問題

　裁判員裁判の対象事件については，裁判員の参加する刑事裁判に関する法律2条1項に定められており，①死刑又は無期の懲役若しくは禁錮に当たる罪に係る事件，②裁判所法26条2項2号に掲げる法廷合議事件であって，故意の犯罪行為により被害者を死亡させた罪に係るものとなります。性犯罪においては，強制わいせつ等致死傷罪（刑法181条1項），強制性交等致死傷罪（同条2項）がその対象となります。

　裁判員裁判では，裁判官と市民の中から選ばれた裁判員による合議体

（原則として，裁判官3名と裁判員6名となります。裁判員の参加する刑事裁判に関する法律2条2項）が事件を担当します。裁判員は，多くの場合，刑事裁判に触れるのは初めての経験となりますので，裁判員裁判においては，そのような裁判員にとって，「法廷でのやりとりをその場で理解し，心証をとることができる，わかりやすい審理」を実現することが，通常の刑事裁判以上に，重要となります。

　「わかりやすい審理の実現」という観点からの工夫として，弁護人自身が自己のプレゼンテーション能力を向上させるための法廷弁護技術の習得に努めることは当然として，補助的なツールとして，証拠一覧表の作成や，専門用語に関する説明書きの作成，証人尋問におけるパワーポイントの利用などが考えられます。

　証拠一覧表とは，弁護人が請求した証拠（書証・証人双方を含みます）の一覧を作成し，その内容の要旨をわかりやすい言葉で記載した上で，証拠毎にメモ欄を設けて，裁判員が証拠調べを聴きながら，自由に心証をメモすることができるようにした書面をいいます。特に，証人尋問の際には，メモをとることが多いと思いますので，書き込むことができる十分なメモ欄を設けると親切です。

　性依存症に関する問題を主張する場合，意見書や更生支援計画書，医師や社会福祉士の証人尋問において，専門用語が出てくることがあります。できる限り，専門用語をそのまま使用することは避けて，わかりやすい平易な言葉に言い換えて説明することが求められますが，どうしても専門用語を用いなければならない場面も生じ得ます。そのような場合には，用いる専門用語についての説明書きを作成して，証拠調べの前に配布し，裁判員の理解を助ける工夫が必要です。

　また，専門家証人の尋問の際には，パワーポイントなどのビジュアルエイドを利用することによって，説明のわかりやすさを実現することも検討してください。パワーポイントなどを利用する場合には，事前に検察官に開示し，内容について協議し，同意を得ることが必要となります。

　このような技術面や形式面での工夫に加えて，裁判員裁判においては，裁判員の理解と共感を得るための工夫が重要となります。

　一般に，性犯罪に対する市民の目は非常に厳しく，裁判員裁判施行後，裁判員裁判の対象となった性犯罪の量刑判断は，厳罰化している傾向があります。その原因の一つとして，動機・経緯に関する説明の難しさがあると考えられます。

　性依存の問題がない場合，その動機は，性的欲求の充足にあるものと考えられますが，これに対しては，被害者の心情を顧みない身勝手なものであるとして，一般的な市民感覚として強い嫌悪感が生じ，厳しい非難が向けられることが多いといえます。このようなケースでは，通常，動機・経緯に酌むべき事情があるという主張をすることは，難しいといえます。動機が身勝手なものであったことを認めた上で，反省し，再犯防止に努めるという事件後の事情の主張・立証に，重きを置くべきでしょう。

　他方で，性依存の問題がある場合，その動機の形成過程には，行為の引き金となるストレス要因があり，そのストレスに起因して対象行為に至るまでの流れについて，説明をすることになります。しかし，裁判員裁判対象事件は，性犯罪の中でも，特に重い類型に属する事件であり，一般に，被害者に与えた苦痛は大きいため，被告人質問における供述の仕方，例えば，行為の引き金となったストレス要因について，治療を通じて振り返ってきたことをきちんと伝えようとするあまりに，供述全体の中でのバランスを欠いた詳細に過ぎる供述をすれば，かえって，被害者の心情を顧みずに，ストレスを言い訳にしているなどという誤解を招き，心証を害するおそれがあります。そのような誤解を招くことがないように，質問の順番や供述のバランスなどを慎重に検討したうえで，本来伝えたいことが誤解なくきちんと伝わるような尋問の仕方を心がけてください。つまり，ここで重要なのは，ストレスがあったことそれ自体ではなく，そのストレスを他人に性犯罪という形でぶつけてしまうという思考過程にあります。なぜ当時はそういう思考過程に至ったのか，現在そのことをどう思っているか，今後そのような思考過程に至らないと言えるのはどうしてなのかという点を伝えなければなりません。

　また，裁判員は，被告人の更生（性犯罪の再犯防止）について，大きな

関心を持っていることが多いように感じています。再犯を防ぐことの重要さは，社会的なニーズとして，たしかに存在します。そのような市民感覚を裁判に反映させることこそが，裁判員裁判を行う意義となります。ときに，裁判官裁判においては，一般情状は刑の調整要素に過ぎないとして，問題の実態を離れて，量刑上不当に軽視されてしまうこともありますが，裁判員裁判においては，弁護側立証の在り方次第では，再犯防止の観点から見た治療の意義や，必要性，整えられた更生環境を維持・利用していくことの大切さ，社会内で更生に努めることこそが再犯防止に資することなどについて，多角的に検討され，適切に評価されることも多いように感じています。裁判員裁判であるからこそ伝えられることがあるのではないかという視点を持って，問題の実態に即した，丁寧な弁護活動を尽くすことが大切です。

コラム　法廷に弁護人がいる意味―ある被害者の言葉

　被害者参加や被害者の心情意見陳述の制度が導入され，被害者が法廷で意見を述べることができるようになりました。これらの制度については，様々な意見があり得るところですが，被害者が被告人のした行為によって苦しんでいることは間違いなく，法廷で被告人に対して直接その苦しさをぶつけたいと思う気持ちは理解できないものではありません。

　ときに，弁護人を被告人と同視し，被害者から弁護人に対しても強い非難の言葉が向けられることがあります。「なぜ，悪いことをした人の弁護をするのか」という，一般に抱かれやすい偏向的な感情と，刑事司法制度における弁護人の職責に対する無理解に基づくものと考えられますが，そのような誤った前提に基づく混乱が被害者をさらに苦しめることになるという負の連鎖が生じていることは決して望ましいことではないと思っています。

　ある被害者から，こんな話を聞いたことがありました。

　「被害者が法廷で自分の気持ちをぶつけることができるのは，被告人のそばに弁護人がいるからです。弁護人がいなければ，法廷中の人から責められ，ひとりうつむいている被告人に対して気持ちをすべてぶつけることができなかったかもしれません。弁護人がいたから，思い切りぶつけることができました」

　法廷でも，法廷外での会話（示談交渉）の中でも，ときに，被害者から厳しい言葉を受けることはあります。弁護人も1人の人間ですので，厳しい言葉を受け続ければ当然気分は落ち込みますし，ときには，峻烈な言葉に理不尽さを感じることもあるでしょう。そんなときは，この言葉を思い出してみてください。

　被害者が苦しい気持ちをぶつけることができるのは，弁護人しかいないのです。そうであるならば，その苦しみを受け止めることもまた，弁護人にしかできないことなのではないかと思っています。

第5 判決後のこと

　それぞれの仕事には与えられた役割があり，弁護人の使命は，刑事手続において依頼者の利益を護ることにあります。依頼者との接見，釈放に向けた活動，被害者との示談交渉，独自の証拠収集活動，終局処分の交渉，保釈請求，証拠開示請求，刑事事件記録の精査，公判前整理手続の対応，公判準備，法廷弁護活動といった，本来の仕事を全うするためには，1つ1つのケースに対して，多くの時間と労力を要します。

　多くのケースを抱える中で，上記のような弁護人としての本来の仕事に加えて，医療支援，福祉支援，家族支援など，なし得る限りのサポートを行えば，時間がなくなるのは必然です。そのため，弁護活動を尽くして，判決が下りた後，その先の依頼者の更生に向けたサポートに，弁護人がそれまでと同じように関わり続けることは，本来の仕事を全うするための時間を失うことにもつながり，現実的には難しいといえます。だからこそ，刑事手続の中で，依頼者の支援体制と，更生への道筋を築くための活動を尽くし，判決が下りた後も，依頼者が，支援者とともに迷わずに歩んでいけるような環境を作ることが大切です。

　それでも，社会の中で，様々な壁にぶつかる場面があるでしょう。法的な対応が必要となることもあると思います。そんなときに私たち弁護士が最初に相談することができる存在であることが，依頼者や家族にとって支えになり得ると思います。

　国選弁護であれば，通常，弁護人は1人であり，独力で弁護活動を全うする必要があります。ですが，判決確定後は，「弁護人」ではなく，1人の弁護士に戻ります。ですから，その後に受けた相談については，複数名で対応することもできますし，相談内容によっては，その分野に精通した他の弁護士を紹介することもできます。判決後のことについては責任を持てない，などと過度に肩に力を入れず，柔軟な思考をもって，1つの社会資源として在ってほしいと思います。

　性依存を含む依存症患者にとっては，判決後の生活が，依存から回復

するための本当の意味でのスタートです。治療は長期間にわたって続きます。更生支援計画書の実行も，社会に戻ってから始まります。家族の支援に終わりはありません。そのような支援の輪が上手く機能するように，依頼者が社会の中で居場所を失って孤立し，再犯を招くような環境が生じないように（そのような悪循環が生じることは，誰も望んでいないはずです），家族だけが問題を抱え込んで追い詰められてしまわないように，支援者だけではなく，社会全体が更生しようとする人を包摂する存在であってほしいと願っています。

第**3**章　性依存症者の地域トリートメント

第**1**　性依存症について

1　性依存症とは

(1)　性依存症の定義と分類，その特性

　性依存症は，現在のところ公的な診断名はなく診断基準もいまだ定まっていませんが，パラフィリア障害群（以下，「DSM-5」と呼ぶ。）や強迫的性行動症（以下，「ICD-11」と呼ぶ。）などを含める概念であると定義できます。

　また，犯罪化するものとしないものに分類することができ，犯罪化するものの中には被害者が存在するということが他の「自分の健康を害する類の依存症（アルコール・薬物・ギャンブルなど）」とは明確に違うところです。これらと，共通する特性としては，性的逸脱行動の衝動制御に失敗を繰り返しているにもかかわらずそれがやめられず，社会的損失や身体的損失，経済的損失を繰り返している状態が継続していることをいいます。

(2)　DSM-5 と ICD-11

　DSM-5 において，性依存症に最も近い疾病概念としてパラフィリア障害群があげられます。ここには，窃触障害（痴漢），小児性愛障害，フェティシズム，露出障害，性的マゾヒズムや性的サディズム，窃視障

害（盗撮行為）などがあります。

　また，ICD-11には，強迫的性行動症という新たな診断概念が加わりました。その定義としては，パラフィリア障害群とはみなされない性的逸脱行動が強迫的に反復され，日常生活に支障をきたすようになっているものを指しています。

　例えば，不特定多数の人との性交渉を繰り返し性感染症や望まない妊娠などの健康被害があるにもかかわらず，セックスがやめられない状態もここに含まれます。このあたりは，過去の報道を参考にするとクリントン元大統領のホワイトハウス内のセックス・スキャンダルやタイガーウッズのセックス・スキャンダルでその名が知られるようになった「セックス依存症」が該当します。また，性被害経験者が被害後に自暴自棄になり不特定多数の異性と性関係を自傷行為的に繰り返す状態や，強迫的な自慰行為もここに含まれると考えられます。このように人間の性的逸脱行動とは多様であり，正常と異常の境界線が非常に曖昧です。

　本稿では，その行動が犯罪化するタイプについて主に述べていきたいと思います。

2　性加害者の実態とは

(1)　性犯罪事件報道のバイアス

　性犯罪事件が報道されるとき，加害者の特異性ばかりが強調されることがあります。いかに性欲が強かったか，そしていかに普段からおかしな人間だったか。そのような人物描写を見て視聴者は性犯罪者を性欲のコントロールできないモンスターのような存在だとみなします。女性であれば，自分の身近にいないことや被害者にはならないことを。男性であれば，自分が加害者にはならないことを。ましてや，被害者には絶対ならないことを確認し，安心します。性犯罪は，このようなサイレントマジョリティといわれる多くの人々の当事者性の欠如から，社会の中で被害側と加害側は分断されその無理解こそがセカンドレイプの温床に

なっています。

(2)　加害者の生育歴，被虐待経験

　加害者の生育歴に問題があったという解釈もよく見られます。つまり，その加害者も子ども時代に虐待，とりわけ性的虐待を受けたことがあり，その被害体験が彼を加害行為に走らせた何らかのリスク要因になっているという説です。これを「被害者から加害者の道」や「アディクションの世代間連鎖」という文脈で語る臨床家もいます。

　たしかに，性犯罪者のなかにはそうしたトラウマティックな過去を持つ者もいないわけではないですが，私がこれまで約 2000 名（2019 年 4 月時点）を超えるケースと関わってきた中での実感は「性犯罪者のほとんどは，どこにでもいるごく普通の男性である」という結論です。

　彼らは家族のためにまじめに仕事をし，家庭を営み，社会生活を送っている人たちです。だからこそ，犯行が発覚したときに周囲の人が口をそろえて「まさかあの人がそんなことをするなんて」というお決まりの反応が返ってきます。

(3)　日本特有の性犯罪──痴漢の実態

　特に日本で最も多い性犯罪である痴漢の加害者は，両親から愛情を受けて何不自由なく育ち，四年制大学を卒業して就職し，結婚して子どももいる男性が全体の過半数を占めています。この統計は，著書『男が痴漢になる理由』（イースト・プレス）の中で記した「平成 27 年度版犯罪白書」のデータとも概ね一致しています。

　こういうと一部の人から「満員電車に乗っているのはサラリーマンが多いからだ」「日本の四大卒の統計は男性が 55%，女性が 48% だから電車内で痴漢行為をするのは四大卒の男性が過半数を超えるのはあたりまえだ（平成 26 年度日本学校基本調査より）」と反論されることがありますが，満員電車はなにもサラリーマンばかりが利用しているわけではありませ

ん。学生もいれば高齢者もいるし，フリーランスや建築関係で働く作業着姿の男性も多いです。なにもスーツでネクタイ姿の男性ばかりではないのです。そして，何よりも痴漢行為は満員電車内だけで起きるものではありません。

(4)　クリニックによる専門治療

　痴漢に限りませんが，当クリニックではさまざまな性的逸脱行動を繰り返す人を「嗜癖（アディクション）モデル」で捉え，性依存症（性的嗜癖行動）という病気として再発防止のための専門治療を行っています。性的嗜癖行動とひと言でいってもその内容は，レイプや小児性犯罪から，痴漢，盗撮，のぞき，露出，下着窃盗，服装倒錯まで幅広いです。

　ここでは，特に性犯罪者と言われる人の我が国における現状について触れるとともに，当クリニックが2006年5月に日本で最初に社会内処遇の枠組みで立ち上げた『性犯罪再発防止プログラム（通称SAG：Sexual Addiction Group-meeting)』の内容を解説し，そこで得た知見を紹介したいと思います。

3　性犯罪者の矯正施設内処遇と社会内処遇について
・・

(1)　#Me Too 運動と再犯防止の機運の高まり

　性犯罪の再犯防止は喫緊の課題です。特に昨今は，アメリカからはじまった「#Me Too運動」の後押しもあり，性被害を受けたことのある当事者らが次々に声をあげはじめました。

　どのような状況で被害に遭ったのか，そのときどうなったのか，その後どんな影響がどのくらいにわたって続いたのかなどといったことは，これまで性暴力やDVの専門家は知っていても，一般にはあまり知られていませんでした。それどころか，性被害についてかなり軽く見積もられていたと思います。

　子どものときの被害をカミングアウトする人も少なくなく，そのなかには当時は何をされていたのかわからず大人になってから自分の身に起きたことの意味を知ったという人が大勢います。そのときは何も言えなかった，だから加害した人物は味をしめてほかにも被害者を出していたのではないかと悔やむ女性の話を聞いたこともあります。その女性が罪悪感を抱く必要は皆無ですが，多くの人が「これ以上，被害者を増やしたくない」という切なる願いを胸に語りはじめたのだと感じます。

(2)　刑務所，保護観察所等での再犯防止プログラム

　そんな許しがたい性犯罪を繰り返してきた加害者の行きつく先はいずれ刑務所になります。現在の刑務所では，犯罪の行為責任を自覚させ，社会生活に適応するのに必要な知識や生活態度を習得させることを目的として，すべての受刑者に対して「改善指導」が行われています。加えて，特定の者を対象とした特別改善指導というのがありますが，性犯罪者には「性犯罪再犯防止指導」，通称「R3」と呼ばれるプログラムが設けられています。また，保護観察所では「性犯罪者処遇プログラム」があります。

　こうした教育的なプログラムが採用されたきっかけは，子どもが被害者となった凄惨な性犯罪事件でした。2004年に発生した奈良女児殺害事件で犠牲になったのは，小学校1年生の女子児童でした。彼女を誘拐，殺害，死体を遺棄した小林薫死刑囚（すでに執行）はそれ以前にも子どもへの強制わいせつで前科があったとわかり，社会に衝撃を与えました。これを受けて，性犯罪者の情報を社会に向けて公開する，アメリカのメーガン法（後記（5）ア参照）のようなシステムが必要なのではないかという議論が紛糾しましたが，政府はそうではなく教育的なプログラムを実施することによる再犯防止を目指すことに決めました。

　翌年には法務省矯正局と保護局が共同して研究会を立ち上げ，2006年度から性犯罪再犯防止指導が矯正施設内で実施されるようになったのです。その目的は，次のように説明されています。

「強制わいせつ，強姦その他これに類する犯罪又は自己の性的好奇心を満たす目的をもって人の生命若しくは身体を害する犯罪につながる自己の問題性を認識させ，その改善を図るとともに，再犯しないための具体的な方法を習得させる」

しかしその後も，前科がある者による性犯罪事件はなくなっていません。刑務所内で，そして出所後に保護観察所で，彼らが社会内で再犯しない生き方を続けるために何をすればいいのかを学ぶ。それ自体は非常に有意義なことでしょう。ここでは頁の関係で具体的な細かい指導の内容には触れませんが，刑務所はカナダのプログラムを，保護観察所はイギリスのプログラムを参考にしながら，リスクアセスメントをもとに対象者が分類され，認知行動療法に基づいたそれぞれの密度に応じたカリキュラムを彼らは受講していきます。指導には刑事施設の職員（教育専門官），認知行動療法等の技法に通じた民間の臨床心理士・公認心理士などが当たります。

(3)　再犯防止プログラムの成果と課題

ア　受講者数の限界

プログラムの成果を伝える報告がある一方，問題点も指摘されています。

1つには，性犯罪で服役している者すべてが対象ではないことです。法務省発表の資料によると「性犯罪の要因となる認知の偏り，自己統制力の不足等がある者」がR3（性犯罪再犯防止指導）を受けられるとあります。しかし，全国に68ある刑務所のうち19カ所（2019年4月時点）でしか実施されていないこともあって，受講待機者の数ばかりが増えていくのが現状のようです。まず，刑期が短い者や罪名が性犯罪ではない刑法犯は分類段階で弾かれます。クリニックに通っている受刑経験者からは「公判中にもR3を受講したい旨を主張したけど，結局は受刑中受けられなかった」という話を聞いたこともあります。そして治療反応性が低いと思われる者，知的・精神・身体障害がある，発達障害がある，言語

能力に問題がある者らは，本人が強く希望したとしても受講のチャンスがないといわれています。その結果，報告のうえでは効果があるように見えますが，それは実態と大きな差があると指摘されています。

イ　プログラム受講のタイミング

またプログラムを受けるタイミングの問題もあります。刑期を終える直前に受けるのであればそれなりの効果が期待できるプログラムでも，懲役10年のうち5年目で受けてしまえば，出所するころには忘れていてもおかしくありません。せっかく刑務所の中で使っていたワークブックも出所時には返却が求められます。第一，刑務所の中にはターゲットとなる存在がいないのです。子どもを性対象とする者であれば刑務所に子どもはいませんし，その渇望のスイッチのきっかけとなる引き金（急性トリガー）もありません。そのような中で"子どもに性加害をしない自分"に自信をつけていったとしても，出所して社会に戻れば，いたるところで対象年齢の子どもの姿を目にします。

そうしたときにどう対処すべきかをR3で習ったはずなのに，気づけば対象者のあとをつけていっている。すぐに再犯しないまでも，彼らのなかで自信が揺らぎます。

性犯罪で服役している者は，ほかの犯罪で服役している受刑者から白眼視される傾向にあるといいます。自分より弱い相手を力ずくで性的に支配する，というのが犯罪のうちでも最も卑怯，卑劣，つまり男らしくない，女々しいと思われているようです。そのなかでも子どもに性加害したとなると，「ロリコン」などといわれます。どんなに厳しい目が向けられるのか想像がつきます。そういう意味では，刑務所のなかも一般社会と相似形を成しているのだということがわかります。

(4)　R3プログラム，性犯罪者処遇プログラムの実際

R3は基本，グループワークの形で進められます。1人で受けるのではなく複数人でグループを作って受講し，専用のワークブックを使い事

件をふり返って加害行為につながった要因を探ったり，自身の認知の歪みを洗い出したりします。その際，グループ内で自身のことを話し，共有し意見を交換するといったことも行われます。

　刑期が終了し，仮釈放であれば保護観察期間が一定期間（3か月以上）ある者は，出所後保護観察所で行っている「性犯罪者処遇プログラム」を受けることになっています。

　これは，刑務所内ではなく社会の中で再犯防止の指導をするもので，仮釈放対象者だけでなく保護観察付で執行猶予となった者も含まれます。保護司と定期的に面談や連絡をとり，困ったことがあれば相談しながら社会復帰を目指す。それと同時に，専門のプログラムも受けられるというのは，それだけを聞けばベストとはいわないまでもベターな制度のように聞こえます。少なくとも，長期の服役期間を経ていきなり宙ぶらりんの状態で社会に戻らなければならない満期出所者と比べると再犯リスクが低くなる可能性が高いです。

　「平成27年版犯罪白書」ではその成果について，「性犯罪の再犯についても受講群の方が非受講群よりも推定再犯率が低いことが明らかになった」「性犯罪の再犯を，レイプ，強制わいせつ及びその他（下着盗，露出，窃視，児童買春等）の罪名別で見ると，いずれも受講群が非受講群よりも推定再犯率が低く，取り分け強制わいせつとその他は，統計的に有意に低いことが明らかになった」と報告されています（http://hakusyo1.moj.go.jp/jp/62/nfm/n62_2_6_3_2_2.html）。

　特筆すべきは家族プログラムが用意されていることです。身内に性犯罪者がいるとなると，家族も社会のなかで孤立しやすくなります。周囲が知らない場合でも，本人が心に壁を作り，人を遠ざけてしまう傾向にあります。家族がそうならないよう耳を傾けてサポートする機能があるのは，とても有意義だと思います。また，仮釈放になった対象者が受けるプログラムについて家族に知ってもらうのも目的の1つです。クリニックに通う者たちを見ても，家族が理解し，協力してくれている場合は治療継続率が高いといえます。

　しかし，性犯罪者処遇プログラムにも問題はあります。まず，受講期

間がたいへん短いこと。プログラムの内容は刑務所内で行われるR3とだいたい同じで，全5課程用意されています。それを2週間に1課程ずつ行うので，3か月間で5回プログラムを受けて終了することになります。多くの場合，服役していた期間，保護観察期間よりもその後の人生のほうが長く続きます。その長い時間をずっと再犯せずに過ごす，そのための方法を身につけるには，このプログラムにはあまりに短い時間しか用意されていないのです。

　司法制度の中で再犯防止のための施策がないわけではないです。けれどそれは性犯罪者全員が受けられるものではないし，社会のなかで継続的に続けられるものでもない。そして保護観察所のプログラムを終了後，さらに当クリニックで行っているような継続的な地域トリートメントへつなぐ役割を担っている人も機関もない。これが日本の現状です。この「つなぐ」という重要な作業が完全に抜け落ちているのです。

(5)　海外での取組と地域での動き

ア　メーガン法（アメリカ）

　では，海外ではどんな対策が取られているのでしょうか？

　代表的なものは，やはりアメリカの「メーガン法」でしょう。1994年に当時7歳のメーガン・カンカさんがレイプされたうえに殺された事件で男が逮捕されましたが，彼には女子児童に対する性犯罪事件でこれまで二度の逮捕歴があったことがわかりました。それにより両親が署名活動を熱心に行い，結果再犯防止策を求める市民の声が一気に盛り上がり，性犯罪者の現住所，犯罪歴などを広く公開して，地域社会に通知するこの法律ができたのです。

　インターネット上にその情報が載っているため地域社会どころか全世界からアクセスができます。また，性犯罪前科のあるものにGPS端末を身につけさせ，その位置情報を把握するシステムも，アメリカのいくつかの州のほか韓国，イギリスなどで採用されています。日本でもこうした制度が導入される可能性はあるのでしょうか。これまでにもたびた

び検討はされてきましたが，しかし話題にのぼるたびに，加害者の人権
やプライバシーが侵害されるおそれがあるとして具体的な議論にはなっ
ていません。国レベルでは R3 や再犯防止プログラム以外に再犯を防ぐ
ための方策が進んでいないのが現状です。

イ　大阪府の取組

　しかし一方で，近年は変化を促す動きが地方から起きています。大阪
府では「大阪府子どもを性犯罪から守る条例」として，18歳未満の子
どもに対する性犯罪によって実刑判決が出て服役した者に対して，出所
してから5年が経つまでの間に大阪府内に住む場合には，氏名，住所，
性別，生年月日，連絡先などを府に届け出ることを義務づける条例が，
2012年に施行されました。これは，単に該当する者の居場所を知って監
視することだけでなく，社会復帰支援につなげることも目的としていま
す。日本版メーガン法とでもいうべき条例ですが，やはり元受刑者のプ
ライバシー保護を案じる声は根強いようです（http://www.pref.osaka.lg.jp/
houbun/reiki/reiki_honbun/k201RG00001583.html）。

ウ　福岡県での取組

　福岡県でも2019年に施行した「福岡県における性暴力を根絶し，性
被害から県民等を守るための条例」のなかで，性犯罪で服役した元受刑
者が県内に住所を定めた場合，氏名，住所，連絡先，罪名等を知事に届
け出るよう義務づけています。期日は，刑期満了の日から5年を経過す
る日前までです（http://www.gikai.pref.fukuoka.lg.jp/topics/gaiyou-310415.html）。

エ　新潟県の取組

　また新潟県では県議会において，性犯罪者に GPS 端末を装着して監
視するシステムの導入についての検討を求める意見書を国に提出するこ
とが賛成多数で可決されました。これは2018年5月に同県内で発生し
た，小学2年の女児が殺害され，死体が線路内に遺棄された事件を受け
てのものです。逮捕された加害者は同年の4月にも別の少女を連れ回す

などしたとして書類送検されていました。

オ　社会による再犯防止

「子どもに性加害をした者は，社会からの治療的アプローチが何もなければ再び子どもに加害する」と多くの人が思っているからこそ，いまこうした動きが起きているのではないでしょうか。しかし，監視や厳罰化というアプローチが再犯防止の唯一にして絶対の解なのかというと，賛否両論あり，世界的にもまだそのことは証明されていません。導入されている国や地域でも，いまなお再犯する者があとを断たないからです。

そこで私たちが考えているのが，性加害をした者たちを社会の中で適切に治療につなげ，再犯しないよう教育していくことです。数週間や数カ月ではなく，数年単位でのプログラムです。そこで再犯防止のための具体的な方法を身につけ，薬物療法なども併用しながら最終的にはその者自身を"再犯しない自分"へと行動変容に導くのです。

性犯罪を繰り返す者の再犯防止に近道はなく，そうした本質的な生き方の変容がなければ，何かのきっかけでまた加害行為を繰り返してしまう可能性があります。現在の日本にはそれができる民間施設は片手で数えられる程度しかなく，また治療には強制力がないため，社会の中で再犯防止のプログラムを実施している者は日本全国でごくわずかです。

カ　カナダの取組

そこで参考にしたいのが，カナダの制度です。同国には「治療的保護観察」という制度があり，性犯罪で受刑した者が出所し保護観察期間中は，再犯防止プログラムの受講が義務づけられているのです。強制力をもって行われているものなので，「受けない」という選択肢はありません。そこには薬物療法も含まれており，対象者は定期的に採血をして血中濃度を測ります。その結果，服薬していないことがわかると，再び刑務所に戻されるのです。つまり矯正施設と社会内の治療施設が連動しており，対象者が再犯防止の道を外れることなく歩んでいける体制が整っているのです。カナダは性犯罪の取り組みにおける先進国の1つで，こ

うした制度によって実際，再犯率が下がっています。法律や司法制度は
さまざまなバックグラウンドに基づいて決められているものですからカ
ナダでうまく機能しているものをそのまま日本に当てはめてもうまく機
能するかどうかはわかりませんが，参考にできるところは多いと思われ
ます。

(6)　日本における薬物療法の実施と課題

　いま薬物療法の話題が出ましたが，日本ではこれについても消極的で
す。後述しますが，クリニックでは薬物療法を実施しています。具体的
には，「SSRI（選択的セロトニン再取り込み阻害薬）」を処方します。本来は
抗うつ剤として広く使用されているものですが，副作用に勃起不全があ
ります。性的欲求が抑制されるので，加害行為へと駆り立てる要因の1
つをなくすことができるという考えです。使用にあたっては，あくまで
も本人の意志を尊重します。薬の処方は医療行為ですから，本人が希望
しないのに無理やり服用させることはできません。人によってはSSRI
よりさらに強力な，抗精神病薬を処方することもあります。服用を継続
すると勃起障害の副作用がさらに強く出るものですが，ほかにも吐き気
などの副作用が出てつらい思いをします。そのことを知ったうえでなお，
「性的な衝動を抑えられないから処方してほしい」と自分から希望する
人もいます。

　それだけ効果を感じられるようで，「これまでなら街でターゲットと
すれ違うと吸い寄せられるようについていったけれど，いまはふり返る
こともなくなった」と話す人もいます。1つの欲求を手放したことで，
別の治療に専念できるという効果もあります。

　現状では，刑務所内でのR3や保護観察所での性犯罪者処遇プログラ
ムにおいて，効果的な薬物療法は採用されていません。

　先述のとおり，2004年の奈良女児殺害事件を機に初めて性犯罪者の
処遇プログラムについての研究会が発足されましたが，そのときにすで
に薬物療法については議論されています。報告書を見ると「強迫性のあ

る性犯罪者，男児を被害者とする小児わいせつ犯等において効果が高い
とされている」としながらも，「どの性犯罪者にも望ましい効果を及ぼ
すわけではない」「人の生理的機能を損なうことを内容とするものであ
り，副作用が生じるおそれもある」などの理由で導入が先送りにされ，
いまだに国内の矯正施設での採用は実現していません。

　同報告書には，すでに薬物療法を実施している欧米では「いずれも認
知行動療法等に基づくグループ療法又は個人療法を併用して初めて効果
を上げるものである」とあります。これはまさにそのとおりで，薬物療
法はそれ"だけ"で再犯防止に高い効果をもたらすものではありません。

　"再犯しない自分"へと変容するには薬で欲求を抑えるだけでなく，
物事の考え方や捉え方，男尊女卑的価値観，周囲との人間関係，生活習
慣などすべてに総合的にアプローチしていく必要があります。薬物療法
"だけ"では不十分，しかし薬物療法と並行して行うことでプログラム
がより効果的になることが多いというのは，間違いありません。この状
況を踏まえると，出所前から医療的な支援を導入することが再犯防止に
効果的であり，それは出所時に福祉的支援，教育的支援とセットにする
のが理想的ではないでしょうか。具体的には，保護観察所で受けられる
性犯罪者処遇プログラムに薬物療法を取り入れるなどといった方法です。
本気で性犯罪の再犯防止を考えるなら，避けては通れない課題だと考え
ています。

第2 治療プログラム

1　性的嗜癖行動の特徴

....

(1)　依存症としての側面

　嗜癖行動とは強迫的・衝動的・反復的・貪欲的・有害的・自我親和的・行為のエスカレーションという特徴をもち，この 7 つの要素を満たすものを行為・プロセス依存といいます。また，A. Giddens は，名著『親密性の変容』の中で依存症を，行為中の高揚感・自己喪失・生活時間の一時停止・行為後の後悔・行為中断後の行為再開への渇望と定義しています。繰り返す性的逸脱行動も，以上のような特徴を兼ね備えています。

(2)　認知の歪み（性差別）

　多くの性犯罪者には認知の歪みや，女性観の歪みがあります。実際に，被害者が怖くてフリーズしていたにもかかわらず性的な行為を望んでいたと認識している加害者や「女なら男の性欲を受け入れて当然である」という嗜癖行動を継続するための本人にとって都合のよい価値観としての認知の歪み（性差別）が存在します。治療では，この認知の歪みの修正作業も重要なポイントになってきますが，この認知の歪みは日本社会にある「男尊女卑的価値観」と相補的に連動しており，加害者が勝手に作り出したものではないと考えています。性犯罪は学習された行動です。認知の歪みもまたしかりで，この日本社会にある前提となる価値観を変えていかなければ，性犯罪者はこれからも量産されていきます。目の前にいる加害者は，日本社会の縮図なのです。

(3) 犯罪としての側面

　性犯罪は女性蔑視の人権侵害行為です。逸脱した性的嗜癖行動の背景には被害者が存在していることが多く，矯正施設で行われている性犯罪者再犯防止指導（R3）や治療の中で「被害者への謝罪」や「被害者の痛みを理解する」という側面は欠かせないです。ただ，現実は加害者の中に被害者は鮮やかなまでに抜け落ちています。例えば，痴漢をやめて得たものは何ですかという質問に対して「家族を悲しませなくていい」「仕事を失わなくていい」「裁判費用がかからない」という回答が多く，「被害者を出さなくて済む」という意見は出にくいです。一方で，痴漢をやめて失ったものは何ですかという質問に対してある加害者は「生きがいを失った」と回答しました。このように治療初期段階では，被害者のことはほとんど考えていません。中には被害者をモノとして見ているというよりは，モノ以下として見ている者もいます。

　また，性犯罪は非常に暗数の多い犯罪です。ある海外の研究では，1人の性犯罪者の背景には380人の被害者が存在すると言われています。性犯罪の治療は加害者の更生はもとより，被害者を守るためのプログラムであることが望まれます。ということから，被害者支援と加害者臨床は車の両輪です。両プログラムにかかわる臨床家が対話を重ねる中で，分断された被害と加害について，何が彼らの回復阻害要因になっているかを検討する時期にきていると感じています。

2　治療の三本柱

(1)　再発防止（リラプス・プリベンション）

　反復する性的逸脱行動には，嗜癖行動（依存症）としての側面があります。依存症は「再発（relapse, リラプス）する」ことを回復のプロセスであるという捉え方をします。これはアルコールや薬物のような物質依存でも，ギャンブルなどの行為・プロセス依存でも変わりません。治療

をはじめてお酒やドラッグ，パチンコをやめられた……と思ったら，何かのきっかけであっさりと対象行為に手を出してしまう。これは本人はもちろん治療をサポートしていた身近な人たちにとってもショックな出来事で心を大きく揺さぶられます。せっかくやめ続けていた日々が水の泡となって消えたように思えるでしょう。

　が，これは決して絶望的な事態ではありません。依存症に再発はつきものです。それであきらめてまた地獄のような日々に逆戻りするのでなく，何が引き金となって再発したのかをふり返り，再発した自分と向き合い次の再発を防ぐにはどうすればいいかを治療者や仲間とともに分かち合うという過程が，また「今日一日」から始まる回復にとってプラスに働きます。

　考えてみると依存症からの回復は自転車の運転の練習にとても似ています。誰でも最初から自転車をうまく乗りこなせるわけではありません。時には障害物に躓いて転倒しケガをすることもあるでしょう。ここで運転する努力をやめてしまうと，後退していきます。でもたとえ転んだとしても，少し休憩しまた自転車にまたがって運転し始めます。そうすると次第に運転がうまくなり，つまりハンドリングがうまくなり障害物への対処も上達していきます。長距離の運転も可能になります。ただし飛ばしすぎるのは禁物です。ずっと立ちこぎはできないでしょう。その人の無理のないペースで進み続けることが重要なのです。三歩進んで二歩下がってもいい，けれど確実に前に進もうというのが依存症からの回復なのです。

　一方で，性犯罪の治療については事情が異なります。再発すれば，新たな被害者を生みます。それは，絶対にあってはならないことです。防止（プリベンション）する責任が，彼らにはあります。もう二度と性加害をしないと闇雲に誓うのではなく，みずからを再発に駆り立てる要素を洗い出し，それをどう回避するかを考えます。それを「リスクマネジメントプラン（RMP）」として毎月，専用の用紙に記入し可視化していくのですが，その詳細については後述します。

(2)　薬物療法

　薬物療法は全員に強制されるものではなく，また，それ"だけ"で効果が期待されるものではないことは先ほど解説したとおりです。私たちから薬物療法を提案することはありますが，最終的に決めるのは本人です。抗精神薬を使う場合には強い副作用があることも説明しますが，「被害者は苦しんだ，自分も副作用の苦しみを引き受ける」「再犯しないためには，大事なものを手放さなければ」と覚悟を決めて薬物療法を選ぶ者もいます。彼らにとっての大事なものとは，問題行動を行動化したいというあくなき欲求のことです。

　ホルモン療法を希望する人には他の医療機関を紹介し自費でホルモン療法を受けながら，プログラムは当クリニックを利用するというパターンもあります。実際に，性嗜好障害の診断を受けていた1人がホルモン療法に取り組んでいましたが，体は次第に丸みをおび胸がでてきて，体毛は薄くなり，さらに精液も薄くなってきたと述べていました。海外の研究でももっとも効果があるといわれている治療法の1つですが，我が国ではまだ保険適応外でエビデンスがほとんどないのが状況です。この薬物療法に関しては，今後のさらなる研究が望まれる領域で，当クリニックでも重要課題の1つです。

(3)　性加害行為に責任をとる

　みずからがしてしまった性加害に対して責任をとるとは，どういうことでしょう。プログラムでは，これも3つに分けて考えています。

①　再発防止責任

　性被害に遭った人たちに加害者に対して何を求めるかを訊ねると，「刑務所から一生出てこないでほしい」「死をもって償ってほしい」「二度と被害者を出さないでほしい」といった回答が得られます。被害者の話すことに耳を傾け，たとえ耳が痛くともその声を引き受けることは，

責任をとる1つの形だと考えられます。「刑務所から一生出てくるな」
や「死んでくれ」が現実的に難しいことはご理解いただけると思います。
最後の「二度と被害者を出さないでほしい」というのは，三本柱の1つ
「再発防止」に取り組み“性加害しない毎日”を積み重ねることで果た
せることになります。クリニックへの通院をつづける，時には有効な薬
物療法を選択する，加害行為へのきっかけになるマスターベーションを
やめる，引き金になるアダルトグッズをすべて処分する，などのリスク
回避型のコーピングを中心としたアプローチも，ひとつひとつが再発防
止責任とつながり，みずからの加害行為に向き合い続けていくための方
法論を蓄積しながら日々実践と反復訓練に取り組んでもらいます。

②　説明責任

　これには，2つの意味があります。1つは，自分の加害行為に関して
クリニックのスタッフや同じ治療に臨んでいる仲間たちの前で率直に正
直に話すことを指します。これはとても重要で，すべてはここから始ま
るといっても過言ではありません。彼らは自身の性嗜好や加害行為を
ずっと隠しながら生きてきました。問題行動をつづけるために隠し，嘘
をつき，被害者にもそれを強いてきました。逮捕され取り調べを受けた
ときにすべてを正直に話したかというと，そんなことはなく，捜査対象
事件以外の加害行為については多くの加害者が口をつぐみます。
　もう1つは，再発（リラプス）したときやリスクが高まったときに正
直にカミングアウトすることです。再発の前には必ず何段階もの警告の
サインがあります。たとえば問題行動のアダルト動画を見ながらマス
ターベーションをしたとか，あえて満員電車に乗ってしまったとか，そ
うしてリスクが高まったときにも仲間たちの前で告白します。この正直
になることは周囲に助けを求めることにもつながります。
　「正直に生きる」ことや助けを求めることはあらゆる依存症からの回
復において，非常に重視されます。問題行動の真っただ中にいるときは，
嘘に嘘を重ねるからです。アルコール依存症の場合，飲まないといった
のに飲んでしまい，でもそのことを家族に黙っている。もうギャンブル

はしないと約束したのに，嘘をついて借金してまたパチンコに行く。
黙っていることで，次の問題行動への準備をしているのです。そしてそ
れを実行に移すと，また嘘をつきます。その嘘の連鎖を断ち切るには
「正直に生きる」こと以外に近道はないのです。

③　謝罪と贖罪

「私の非常に愚かで，あまりに身勝手な犯罪により被害者様の心身に
取り返しのつかない傷を負わせてしまいました」

「人としての尊厳を踏みにじり人格にも傷をつけてしまいました」

「本当に申し訳ありませんでした」

　加害者は，とにかくよく謝罪し反省します。より正確にいうなら，謝
罪することを度々求められるのでそれに反射的に応じている，といった
ところでしょうか。裁判では，被告人みずからが被害者への手紙を読み
上げる「儀式」が定番になっています。謝罪は，反省とセットになって
います。自分がいかに反省しているかを見せたうえで謝罪の言葉を並べ
立てます。

　最近，性犯罪の刑事裁判が，罪を軽くするためのセレモニー化してい
ないだろうかと危惧することがあります。加害者臨床では「加害者に
とって最大限の謝罪は，被害者にとって最小限の謝罪である」といわれ
ています。これは，加害者は被害者とは非対等であり，問題解決のため
の負担を被害者に求めない方針をとる，という原則からきています。

　私は裁判に被告側の情状証人として出廷し，本人ないし弁護人が手紙
を読むのを聞く機会がありますが，どれも似たり寄ったりのうえに"そ
れらしい"文章を並べているだけなので，言葉だけが上滑りして聞こえ
ます。裁判で読み上げるものですから事前に弁護士が入念にチェックし
ているので本人の言葉ではないのも，そう感じられる理由の1つです。
けれども，本人の言葉だけでつづられた手紙を読み上げるのも，被害者
の感情を一層逆なでするだけでしょう。加害行為に責任をとるとはいっ
たいどういうことなんでしょうか。被害者ならずとも彼らの謝罪をその
まま言葉どおりに受け取れないのは，それが「許されること」を前提と

した謝罪だからです。許しがほしくて，自分が楽になるために反省して
みせるのです。そこを被害者はしっかり見抜いています。以下を読んで
考えてみてください。

（具体例——痴漢加害者からの謝罪の手紙）

A氏　男性・40代

··

　僕が謝罪文を書いても，弁護士は被害者の両親に渡してくれよう
ともしません。僕なりに毎日毎日，相手のことを考えて反省して，
変わろうとしていますけど，結局はなんの意味もないんですね。ど
うせ実刑なんだから，もう反省もしたくないですよ。

　これは女子高生をターゲットに数えきれないぐらい痴漢行為を繰り返
してきたある加害男性の語りです。彼の中では自分が書いた手紙が弁護
士から被害者の両親にわたり，何らかの形で許しを得ることを想定して
いたのでしょう。思いどおりに事が進まず，苛立っている様子が伝わっ
てきます。彼は特に歪んだ認知の持ち主で，この手紙を書いた段階でも，
被害者である女子高生に対して「実は喜んでいた」という思い込みがま
だ根強く残っていました。そんな状態で書かれた手紙を，被害者もその
家族も読みたくないでしょう。
（反省の態度としての謝罪）
　許されたい。これは性加害やDVをくり返す人間でなくとも誰もが
思うものです。私たちも子どもの頃からそうしてきました。してはいけ
ないことをして叱られたとき，反省と謝罪の言葉を述べるということは
小さい子でもします。そうすることを周囲から強く求められるからです。
そしてそれをすれば，その場を切り抜けられることを知っています。本
当に悪いと思っているかどうかよりも，相手の目にまたは周囲に反省し

ている姿を映すことが大事だということを学習しています。

　懸命に反省の態度を示したのに相手は許してくれないとなると，今度
は腹が立ってきます。「こんなに謝っているのに，なんで許してくれな
いんだ！」となるわけです。何とも身勝手ですし，被害者側からすると
これほど理不尽なことはないでしょう。A は自分の反省が誰にも受け
入れられないことに憤っています。被害者が加害者を許さなければなら
ないいわれは，まったくありません。その謝罪に耳を傾けなければいけ
ない義務もありません。

（償いたいという贖罪）

　もし仮にその言葉を聞けるときがあるとすれば，それは彼らのなかに，
自分の犯した罪の本質を知ったうえで償いをしたいと願う“贖罪”の気
持ちが出てきたときでしょう。たいていの場合，そうなるまでには長い
年月を要します。

（加害者臨床の考え方）

　私たちは，そこに到達するまで彼らに根気よく伴走するイメージです。
逆戻りしたり間違ったコースに逸れたりしないように交通整理をし，立
ち止まったときはどうやったら再び走り出せるようになるのか一緒に考
えます。

　もちろん，無理やり走らせることはしません。誰かにいわれてやると
いうパターンは，加害行為の責任を自分で引き受けるのではなく，誰か
にいわれたからこうなったという責任回避の悪循環のスパイラルに陥っ
ていくからです。

　加害者臨床では「なんでやったんだ」「こんなことをするなんて最低
だ」と強く責めて反省を強いると，彼らは引っ込むだけで，かえって再
発のリスクが高まることがよく知られています。そうではなく，常に自
分の今までの言動や思考がもしかしたらおかしいのではないかと様々な
技法を用いて揺さぶり，被害者のことを考えるよう促すのが，私たちの
仕事です。

「あなたのその行動，発言を被害者が見聞きしたらどう感じるでしょうか？」

ことあるごとに，そう問いかけます。彼らは最初「え？　なぜそんなことを聞かれるんだ？」という顔をしますが，相手の目を見ながら呼吸を合わせながら反復して問いかけるうちに，何かをするときに被害者がどう思うか考えて行動するようになります。私たちは目の前にいる加害者らと向き合いますが，その向こうにいる被害者とも対話しているのです。これを「ダブルクライアント構造」といいます。

（加害者記憶の忘却）

前掲のA氏を見てもわかるように，加害者の中に被害者は存在しません。鮮やかに被害者の存在は抜け落ちています。そして，彼らは自分がしたことの記憶を早々に手放します。学校でのいじめで，いじめられた側はそのことをいつまでも忘れられないのに対し，いじめた側は「そんなことあったっけ？」というのと同じです。やられた側は，つまり被害者は忘れたくても忘れられません。何十年もその記憶や後遺症とともに生きていくことになります。が，加害者はその記憶を早々に放棄するのです。そのほうが自分にとって都合がよく楽だからです。

被害者は思い出したくないときに，被害者記憶を思い出しますが，加害者は加害者記憶を思い出したくないときは思い出さないことができます。またその加害者記憶を利用して，次の犯行に及ぶ人や自慰行為に利用する者もいます。性暴力という1つの事象に対し，被害者が見ている現実と加害者が見ている現実がまったく異なるものであることを如実に伝えてくれます。加害者臨床ではこれを「加害者は早期に加害者記憶を忘却する」といいます。

ともすれば，自分がしたことの詳細だけでなく，被害者の存在そのものが頭から抜け落ちてしまいます。特に刑務所に服役して出てきた者の多くは被害者の存在すらもう頭にありません。そんな状況ではいつまでたっても真の謝罪にたどり着けません。自分がしたこと，被害者に与えた影響の意味を考えつづけ，贖罪ができるよう歩みを止めないことが，性加害行為に責任をとるということです。

（責任をとるということ）

　責任をとる，というのは簡単なことではありません。私たちもクリニックでは彼らに対して時に厳しい態度で臨みます。責任をとろうとする姿勢のなかには痛みを感じることもありますが，彼らはそれを乗り越えなければなりません。人は誰しも自分が楽になりたいものです。クリニックの通院をやめればすぐに自分がしたことを忘れますし，ある意味，楽になれるでしょう。もちろん，再犯のリスクは高まります。彼らは取り返しのつかないことをしました。ですから易きに流れることがないよう，時には教育的・治療的に関わっていきます。それでも，クリニックに通い続け，その変化に伴う痛みを乗り越えようとする姿勢を私たちは尊重します。

　クリニックには，10年間通院を続けている者がいます。彼はそうして"再犯しない日"を積み上げていますが，いまもなお通院をやめると再犯してしまうかもしれないという自覚があります。それまでずっと加害行為を続けてきた自分から，加害行為をしない自分に変わるのです。

　自分自身を変えるのは，生半可な気持ちではできません。クリニックでは，反省や表面的な謝罪をいっさい求めません。彼らは謝ることに慣れています。それは，自分が責められている場面から逃れたい一心でやっていることが多いので，治療を滞らせはしてもいい影響をもたらすことはまずありません。治療初期では反省は深くなくても，問題行動をとめることはできます。プログラムでは認知行動療法をとおして，そのための対処スキルを一緒に身に着けていくことを第一の目標としています。

3　リラプス・プリベンション・モデルとリスクマネジメント

(1)　リラプス・プリベンション・モデルとは

　認知行動療法とは，その人の認知，つまりものの見方や考え方に働きかけ，行動をセルフコントロールできるようにする治療技法です。当ク

リニックでは，前述したようにリラプス・プリベンション・モデルとい
うリスク回避型の治療モデルを採用しています。このプログラムは，自
分の行動や習慣を変えようと試みている人に対して，どのように再発
（リラプス）の問題に備え，それに対処すべきかを教えることが目的です。
再発とはいかなる問題行動であれ，それを変容し，修正しようとする試
みの失敗や後戻りのことを言います。また，そこには2つの主要な目的
があり，それは行動変容の取り組みが開始された後に最初の失敗（ラプ
ス）が生じるのを防止することと，実際にラプスが生じた際に，それが
本格的なリラプスへとエスカレートするのを防止することです。簡単に
説明すると，この治療モデルは習慣を変容するプロセスのうち，メンテ
ナンス段階を強化するための自己統制のプログラムです。

(2)　認知の歪みと歳月

　彼らはこれまで，歪んだ認知とともに現実を生きてきました。相手も
性的接触を嫌がっていなかったし実は気持ちよくなっていた，被害者側
も性行為を望んでいた，子どもが性的に喜んでいたし純愛だった……。
一度や二度そう思っただけではなく，何年も何十年もかけてみずからの
認知の歪みを育んできたのです。問題行動を継続するために現実を都合
よく歪曲させ，次の問題行動のためにさらに巧妙に歪めていく，という
のを繰り返してきたのですから，一朝一夕では修正できません。まずそ
の歪みを認め自覚するまでにも，年月がかかります。

(3)　治療の動機づけ

　おそらく，彼らはもう二度と加害行為を繰り返したくないと思ってク
リニックに来ています。さらに心の奥底にはばれないように問題行動を
したいという欲望がありますが，二度と刑務所に行きたくないという思
いもまた強いのです。プログラムを受ける動機が「これ以上，被害者を
出したくない」ではなく「刑務所に行きたくない」というのは，問題の

本質を履き違えていると思われるかもしれません。が，私たちは治療をはじめるにあたっての動機づけは，それほど重視しません。それよりも治療につながることを最重要視します。治療動機は，治療の中でスタッフとの関係性の中で高めていけるものです。

　現在では，動機づけ面接法などそのための様々な技法が開発されています。例えば，裁判のときに「もう二度と被害者を出したくありません！」と涙ながらに語り，「だから全力で治療します！」と宣言した者ほど，意外とあっさりクリニックに来なくなるものです。逆に，最初は家族にいわれて仕方なく来ていた者が継続的に通院して一歩一歩回復していくということもあるので，初診時の"やる気"のようなものはあまりあてにならないと考えています。

(4)　クリニックでの治療とリスクアセスメント

　クリニックでは無理に抵抗や反発，認知の歪みに気づかせることをせず，彼らの治療に対する抵抗感とともに転がりながら関係性を構築し「加害行為をやめる」「再発しない」ための方法を身につけることをまずは優先します。認知の歪みに気づきながらもやめられないということもあるので，優先順位はおのずと決まります。

　治療グループといっても性加害をした全員が同じプログラムを受けるということはなく，初診時にリスクアセスメントが行われます。これは危険性や有害性を特定し，その重篤度を見極めるのもので，世界で広く使われている「Static-99」というリスクアセスメントツールを用います。具体的なその質問項目としては，その結果，高密度，中密度，低密度のいずれかに振り分けられ，その密度に応じた治療がはじまります。

　「性依存症デイナイトケア」は朝9時から夜7時まで，クリニックで様々なプログラムに従事するもので，密度によって利用日数は変わりますが高密度の対象者，いわゆるハイリスク群対象者は月曜から土曜までの6日間，フルで利用しています。

【図表1】のような時間割が組まれており，まるで学生生活のようです。

第3章　性依存症者の地域トリートメント

【図表 1】治療プログラムの例

【SAG プログラムのご案内（2020.11〜）】

週／曜日	火曜日（19：00〜20：00）※メンテナンスプログラム	木曜日（19：00〜20：00）	土曜日	土曜日（SFG）※家族支援グループ
担当者	斉藤 ※第五週目があるときは漫画家の津島隆太さんがゲストできてくれます。	原田・森田・會田（ビギナー向けセッション 6カ月で1クール）	斉藤・伊藤・會田・森田・林・ゲスト（4ヶ月1クール）	下記参照
第１週	リスクマネジメントプラン（1か月に1回更新）	リラプスプリベンションセッション	性依存症克服プログラム（デイナイトケア）（9：00〜19：00）	妻の会（斉藤・北村）
	個別面接（20：00〜20：30）	個別面接（20：00〜20：30）		（10：30〜12：00）個別面接あり
第２週	SCA メッセージ（先行く仲間のメッセージ）	リラプスプリベンションセッション（前週の宿題のフォロー）	性依存症克服プログラム（デイナイトケア）（9：00〜19：00）	
	個別面接（20：00〜20：30）	個別面接（20：00〜20：30）		
第３週	「刑務所からの手紙」プログラム（リキマルさん）	リラプスプリベンションセッション	性依存症克服プログラム（デイナイトケア）（9：00〜19：00）	父親の会（斉藤・會田・平）
	個別面接（20：00〜20：30）	個別面接（20：00〜20：30）		（16：30〜18：00）個別面接あり
第４週	被害者からのメッセージ（にのみやさをりさん）	リラプスプリベンションセッション（前週の宿題のフォロー）	性依存症克服プログラム（デイナイトケア）（9：00〜19：00）	母親の会（斉藤・引田）
	個別面接（20：00〜20：30）	個別面接（20：00〜20：30）		（10：30〜12：00）個別面接あり

通院を続けるとなると，規則正しい生活を送ることができるようになります。生活サイクルを整えることは，再発防止につながります。個別性はありますが，生活習慣の乱れはそれ自体から生起するストレスへの対処行動として問題行動を用いる，それは加害行為をしていた過去に逆戻りするかもしれない警告のサインと捉えます。これは，かなりリスクが高まっている状態と解釈します。高密度（ハイリスク群）の対象者の場合は，これを最大３年間継続する人もいます。入れ替わりはあるものの同じスタッフ，同じ問題を抱えた仲間たちと毎日顔を合わせることになります。食事も昼夕一緒に取り，家族より長い時間を過ごします。

(5)　依存症の回復と仲間の存在

　依存症の回復には，仲間の存在が欠かせません。それは「性」の問題
も同じです。彼らはこれまで，誰に知られることなく 1 人で加害行為を
計画し，実行し繰り返してきました。その行為は許しがたいですが，一
方で非常に孤独です。そういう狂っていたときの生活とは真逆の毎日が
はじまります。ハイリスクな対象者は，治療初期段階から就労して仕事
をしながらプログラムを続けるのは，実質不可能です。本人たちにも早
く仕事をしたいという焦りがありますが，まずは治療に専念することが
大事です。「加害行為を必要としていた自分」から「加害行為を必要と
しない自分」へと変化しないうちに，以前の生活サイクルに戻ってしま
うとなると再犯のリスクは高くなると断言できます。

　その間の収入は，家族や時には生活保護に頼る人が多いです。裁判な
どにかかる費用を出してもらうケースが多いため，なおさら働かないこ
とを心苦しく感じる傾向にありますが，家族としてはそれよりも何より
も再犯してほしくないです。だからプログラムに専念してほしいという
気持ちのほうがはるかに大きいのです。プログラムでは自分自身をふり
返り，性暴力や依存症について知ることに時間が費やされますが，それ
だけではありません。あるときは人とのコミュニケーション術について
学び，あるときは様々な運動やレクリエーションを取り入れ，またある
ときはクッキングなど一人暮らしの準備のために自炊する練習にも取り
組みます。いずれも加害行為を直接止めるわけではありませんが，これ
まで人と適切な関係を築けなかったり，追い詰められたときの対処法を
性加害以外に知らなかった彼らが変わるために，必要なプログラムばか
りです。何よりも，同じ問題を持った仲間は今まで世界のどこにもいな
かった唯一の友人かもしれません。

4　RMP（リスクマネジメントプラン）の実施

………………………………………………………………………………………

(1)　RMP シートを使った再発防止プログラム

　なかでも再発防止のための核となっているのが，リスクマネジメント
プラン（RMP）とミーティングです。リスクマネジメントプランとは文
字どおり「再発防止計画」で，自身がどういうときに再発してしまうの
かを把握し，リスクが高まったときにどう対処するかを事前に決めてお
くことを指します。それを専用に RMP シートに書き込み，自身の犯行
のサイクルを可視化していきます。類似のプログラムは，刑務所内で行
われる R3 でも「セルフマネジメントプラン」という名称で実施されて
います。最終的には出所後に何に気をつけたらいいのか，自分はどんな
ことに陥りやすいかなどをノートに書きます。いざというときストップ
をかけるための緊急的な対応策などを，最終的な課題として具体的に書
いていくのです（【図表 2】参照）。

　クリニックでの RMP シートは，治療初期段階では毎月更新していき
ます。クリニックのスタッフと個人面談をし，その月の自身をふり返っ
てリスクやコーピングの実践について新たに気づいたことをフィード
バックし，翌月に活かします。就労する，執行猶予期間が切れる，一人
暮らしをはじめるなど本人の状況が変われば，リスクもその対処方法も
変わります。回復の進み具合によっても変わります。そのときどきに
合った現実的な RMP を立てていくことが大事です。何度もいうようで
すが，机上の空論で終わってしまう RMP では意味がありません。

(2)　キーパーソン（KP）の役割

　まず最初にするのは，キーパーソン（KP）を決めることです。人は 1
人で依存症から回復できません。KP は，共に再犯防止の道のりを歩い
ていくパートナーのような存在です。本人がこれまでしてきたこと，い
ま置かれている状況，再発のリスク要因，RMP シートに書き込まれた

【図表 2】セルフマネジメントプラン

※平成 28 年 7 月 1 日更新　(名前: 榎本 太郎) 作成日:平成○○年○○月○○日

≪ リスクマネジメントプラン(RMP)作成用紙:(1)回目 ≫ 対象行為:電車内での痴漢 /キーパーソン: 妻・SAG仲間

☆ このリスクマネジメントプラン(RMP)は、性的逸脱行動を再発させないための計画です。
☆ 治療の 3 本柱を取り入れ、1 か月に一度更新しより洗練された計画にしていきましょう。
☆ 性依存症の克服にとって重要なことは、回復に責任を持つこと、回復に積極的になることです。

【再発のリスクがまだ生じてない段階:あなたのグッドライフ・プラン】

【なりたい自分(回復のイメージ:Lv=レベル)】

・Lv①: 再犯をしない自分
・Lv②: 治療を優先した仕事に就く
・Lv③: 家族との関係の再構築

【なりたい自分になるための具体的方法】

・① SAGの通院を継続し、RMPを毎月更新する
・② スタッフと相談しながら就活をすすめる
・③ SFGへの積極的協力、コミュニケーションの時間を確保する

引き金

【慢性トリガー(状態を悪化させる引き金)】

①人: 大人しそうなサラリ [スカート]
②場所: 電車内・本屋
③時間: 朝(8:00~9:00)夜(19:00~20:00)
④状況: 満員の状態・会社退社時
⑤感情(生理反応): 怒り、孤独感

【慢性トリガーへのコーピング(対処方法)】

・対象女性を見たらすぐに車両を変える
・電車でのルールを必ず守る
　①座る ②つり革を両手でつかむ
　③9才の息子が出来ないようなら その電車を見送る 勇気をもつ
・妻の写真を定期的に入れかえ必ず見る

思考

【再発のリスクが徐々に高まってくる段階】

【警告のサイン(危険に気付くサイン:Lv=レベル)】

・Lv①: ルーティンとマイルールをおろそかにする
・Lv②: K・Pにウソをつくようになる
・Lv③: 報告相に(ex 仕事を頑張ったから少し休んでもいいと考える

【コーピング(危険な状態から脱出する方法)】

・① 毎朝ルーティンとルールの確認をする
・② スケジュールを妻に公開しおく (GPS併用)
・③ セルフトークで論破する

渇望

【急性トリガー(対象行為に直結する 5 つの条件)】

条件①: ホームで女性を物色する
条件②: 女性の後をつけて歩く
条件③: 怒りに任せて自暴自棄になる
条件④: 敢えて満員電車を選ぶ(早く帰宅するため)
条件⑤: これが最後のチャンスであると思い込む

【危機介入方法(あなたのクライシスプラン)】

・スマホのアプリの利用 (警告音)
・思考ストップ法のフル活用 (ゴム輪バチン、手の甲をつねる、この膝をたたく)
・K・Pへ電話をし正直な危ない状況を打ちあける

【今回のRMP作成におけるアピールポイント(改善点)】

① 現実の生活、日常に即したRMPになるより心がけた
② K・Pとのコミュニケーションや関わりを増やしていくRMPにした
③ 基本的な当り前のこと(ルーティン)を現実にやっていくことを 再確認し生活を大事にした

 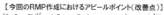

【行動化(再発:リラプス)】 → 再犯

対策法などを共有し，本人のことを気にかけ，危機的な状況に陥ったときに相談できる人物です。つまりSOSを出せる人物がキーパーソン（KP）なのです。

　家族がその役割を担うことが多いですが，会社の上司，友人，一緒に治療を受けている仲間といった例もあります。思い当たる人がいなければ，スタッフが引き受けます。リスクが高まり，自分でも「やってしまいそうだ」というときKPに電話をする，というふうに，2人で再犯の芽を摘み取っていきます。本人がKPへの連絡をサボるようになったり，正直に話さなくなったとしたら，それは警告のサインです。問題を抱え込むようになり，KPから遠ざかっていくことを危険なサインと共通認識があればそれは再発の予測と防止につながります。

(3)　再発までの心の動き

　再発までの心の動きは，どの依存症も概ね共通しています。順を追って説明します。

①　トリガー（引き金）が引かれる

　【図表2】には慢性トリガーとありますが，これには外的なものと内的なものがあります。前者は，対象となりうるターゲットの存在や，これまで犯行を行っていた時間帯，場所，人目が少ないなどの状況で，後者は孤独感や劣等感，イライラしているなどの心の動きや，相手も性的行為を望んでいるなど偏った考えを指します。加害行為に向けての，最初のスイッチが入るイメージです。慢性トリガーは，間接的なトリガーとも呼ばれています。

②　思考・感情が動き出す

　トリガーが引かれると，その人の中で再発に向けての思考や感情が動き出します。たとえば「ちょっとぐらいなら問題行動を扱ったアダルトサイトで自慰行為をしても大丈夫だろう」「1度再発して

も，すぐやめられるから試してみよう」など自分の内から湧き上がってきた思考をそのままにしておくと，それにつながる感情が呼び起こされます。そして，どんどん再発に向けて動き出すことになります。彼らは基本的に，もう一度最後に性加害したいのです。次にやって逮捕されたら実刑は免れないとか，家族に本当に見放されるだろうとか，再発によってもたらされる，本人にとって望ましくない結果をわかっていても「ターゲットに性的接触をしたい」という気持ちは消えません。この段階は，黄信号です。そうした思考や感情に拍車がかかると，再発に向けての動きが活発になります。

③ 渇望段階

渇望段階は問題行動にかなり近い状態といえます。【図表2】でいうと急性トリガーにあたり，ここまでくると行動に移す一歩手前です。この段階は，「欲求が入る」という表現を使う人もいます。トリガーを引くことで思考・感情を動かし，それによって渇望のスイッチが入る，といったように，1つの段階が次の段階を連鎖的に招きます。そしてそれは雪だるま式に大きくなり，坂道を転がるスピードも加速します。決して再発は，その瞬間，瞬間で起こるものではなくさまざまな日常生活の連鎖プロセスの中で起きるものです。彼らはいきなり再犯するわけではないのです。

(4) トリガーと対処法

だからこそ，早めに対処しなければならないのです。できればトリガーが引かれた段階で，そこのことを自分でしっかり把握し，対処します。1人でできなくてもかまいません。KPや，クリニックのスタッフを頼っていいのです。対処法は人それぞれです。しかし，続けているうちに同じ方法では対処できなくなってきます。コーピングのマンネリ化現象です。そんなときは，同じプログラムに臨んでいる当事者同士で情報交換をし合うことがあります。そのときどきにブームとなる対処法もあります。トリガーが引かれたとき口に入れるとスッとする清涼菓子を

食べるとか，輪ゴムを持ち歩いていて手の甲を弾くとか，ちょっとした
ことではありますが，五感を刺激するものは効き目があるようです。

　また普遍的に実施されているコーピングは，イヤホンをつけて音楽を
聞くという対処で，これは痴漢や盗撮の人もよく使っています。彼らは
逃げるとき聴覚がふさがれていると逃げ遅れてしまいます。性加害行為
は，ばれたときにどう逃げるかも想定して対象行為に及びますから，イ
ヤホンをつけておくのは「すぐ」できる，「いつでも」できる，「どこで
も」できる対処法なのです。コーピングを選ぶコツは「すぐに」「いつ
でも」「どこでも」がポイントです。

　これとは別に「MCC ワークシート（【図表3】）」といって認知の歪み
を洗い出し，見直すシートを随時，利用します。【図表3】にあるよう
に，その者のなかに強く根づいている認知を1つあげ，いろんな角度か
ら検証してそれは本当に正しいのかを自分自身で見直し，書き込みます。

　「いままで自分に見えていた現実は，歪んだ認知に基づいたものだっ
た！」と一度気づいても，すぐに引き戻されてしまいます。それだけ歪
みが根強いのです。書きっぱなしではなく，記入したシートをもとにス
タッフと面談したり，グループミーティングで話し合ったりします。長
年かけて歪められてきたものだけに，何度も何度も，しつこいぐらいに
見直さないと歪んだ認知は変化しないのです。これも行動の習慣を変え
る手法と同じようにして，反復練習のなかで思考の習慣を変えていきま
す。

(5)　ミーティングによるつながりと回復

　もう1つ回復に欠かせないのがミーティングです。共通の問題を抱え
る者同士が集まり，体験談を正直に分かち合うセッションです。同じ罪
を犯した者たち同士で，話し合う。仲間は自分の鏡にもなれば，支えに
もなります。1人では気づかなかった問題点に，気づくことができます。

　ミーティングは，自分に正直になって向き合う場です。まずは「自分
の問題行動は痴漢です」と自己紹介をします。そんな中で自分がしたこ

【図表3】MCC ワークシート

令和　　年　　月　　日
司法サポートプログラム課題

認知の歪みにチャレンジする！！

（MCC法ワークシート）

M：自分の考えをモニターし問題行動につながりやすい「認知の歪み」に焦点をあてる

> 最初は嫌がる女性もいるが、痴漢されているうちに多くの女性は感じてくるものだ

C：その「認知の歪み」にチャレンジしよう！！

① このことが正しい考えだという事実や根拠は？
⇒実際に抵抗してこない女性も多いし、大声をあげられて捕まったこともほとんどない。

② この考えに反する事実や根拠は？
⇒相手は誰に触られているかわからない状況で、恐怖でフリーズしているだけである。

③ この考えを信じることのメリットは？
⇒問題行動を続けるための都合のいい言い訳になるし、自分自身もそう考えた方が興奮する。

④ この考えを信じることのデメリットは？
⇒女性蔑視や男尊女卑の価値観を強化し、相手を物のように捉える習慣がついてしまう。

⑤ このように考えていることは、再犯のリスクを高めたりしないだろうか？
⇒リスクを高めてしまうし、他の女性に対しても相手を尊重したコミュニケーションが出来なくなる。

⑥ こう考えることで誰かを傷つけたりしないだろうか？
⇒被害者はもちろん傷つくし、私が大切だと思っている人（家族）たちも傷つくと思う。

⑦ こう考えることは、いい気分をもたらすだろうか、悪い気分をもたらすだろうか？
⇒最初はいい気分になることもあるが、問題行動後後悔や自責の念に見舞われることがある。

⑧ こう考えることが、後になって問題行動を引き起こしたりしないだろうか？
⇒問題行動後、更に次の問題行動への渇望へとつながっていくリスクがある。

⑨ もし他に認知の歪みを持っているとしたら、どんな認知の歪みだろうか？
⇒ちょっと触るぐらいなら気づかれてはいないしもっとひどいことをやっているやつはいるはず。

⑩ その状況で、他の人はどう考え、どう行動するだろうか？
⇒このような認知の歪みを「警告のサイン」と捉えてセルフトークで回避するだろう。

⑪ もし仲間がそのような考えを持っていたらなんと声をかけるだろうか？
⇒その考えは認知の歪みだから専門治療を受けた方がいいと受診をすすめると思う。

C：「認知の歪み」を検証した結果、どのように修正していくか？

> まずは自分にこのような認知の歪みが複数あると自覚し、その考えが浮かんだらプログラム
> で学んだセルフトークなどで速やかに対処することで修正していく。

とを，彼らは口にできません。どんな視線が向けられるかわかっている
からです。「自分の問題行動は若い女性への……」とあいまいな自己紹
介をすることはありますが，これでは何のことかわかりません。正直に
なることを目的として来ているのに自身の問題を隠すような発言をすれ
ば，ほかの参加者に対してなかなか自己開示できなくなります。

　ミーティングで話し合われる内容は，多岐にわたります。例えば，話
題になっている性犯罪事件をもとにして自分たちのことを話し合うこと
もあれば，児童ポルノや自慰行為の是非について，それは再犯防止につ
ながるか再犯の引き金になるかなどの体験を通したディスカッションも
活発に行っています。ミーティングの肝は「自分のライフストーリーを
言語化して，仲間と共有し共通点を探す」ところにあります。人に話し
て聞かせる前には，必ず自分の中で整理しなければなりません。そこに
は内省があり，気づきもあります。彼らがこれまでしてきたことは，欲
望や衝動のまま自分より弱い者に性加害を繰り返すことでした。言語化
するというのは，それの対極にある行為です。自分がしたことの意味，
何が自分をそうさせていたかなどを顧みつつ，自分自身を客観的に見る
術を少しずつ身につけていきます。

　大事なのは，ほかの人が話したことを否定せず受け止めることです。
参加者の話の中には，節々に認知の歪みが表れていることが多くありま
す。本音で語っているので，知らないところで出てしまうのです。でも
そんなときに，ほかの参加者もスタッフもそれを否定したり，頭ごなし
に責めたりすることはありません。どんな発言でもまず，否定も肯定も
せず受け止めるのがグループのルールです。

　そのうえで，プログラムにより長く参加している者から「自分も以前
はそういう考えを持っていた」「でも，それは現実を歪めて見ているの
だと気づいた」という話が出ることがあります。私たちスタッフが発言
を否定し，正解を与えるよりもよほど本人の理解につながります。

　ミーティングではこのように，"先ゆく仲間"といって自分より先に
プログラムに参加し，一歩先に回復の道を歩みはじめている仲間の存在
が大きく作用します。再発しない日を積み重ねている人が現実にいる，

と実感できるのは，ロールモデルになり心の支えになります。ミーティングをしているうちに，回復のイメージを描きやすくなります。

　スタッフから「それは違う」「こうしたほうがいい」と指導するのはいつでも簡単にできます。彼らも素直に耳を傾けてくれます。しかしそれは，キャンパスのうえに長期間かけて何度も何度も塗り重ねられた油絵の具のうえに，水彩絵の具を筆でさっとひと塗りした程度のものです。分厚く固まった油絵の具の色にはほとんど影響しません。これでは彼らの身になりにくいと感じます。これまでの認知の歪みを手放し新しい認知を獲得していくには，最終的には自分で気づくしかないのです。

　人に理解されないことは孤立感やストレスを増大させるだけで，それは再発のリスク要因となります。ミーティングは，それを覆すためのアプローチでもあります。これまでひた隠しにしてきた秘密を分かち合い，お互い気づきを得たり助言をし合ったりする参加者同士は仲間になります。リスクが高まったとき「再発したら仲間にどう思われるだろう」「翌朝ミーティングで合わせる顔がなくなるな」と思うことが，ストッパーになります。人間関係がうまくいかず，受刑経験があれば孤立する傾向が強い彼らだけに，仲間のつながりや存在は非常に重要です。

5　家族支援について

(1)　加害者家族支援グループ（プログラム）

　クリニックでは，性犯罪の治療グループに通う者らの家族を対象にした"加害者家族支援グループ（SFG：Sexual Addiction Family Group-meeting）"というプログラムがあります（【図表1】参照）。加害行為を繰り返してきた彼らの行動変容に，家族は大きく関係します。家族からのサポートがあれば治療定着率が上がる傾向にあり，それは彼らの回復によい影響を与えます。そのためには，家族自身もそのグループで回復する必要があります。

(2)　加害者家族への偏見と排除

　あらゆる犯罪の中で性加害をくり返す者がとりわけ白眼視されるのと同様，その家族にも厳しい目が向けられます。

　「育て方が悪かったのではないか」「親が気づいていなかったはずはない」「妻が夫の性欲を満たさなかったからこんなことに」

　いずれも何のエビデンスもないただの偏見でしかありません。重大事件が起きて容疑者が特定されると，その親にメディアからの取材が殺到するというのはテレビなどではおなじみの光景です。親が責任をとって仕事を辞めたり，地域の人たちと顔を合わせづらくなって引っ越しをしたりもします。兄弟の就職，結婚が取り消されることもあります。また親が犯罪者となった場合，子どもがいじめられたり，進学，就職，結婚などに支障をきたすことも危惧されます。

　親と子は，基本的に別個の人間です。普通，成人したとしても子どもは親に自分の性嗜好を明らかにしません。それについては，みなさんも同様だと思います。自分の子がどういうアダルト動画を見ているかなんて，知らなくて当然でしょう。

　また妻が性的に満足させられなかったから夫が性加害をしたというのは，ひどいいいがかりであり，妻に対する侮辱行為でもあります。にもかかわらず，裁判などで妻が情状証人として出廷した際，そのような発言で妻に質問する検察官や裁判官がいるといいますから呆れます。しかし，そんなふうに直接的な言葉を投げつけられなくても，家族たちは自分で自分を責めます。「なぜ気づかなかったのか」「未然に防げたのではないか」と悔みながら，しかし一方で女性に加害した夫への嫌悪感，許せない気持ちを抱えます。被害者と同世代の娘をもつ父親もいます。

　この板挟み状態を“ダブルバインド”といい，相反する心の動きにたいていの人は疲弊しきってしまいます。また，裁判費用や慰謝料の支払いによって経済的にも厳しい状況に追い詰められます。欧米では，加害者家族を“hidden victim（隠れた被害者）”と呼んで支援の対象とみなします。日本でも家族を支援する団体などはありますが，家族が安全を守

りながら心穏やかに生きられる社会ではないのが現状でしょう。日本では，加害者家族は排除されるのです。

(3)　性加害者家族のグループ参加の課題

　そこで家族支援グループでは，同じ境遇の家族同士で体験や気持ちを共有し，家族の中でも先ゆく仲間を見て回復へのイメージを描きます。罪を犯した夫や息子をサポートしていくにしても，何より自分の人生を大切に生きていいのだと気づきます。加害した本人らがミーティングでやっている内容と共通するところも多々あります。妻の会，母親の会，父親の会と分けているのは，それぞれ抱えている問題や解決したい悩みが少しずつ異なるからです。

　しかし，性加害をした者たちの家族は，あまり家族支援グループには参加しません。家族も「息子がわいせつ行為をして」「夫が児童ポルノを所持していました」とはいいにくいようです。やはり家族もはじめはなぜ性犯罪を繰り返すのか理解できないようです。家族の誰かが家族支援グループにつながっていると，本人が治療をドロップアウトしにくいということもわかっています。性加害をした人たちの家族が通いやすくなるにはどうすればいいか。これは今後，私たちが取り組んでいかなければならない課題です。

第3　症例について

1　盗撮のリアル

　「盗撮とは，相手に気づかれずに好みのタイプの女性の日記を盗み見するような行為である」と，ある常習の窃視症者（盗撮行為を含む全般的なのぞき行為を繰り返す者）は語っていました。その心理は，盗撮行為でしか得られない相手を征服する優越感を得られるといいます。のぞき行為自体は被害者に気づかれなければ，誰にもわからないまま見逃されてしまいます。そのあたりは，他の接触型の性犯罪（痴漢，児童への性加害，レイプなど）とはまったく違いますが，もちろん被害者が気づかなかったから犯罪ではないということにはなりません。現在のネット社会では，盗撮された被害者の画像は拡散されその被害は拡大する可能性は十分にあります。また，非接触型の性犯罪者の特徴として彼らは驚くほど女性経験なしという人が多いです。風俗には行ったことはあるが，いわゆる素人の女性と性交渉したことがないし，どのようにコミュニケーションをとっていいかわからないと語ります。盗撮行為は，そんな彼らのコミュニケーション能力の欠如からくる女性と接触したいができないという欲求充足を代理行為として満たしてくれます。

　一般的に窃視症は日本人に多く，露出症は欧米人に多いといわれています。私が臨床の現場で出会う，常習的な「盗撮」行為の発症は通常平均13〜15歳で，そのまま慢性化する傾向が強いです。ある窃視症の患者はプログラムで，「現在，盗撮行為をやめているがまるで絶食しているようでつらい」と言っていました。また，別の患者は「盗撮はやめたが，生きがいを失ったようで苦しい」と言っていました。盗撮をしていないとイライラして落ち着かない，会社の帰りにどこで盗撮しようか考えて仕事が手につかない，盗撮ができなかった日はよく眠れない。これは，アルコール依存症や薬物依存症の患者が酒や薬をやめたあとの心理状態によく似ています。いわゆる離脱症状と言われるこの状態は，常習

の窃視症者でも形を変えて現れています。

　彼らは，周到に盗撮のための準備をします。そして，彼ら特有の認知の歪みが存在します。例えば，グループセッションで彼らにみずからの認知の歪みについて記述してもらうといくつかの共通点があります。

　①　のぞいても被害はないし，相手は傷ついていない。
　②　のぞかれる人が悪いし，そのような建物の構造が悪い。
　③　女性はのぞかれたいと本気で思っている。
　④　ミニスカートをはく女性は性的にみだらな人が多い。

　このまったく何の根拠もない歪んだ思考は，彼らが問題行動を継続するための都合のいい価値観としての認知の枠組みとなって表れてきます。そのような，現代型の性犯罪である「盗撮」について事例を紹介しながら迫っていきたいと思います。

症例１：B（20代）／対象行為　盗撮

　Bは関東近県にて成育し，父はサラリーマン，母は専業主婦というごく平凡な家庭で育っています。小中高と成績はよく，運動部に所属し，友人関係も比較的良好でした。大学進学も第一志望に合格し，アルバイトをしながら充実した毎日を送っていました。

　高校の修学旅行の時，たまたま男湯から女湯に通り抜けることができる立ち入り禁止通路を発見し，そこで女湯をのぞいてしまいました。目の前には，クラスで一緒に勉強している女子生徒が裸で入浴している姿を至近距離で見てしまい衝撃を受けました。翌日も，同様に女湯をのぞいてしまいそこで我慢できず自慰行為を3回連続で行いました。このときの光景は今でも忘れられないです。しかし，3日目の日に旅館のスタッフに見つかってしまい警察に通報されます。このときは停学と始末書の処分で済みました。

　大卒後アパレル関係の仕事に就きましたが，理想と現実のギャップに対応できずIT関係の仕事に転職しました。この頃から，仕事をする上での人間関係の悩みが増大し，高校時代ののぞきの光景を

空想しながら，職場のトイレなどで自慰行為をするようになりました。ある日，仕事の帰りエスカレーターでたまたま上を見上げるとミニスカートの女性の下着が見え，何かのスイッチが入ってしまいました。たしかに「パチッ」という音が脳の深いところで聞こえました。そのことをきっかけに，エスカレーターや階段，公共施設などでスマートフォンを使用した盗撮行為を頻回に行うようになりました。そして，とうとう今回の事件に至ります。ちなみにBは女性との交際歴はありません。

次に，Bの日記からさらなる「盗撮のリアル」を見ていきたいと思います。

Bの日記

　運命の判決の日。心臓がどきどきしていました。執行猶予判決が出てほしいと願いましたが，懲役1年3か月の実刑判決でした。何で盗撮しただけで刑務所いきになるのだろう。この国を恨んだと同時に頭が真っ白になり，親にはただただ申し訳ないことをしたと思いました。その後，検察庁へ移動してから拘置所に移りました。移動の間は，ただただぼんやりと護送車から外を眺めていました。拘置所に到着し，荷物はすべて取り上げられ身体検査をしました。下半身も全部見せチェックされるのは屈辱的でしたが，被害者もこんな気分になったのかもしれないと思うと少し楽になりました。
　そもそも私が盗撮にはまったのは，社会人になってからでスマートフォンを持ってからだと思います。巷でもよく知られている「無音カメラアプリ」を使用し，電車内で目の前に座って寝ている女性のスカートの間から見え隠れしている下着を盗撮していました。こ

のとき，周囲に気づかれないようにコートにスマホを隠して盗撮したのを今でも覚えています。このときのポイントは，「相手は気づいていない」というところが重要だと思います。よくレイプ犯が，「相手を怪我させずにレイプする」という心理に似ていると思います。ここに共通する心理は「相手を傷つけてないから大丈夫だ」という思考です。

　その後，このような盗撮行為が常習化するのに時間はかかりませんでした。そして，その画像を自宅のパソコンに大量に保存しそれを閲覧するたびに，被害者との目に見えないつながりを確認していました。私はたぶん孤独で寂しかったんだと思います。そして，そのときの情景やスリル感を思い出し，性的ファンタジーを膨らませながら自慰行為に浸ります。これが何とも言えない快感なのですが，自慰行為を繰り返していると慣れてくるんです。そしてさらなる快感を求めて，次の盗撮へ出かけます。リスクが高ければ高いほど，盗撮行為が成功したときの興奮や，その後に行う自慰行為への期待は高まります。そして，自慰行為でオーガズムをむかえ一瞬虚しさが襲ってきますが，それもつかの間，次の盗撮の計画を立てています。残念ながらもう止まりません。次第に盗撮行為自体が過激になり，大胆になりコントロールを失った状態で逮捕に至りました。

　「なぜ，盗撮をするのか？」

　これは，いままで逮捕されるたびに何度も警察や家族，被害者などから聞かれる質問ですが正直私もわかりません。確かに，高校時代の女風呂ののぞきは強烈にインパクトが残っています。しかし，一方で私は女性との交際歴がなく，あののぞき行為がバレて以降ずっと自分に自信がなくおどおどしながら劣等感を抱えて生きてきました。あの女風呂ののぞきが見つかってなければこんな非モテ人生ではなかったはずです。一方で，私は女性と付き合う資格はないのではないかという考えは，反面，でも女性と接触したい，セック

スしたいという欲求を亢進させているような気がします。また，反
社会的行為をしているという罪悪感が相まって性的興奮がさらに高
まるのだと思います。被害者には申し訳ないですが，盗撮は私の生
きがいなのです。

2　レイプ加害者のリアル

　最後に，性犯罪の中でも最も悪質で相手に与えるダメージが大きいと
言われている「レイプ加害者のリアル」について迫りたいと思います。
レイプとは，相手の意思に関係なく強引に，かつ暴力的に性行為を行う
ことです。榎本クリニックでは，平成 18 年 5 月から「性犯罪者の地域
トリートメント」として，さまざまな性的逸脱行動を繰り返してきた対
象者に対して，依存症治療で培ってきた治療モデルを発展させ再発防止
プログラムを行ってきました。私はそのプログラムのディレクターとし
て多くの性犯罪者に出会ってきましたが，実はレイプ加害者の受診は痴
漢や盗撮に比べて圧倒的に少ないです。それは，逮捕拘留され実刑にな
るケースが多く，裁判前に保釈され受診し治療を開始するケースが比較
的少ないからです。また，受刑後も満期出所者が多いためそのまま社会
内処遇につながりにくいという点も専門治療につながらない要因です。
したがって，私が彼らと出会う場所は警察署や拘置所での身柄拘束中，
または刑務所に受刑中で，依頼があって特別に面会に行くときに顔を合
わせるケースが多いのです。では，この章の最後に事例を通してレイプ
加害者のリアルを考えてみたいと思います。

症例 2：C（35歳）／対象行為　強制性交

（成育歴）

　Ｃは独身で，本事件で逮捕されるまではサラリーマンをしていました。これまでに前科前歴はなく，今回が初犯になります。共働きの両親のもと同胞 3 子の次男として成育しました。学生時代は目立たないタイプで，特に目立った非行もなかったのですが中学生の時かなりひどいイジメを受け一時不登校になったこともありました。大卒後，一般企業に就職し勤務態度はまじめでした。一方で，当時流行した SNS を介して不特定多数の女性と肉体関係を持つようになり，表と裏の顔を持ち合わせていました。また，この頃から仕事でストレスがたまると一人暮らしの女性宅に侵入し襲うという行動が始まっていました。今回の事件をきっかけに 10 件を超える同様の住居侵入・強制性交事件が発覚しました。

（事件の概要）

　Ｃの住居侵入，レイプの手口はパターン化しています。事件当時，仕事で毎回プレゼンを失敗しており，今回こそ成功しないといけない焦りがあったのと，前回 SNS で出会った女性からセックスを断られたことが重なりかなりイライラしていました。その日も，会社から自宅に帰りガムテープ・手錠・手袋の 3 点セットを持ちだし夜間一人暮らし風のアパートで玄関の鍵がかかっていない部屋を探していました。ある部屋の玄関の鍵が開いているのを見つけました。男性の部屋か女性の部屋か区別がつかず 30 分ほど入ろうかどうか迷っていたところ，玄関から女性の靴が見えたためそのまま部屋に侵入しました。部屋に入ると 2 部屋あり，一人暮らしではないなと思ったがもう後には引けないため，一室のドアが開いていたので入ってみたら女性のワンピースがかかっていました。別の部屋をのぞくと，女性が横になってウトウトしているのが目に入りました。

　Ｃは「チャンスだ！」と思いました。

　その後は，素早く女性の後ろに回り込み「大人しくしていたら何

もしない」といってアイマスクと手錠をかけ，口はガムテープでふさぎました。女性は悲鳴を上げましたが声もあまり大きくなかったのでこれならバレていないとCは判断しました。女性を拘束した後，Cは女性を立たせて誘導しながら鍵とドアチェーンをかけさせました。さらに部屋に戻りベランダのカーテンを閉めました。女性は，「ウーウー」と苦しそうで取り乱していたため，お酒を飲ませればこの後のセックスも酔って気持ちよくなるのではと考え，部屋にあったウォッカをCは口に含み女性に口づけして飲ませました。その後，女性は抵抗せずCの命令するままに服を脱ぎ下着を脱ぎました。このとき，Cはウォッカを飲ませたから女性もその気になってきたんだと考えていました。Cはズボンをおろし勃起した陰茎を挿入しました。女性が抵抗したため，その体を押さえ抜けないようにしているうちにあまりの興奮から射精してしまいました。とっさにCはまずいと思い，女性をお風呂場に誘導し，証拠隠滅のためシャワーで陰部を洗いました。また，同時にCは持っていたスマホで裸の女性の写真を撮り「もし今日のことを口外したら写真をばらまくからな」と笑いながら女性に言いました。

　Cは，女性がレイプ被害にあったことを他人に知られたくないという心理を熟知しており毎回犯行に利用していました。それはある性犯罪報道で知ったといいます。強盗レイプ事件で，犯行時に被害者の顔写真を撮影し被害届を出せば裁判員裁判で裁判員が写真を見ることになると脅して口封じをしていたという内容をはっきりと記憶していました。その情報の真偽は別として，Cは裁判員制度ですら女性の恐怖心をあおるものとして犯行に利用していました。

　ほどなくして対象行為が終わると，女性と会話がしたくなりカップルのように後ろから抱く形でソファに座り1時間ほど会話を楽しんだあと，部屋にあった携帯電話からSIMカードを取り出し部屋にあったハサミで切りました。最後に，Cは女性に「また会おうね」といって部屋を出るとダッシュで自宅に帰りました。Cは今回も相手の体に傷をつけずにセックスできたと満足気でした。一方で，

またやってしまったという後悔とバレないだろうかという恐怖感で心臓が口から飛び出るかと思っていました。このような同様の手口で，Ｃは十数件に及ぶレイプ事件を犯しています。相手の体に傷をつけずにセックスできたと認識しているＣの異常な認知の歪みが問題行動を支える大きな要因になっていることは言うまでもありません。

Ｃの「刑務所からの手紙」より

　被害者のあなたへ

　どうしてもあなたに私がしたことを謝罪したくてこの手紙を書いています。

　私は何度，落ち度もないあなたにとても卑怯な方法で，人として最低最悪なことをしてしまいました。突然現れて恐怖を与え，多大なる不快な思いや不安感を与えてしまいました。あなたには私が考える以上の恐怖感や屈辱感，絶望感があったはずです。そして，あなたの人生を狂わせてしまいました。謝っても到底許されることではありませんが，私は謝り続けるほかありません。あんなひどいことをしておいて絶対に許さない，加害者から受けた恐怖や屈辱は消えないし，今さら謝罪などやめてほしい，ふざけるなというのが本音だと思います。私も大切な人が同様の被害にあえば，加害者を殺しに行くかもしれません。改めて取り返しのつかないことをしてしまったと反省しています。

　私は，逮捕されてから自分がした行いはすべて自分に返ってくるということを実感しています。逮捕後は，私もすべてを失いました。刑務所でこのことを考えていると，とてもつらく死んでしまいたい気持ちになります。しかしこれは自分の行った加害行為がブーメラ

ンのように返ってきている表れだと受け止めています。刑務所では，自分自身のことについても考えています。なぜ私は今回のような事件を起こしたのか。なぜ踏みとどまることができなかったのか。このような観点から，原因を突き止め刑務所内の性犯罪再犯防止指導（R3）を受講し行動変容につなげていきたいです。私は，「バレなければいい」「もっとひどいことをしている奴は世の中にいっぱいいる」などと考え，最低なことを妄想し実際に行動化してしまいました。そして1件だけでなく次々と事件を起こし，その都度もうこれで最後にしようと思いながら，1件また1件と繰り返していきました。

　あなたに対する罪を本気で償うと決めた今は，もう二度と自己中心的な性犯罪という罪は起こさないと誓うことができます。人として間違ったことをするくらいなら死んで詫びるという気持ちで正しく生きていこうと思います。このように考えることもあなたへの償いになればと思います。

　最後に，私はあなたに取り返しのつかないことをしてしまいました。私はあなたにしたことを生涯忘れることなく反省を続け，今後は正しく生きるということをあなたに誓いたいと思います。本当に申し訳ありませんでした。

　ここにあげた「レイプ加害者のリアル」は彼らのほんの一端にすぎないです。また，性暴力がどんなに被害者の人生を壊すのかいまだよく知られていません。アメリカの精神科医であるA.ミラーはレイプを含む性暴力を「魂の殺人」と呼んでいます。「支配欲」と「認知の歪み」はレイプ加害者の二大特徴です。彼らはCのようにきわめて自己中心的でありながら周囲に合わせる従順さを持ち合わせています。それが証拠に，彼らは刑務所ではいわゆる模範囚といわれ真面目に刑期を過ごします。そしてある者は出所して再び同様の犯行に及びます。中には，刑務

所にいる間から「出所したらレイプしよう」と心に決めて本当に対象行
為に及んだ事件もありました。

　レイプ加害者の心の闇は深いです。それは性的欲求だけでは説明でき
ず，男性の支配欲，優越感，劣等感，達成感，スリルやリスク，その他
さまざまな複合的快楽が複雑に絡み合っています。この問題をタブーと
するのではなく現実を知り具体的な対策を考えるきっかけにしてほしい
と思います。

参考文献

・榎本稔，斉藤章佳ほか　『性依存症の治療　暴走する性・彷徨う愛』（金剛
　　出版，2014）
・榎本稔，斉藤章佳ほか　『性依存症のリアル』（金剛出版，2015）
・斉藤章佳　『男が痴漢になる理由』（イースト・プレス，2017）
・斉藤章佳　『万引き依存症』（イースト・プレス，2018）
・斉藤章佳　『小児性愛という病―それは，愛ではない』（ブックマン社，
　　2019）
・斉藤章佳　『性犯罪治療の現場から　性犯罪者の包括的地域トリートメン
　　ト』（（特集　性暴力：被害と加害をめぐって）アディクションと家族
　　33・(2)，2018）
・斉藤章佳　『性犯罪治療の現場から～性犯罪者の包括的地域トリートメン
　　ト～』（（特集　生きづらさの理由：嗜癖の表層と深層）アディクション
　　と家族 34・(2)，2019）
・アラン・マーラットほか，原田隆之訳　『リラプス・プリベンション』（日
　　本評論社，2011）
・融道男ほか監訳　『ICD-10　精神および行動の障害』（医学書院，2005）
・高橋三郎ほか監訳，染谷俊幸ほか訳『DSM-5　精神疾患の分類と診断の手
　　引』（医学書院，2014）

第4章　窃盗症と刑事弁護

第1　クレプトマニアとは何か

1　クレプトマニアの意義

　クレプトマニアとは，物を盗もうとする衝動に抵抗できなくなることが繰り返されるという衝動制御の障害です。米国精神医学会（APA）が編集する精神疾患の診断・統計マニュアルであるDSMの日本語版においては，DSM-IV-TRの版までクレプトマニアを「窃盗癖」と和訳していましたが，これでは単なる癖と誤解されるおそれがありました。その後，2013年に刊行されたDSM-5では，「窃盗症」の訳が当てられ，精神障害であることがより明確となりました。WHOが編集する精神及び行動の障害に関する臨床記述と診断ガイドラインであるICD-10においては，「病的窃盗」の訳が当てられています。

　クレプトマニアに関しては，窃盗の社会類型の中でも万引き（shoplifting）が念頭に置かれており，クレプトマニアの端的な定義としては，「万引きが止められない」病気と理解すればよいでしょう。

　クレプトマニアは，単独で診断される場合もありますが，拒食症や過食＋自己排出型（自己誘発嘔吐や下剤乱用）の摂食障害を併発している場合が少なくありません。

　また，クレプトマニアに摂食障害が併存している場合，解離性健忘等の解離性障害や溜め込み障害（食品や日用品，資金等をため込む症状）が併存していることが多いことがわかっています。

　クレプトマニアという病気が我が国の刑事裁判に初めて登場した時期は不明です。私が知る限り，40年近く前にクレプトマニアに関する鑑定書が裁判所に提出された記録があります。もっとも，クレプトマニアという病気が司法関係者に広く知られるようになったのは，比較的最近のことです。クレプトマニア治療の第一人者である赤城高原ホスピタルの竹村道夫院長が2000年からホスピタルのウェブサイトでクレプトマニアの情報を発信するようになってから，クレプトマニアの認知度が年を追うごとに上がっていったという経過があります。今では，各地の弁護士会のみならず，法務省関係者等も赤城高原ホスピタルを見学に訪れるようになっています。上記の経過からすると，クレプトマニアは司法の場において，「古くて新しい問題」といえるでしょう。

2　クレプトマニアの原因

(1)　環境的要因及び基礎疾患

　私は，クレプトマニアの患者が万引きを繰り返す事件に，刑事弁護人として10年以上関わってきました。

　私の弁護活動の経験上，クレプトマニア，特に，クレプトマニアと摂食障害の併存事例の場合，主に，①機能不全家庭での成育歴（親による暴力や親が子供の進学や進路について強要する等），②性的被虐体験，③発達障害などの基礎疾患の存在のいずれかが影響していることが非常に多いといえます。特に，上記①②の場合，心理的防衛として犯行時の記憶を想起できないという解離の規制が働くことが少なくありません。

(2)　摂食障害とクレプトマニアの関係

　私が弁護を担当した裁判例を分析すると，摂食障害とクレプトマニアの関係について，①盗癖を摂食障害の1症状と捉える見解（日本摂食障害学会監修「摂食障害治療ガイドライン」作成委員会編『摂食障害治療ガイドライン』

204頁（医学書院，2012）），②クレプトマニアと摂食障害の併存と捉える見解（日本精神神経学会監修，髙橋三郎ら監訳『DSM-5精神疾患の診断・統計マニュアル［第1版第6刷］』470頁（医学書院，2017），以下『DSM-5』という。），③衝動制御の問題が根本にあって，過食嘔吐や万引きへの一種の依存を形成している脳の病理が関与し，摂食障害と万引きの双方を引き起こしていると捉える見解（静岡地裁浜松支部平成24年4月16日判決（平成22年（わ）第344号，第611号窃盗被告事件）における鑑定意見等）に整理することができます。

　上記3つの見解は，相互に排斥し合う関係ではなく，要は，事例性の問題です。例えば，過去も現在も食品の万引き行為しか行ったことがない摂食障害患者の場合，盗癖を摂食障害の1症状として説明する①の見解が合理的であり，かつ，後述するようなクレプトマニアの診断基準該当性の（不毛な）議論を回避することができる点で実益もあります。

　他方，過去には食品の万引きのみであったものの，その後，日用品等の非食品の万引きもするようになったという事案の場合には，非食品の万引き行為を摂食障害のみで説明することは困難であり，②の見解のように，クレプトマニアと摂食障害の併存と説明する見解や過食嘔吐や万引きへの一種の依存を形成している脳の病理が関与して，摂食障害と万引きの双方を引き起こしていると説明する③の見解が説得的です。

　弁護人としては，主治医等の専門家から意見を聴取した上で，事案ごとに理論的かつ説得的な主張をすることが求められます。

(3)　摂食障害とクレプトマニアをつなぐキーワード

　クレプトマニア臨床の第一人者である赤城高原ホスピタル院長の竹村道夫医師によると，摂食障害患者の『涸渇恐怖』と『溜め込みマインド』という心理メカニズムこそが窃盗衝動の原動力となるとされます。

　すなわち，"摂食障害患者は生理的・心理的に飢餓状態にある。飢餓の関連症状として涸渇恐怖が生じる。食べ物，生活用品，資金，自己に所属する物質や自己の人間的価値や評価がなくなることに対する異常な

恐怖がある（涸渇恐怖）。"

　この"涸渇恐怖に対抗するために，ある意味では，涸渇恐怖の自己治療のために溜め込み行動が起こる。患者は，予備の食品や物品を溜め込む，「予備の予備」を溜め込む。実際，摂食障害患者は，食品，生活用品などを必要以上に溜め込むことが多い。……溜め込みたい物品の中には，生活資金も含まれるので，患者は，金を払わずに商品を入手したい，つまり盗みたい衝動に駆られる（溜め込みマインド）。"（臨床精神医学42巻5号569頁）

　このように窃盗衝動の原動力となる主要な心理メカニズムは，『涸渇恐怖』と『溜め込みマインド』で説明することができます。

(4)　クレプトマニアの診断基準

　DSM-5におけるクレプトマニア診断基準は，次のとおりです。

A.　個人的に用いるためでもなく，またはその金銭的価値のためでもなく，物を盗もうとする衝動に抵抗できなくなることが繰り返される。

B.　窃盗に及ぶ直前の緊張の高まり

C.　窃盗に及ぶときの快感，満足，または解放感

D.　その盗みは，怒りまたは報復を表現するためのものではなく，妄想または幻覚への反応でもない。

E.　その盗みは，素行症，躁病エピソード，または反社会性パーソナリティ障害ではうまく説明されない。

---

(5)　クレプトマニアの論点

　刑事裁判では，クレプトマニアに関して，検察官と弁護人の間で，以下の点について争われることが少なくありません。

ア　欲しい物を盗ったらクレプトマニアとは認められないのか

事例1：不要不急の商品を万引きしたAのケース

　Aは，前刑の万引き事件で執行猶予中であるにもかかわらず，店舗内で「欲しい」と思ったお菓子（300円相当）を万引きした。なお，甲は，十分な資産を有しており，当日も1万円ほど所持していた。また，Aは，万引きしたものと同種のお菓子を自宅に多数ストックしていた。

　この事案では，DSM-5の「A. 個人的に用いるためでもなく，またはその金銭的価値のためでもなく物を盗もうとする衝動に抵抗できなくなることが繰り返される」という基準を文理解釈すると，A前段の「個人的に用いるためでもなく」という基準を満たさないように思われます。

　しかし，DSM-5の公式的なガイドブック（高橋三郎監訳『DSM-5ガイドブック―診断基準を使いこなすための指針』270頁（医学書院，2016））には，"窃盗症の人は実際に盗んだ品物を欲しいかもしれないし，また使うことができるかもしれないが，それらは必要な物ではない"との記述があります。

　このガイドブックの記載によれば，主観的に「欲しい」と感じることと，万引きをしてまで入手する客観的な「必要性」があるか否かは別の次元の問題であり，甲が窃取した商品を欲しいと思っていたとしても，事例1のように不要不急の商品を万引きしている場合，A前段の基準を満たし得ることになります。

イ　盗品を自己使用したらクレプトマニアとは認められないのか

事例 2：過食衝動から商品を万引きした B のケース

　摂食障害に罹患している B は，執行猶予中であるにもかかわらず，店舗内で「食べたい」という過食衝動が生じ，お弁当等の食品（1000 円相当）を万引きした。なお，B は，十分な資産を有しており，当日も 1 万円ほど所持していた。

　この事案では，DSM-5 の「A. 個人的に用いるためでもなく，またはその金銭的価値のためでもなく物を盗もうとする衝動に抵抗できなくなることが繰り返される」という基準を文理解釈すると，A 前段の「個人的に用いるためでもなく」という基準を満たさないように思われます。

　しかし，DSM-5 では，クレプトマニアの併存症として摂食障害群（特に神経性過食症）を明記しているところ（『DSM-5』470 頁），摂食障害患者は過食嘔吐用の食品を万引きすることは摂食障害学会でも司法の場でも古くから知られています（日本摂食障害学会監修「摂食障害治療ガイドライン」作成委員会編『摂食障害治療ガイドライン』203-204 頁（医学書院，2012））。

　このように，DSM 自体が自己使用の（自分が食べる）食品を対象とした万引きを，クレプトマニアと摂食障害の併存症と説明していることからすると，自己使用しても A 基準を満たし得ることは明らかです。

　この点，私が弁護を担当した長野地上田支判平成 25 年 2 月 18 日（平成 24 年（わ）第 2 号常習累犯窃盗被告事件，以下「上田事件」という。）では，「クレプトマニアであるか否かの判断は，医学的な対処を行う必要性の存否を医学的見地から行うものに過ぎないから，その診断基準の解釈は，犯罪成立要件のような解釈のように厳格に行う必要はない。従って，僅かでも「個人用に用いる」，「金銭的価値のため」という要素が存在するときはこれをクレプトマニアから除外するという狭い解釈を採用する必要はなく，<u>主たる動機，目的が「個人的に用いるのではなく，金銭的価値のためでもない」のであればよい</u>という柔軟な解釈を採用するのが相

当である。」と判示されています。

ウ　解放感等を感じる前に逮捕された場合，クレプトマニアと診断することはできないのか

事例3：店舗内で逮捕されたため，快感等を感じなかった
**　　　　Cのケース**

　Cは，今回の万引き事件当時，退店前に店舗内で逮捕されたため，快感，満足感，解放感を感じていなかった旨を述べていた。なお，Cは，過去の万引き事件の際には，快感，満足感，解放感を感じていた。

　この事例に対して，正しい判断を下すためには，クレプトマニアの病態に関する基礎知識が必要です。

　クレプトマニアの病態については，定説といったものは未だ存在せず，主に，①嗜癖（しへき）モデル（依存症モデル），②感情障害モデル，③強迫性障害モデルの3つのモデルが提唱されています。

　このうち，最も有力説とされているのが①嗜癖モデル（依存症モデル）です。

　私の依頼者の中には，「万引きしなきゃ」という不合理な強迫的思考に支配されている者も一定数おり，③強迫性障害モデルも説得的です。

　もっとも，病態仮説の相違は，突き詰めると，どのモデルで説明すれば当該患者の病態をより説得的に説明できるかという事例性の問題です。

　ここでは病態仮説の説明に深入りせず，有力説である①嗜癖モデル（依存症モデル）を前提に検討を進めます。

　この点，依存症は，アルコール依存症や薬物依存症をみれば明らかなとおり，最初の行為から病気となるわけではなく，その物質摂取や行為を繰り返しているうちに嗜癖化していき，「わかっちゃいるけど止められない」状態に至り，依存症と診断されるようになるものです。

　また，アルコール依存症を例にすると，ある特定の飲酒行為が依存症か否かが問われるのではなく，過去から現在までの不合理な一連の飲酒

行為を捉えて，その者がアルコール依存症であると診断されることになります。

そうであれば，同じく依存症であるクレプトマニアの場合も，ある特定の行為がクレプトマニアであるか否かという分析は医学的に相当ではなく，行為者がクレプトマニアであるか否かは，その者の過去の類似の万引き行為をも分析の対象とすべきことになります。

そして，たまたま，特定の窃取行為時において，解放感等を感じる前に逮捕されてしまったために，その行為だけをみるとクレプトマニアの診断基準Ｃ（窃盗に及ぶときの快感，満足，または解放感）を満たさなかったとしても，過去の類似の万引き行為時において，快感，満足感，解放感を感じていたことが聴取できれば，当該行為者について，基準Ｃを満たすと判定できるため，Ｃはクレプトマニアであると診断し得ることになります。

この点，前述した上田事件（平成25年2月18日）判決は，「クレプトマニアであるか否かの判断は，ある特定の人物について行うものであり，その者の個別の行為について行うものではないから，その者に複数の万引き行為がある場合には，その行為全体について，これを一団として観察すべきであって，個々の行為について観察を行うものではない。」と判示しています。

エ　行為者に自覚がない場合，クレプトマニアと診断されることはないのか

事例４：窃盗衝動などが自覚できなくなったＤのケース

　Ｄは，捜査時の供述調書では，今回の万引き事件当時，窃盗衝動や緊張感，解放感等を感じていなかった旨を述べていた。しかし，弁護人が供述調書に記載のない過去の万引き事件の際の精神状態を聴取したところ，Ｄは，過去の万引き事件の際には，窃盗衝動，緊張感，解放感等を感じた時期があった旨を述べた。

　クレプトマニアを嗜癖モデル（依存症モデル）で考える場合，「耐性」概念を理解する必要があります。例えば，依存症の代表例であるアルコール依存症患者の場合，アルコール依存症の進行に伴いアルコール耐性現象が生じます。つまり，お酒に酔いにくくなるのです。この点，同じ依存症であるクレプトマニアの場合も嗜癖の進行に伴い，窃盗衝動（基準A），緊張感（基準B），解放感等（基準C）が自覚されにくくなるという心理的耐性現象が生じます。

　また，行為者に罪悪感が強い場合は，後述のとおり，特に，心理的防衛機制として「解離の機制」（主に解離性健忘や離人症状）が病態に加わり，その結果，自覚がいっそう不明瞭になります。

　事例4におけるDは，クレプトマニアの症状の進行により耐性現象が生じ，窃盗衝動や，緊張感，解放感等を自覚することができないのであり，過去の万引き事件の際には，窃盗衝動，緊張感，解放感等を感じた時期があったというのであるから，クレプトマニアと診断し得ることになります。

オ　記憶がない場合，クレプトマニアと診断されることはないのか

> ### 事例5：万引き犯行時の記憶がすっぽり抜け落ちているEのケース
>
> 　Eは，これまで何度も食品や日用品を万引きして検挙されてきたが，前刑及び今回の犯行時の記憶はいずれも入店直後から店外で保安員に声を掛けられるまでの店内での記憶がすっぽりと抜け落ちている状態であった。なお，前刑以前の万引き行為時の記憶は保持されており，Eは，万引きを止めたくても止められなかったなどと供述している。

　被告人に犯行時の記憶がない場合，その原因疾患として考えられるのは，「解離性障害」という精神障害です（その他の可能性としては，アルコールや薬物等の物質摂取による意識障害やてんかん等の器質的障害による意識障害も

考えられます）。

　ここで，「解離」とは，意識，記憶，同一性，情動，知覚，身体表象，運動制御，行動の正常な統合における破綻及び／又は不連続をいいます（『DSM-5』289 頁）。

　解離の下位分類に，解離性健忘という障害があります。解離性健忘の特徴は，健忘，すなわち，記憶が抜け落ちている状態が後ろ向きに生じるという点です。健忘は原因となるエピソードがあった以後の記憶が欠落するのが通常であり，これを「前向きの健忘」といいます。例えば，アルコールを摂取した後の記憶が欠落することはよく知られた事実ですが，この場合は，アルコールという原因物質を摂取したことによって，アルコール摂取以後の記憶がなくなるという前向きの影響が出ます。

　これに対し，解離性健忘は，「逆行性健忘」，「後ろ向きの健忘」と呼ばれ，自分にとって思い出したくない辛い出来事を経験した際に，その過去の記憶にアクセスできない精神状態となってしまいます。例えば，万引き後に店外で保安員に声を掛けられるという自分にとってショックな体験をした場合，その直前の出来事である入店⇒万引き行為⇒退店という過去の記憶にアクセスできなくなってしまいます。このような精神状態を解離性健忘といい，一種の心理的な防衛機制であるといわれています。店外で声掛けされるというエピソードよりも過去の記憶にアクセスできなくなるので，後ろ向き（逆行性）の健忘と呼ばれています。

　クレプトマニアは衝動制御の障害であり，クレプトマニア患者は違法性の認識はあるため，罪悪感を有していることが多いといえます。この場合は，心理的防衛機制として「解離の機制」（主に解離性健忘や離人症状）が生じ，事情聴取の際，犯行時の記憶にアクセスできない状態になることがあります。

　この場合，被疑者・被告人から犯行時の精神状態を聴取しても，窃盗衝動（基準 A）や，緊張感（基準 B），解放感等（基準 C）を感じたという供述は得られません。

　そうすると，クレプトマニアと診断されないのか，というのがここでの論点です。

　これまでみてきたとおり，クレプトマニアであるか否かの判断は，ある特定の人物について行うものであり，その者の個別の行為について行うものではありませんので，その者に複数の万引き行為がある場合には，その行為全体について，これを一団として観察すべきであって，個々の行為について観察を行うものではありません（前掲上田事件平成25年2月18日判決）。

　事例5におけるEには犯行時の記憶はありませんが，これは解離性障害の影響による可能性があります。そして，前刑以前の万引き行為時の記憶は保持されており，Eは，万引きを止めたくても止められなかったなどと供述しているのですから，Eはクレプトマニアの診断基準を満たし得ることになります。

(6)　クレプトマニアの実質的診断基準

　以上の考察のとおり，依存症の一種であるクレプトマニアの場合，その行為者に合理性のない反復的な万引き行為を観察することができるか否かが診断上重要となります。この万引きに対する「不合理性」と「反復性」という行動評価こそが健常者の単なる常習的窃盗と病気としてのクレプトマニアとを分かつ実質的な診断基準となるものです。

　以下では，上述したクレプトマニアの基礎知識を踏まえて，クレプトマニア弁護の初動対応について解説します。

第4章　窃盗症と刑事弁護

第2 クレプトマニア弁護の初動対応

1　相談時の心構え

　相談を受けた弁護人としては，まず，繰り返す万引き行為の原因や背景事情が何であるかを明らかにする必要があります。繰り返す万引き行為の原因が何かを明らかにしなければ，有効な再犯防止対策を講じることはできないからです。そして，有効な再犯防止対策を講じることができなければ，有効な情状立証をすることも困難となります。そのため，初回の相談時には，被疑者・被告人やその家族から，被疑者・被告人の生活歴・病歴，前科前歴，犯行時の精神状態を詳細に聴取する必要があります。

　初回の相談時に生活歴・病歴，前科前歴，犯行時の精神状態を詳細に聴取したら，その情報を基に，適切な医療機関につなげることが重要となります。

　例えば，認知症が疑われる方は認知症専門のクリニックにつなげ，クレプトマニアや摂食障害が疑われる方は，依存症治療の専門治療病院につなげることになります。

2　クレプトマニアのチェックリスト

　私は，各地の弁護士会や諸団体で講演をする機会が多く，その際に参加者から質問されることが多いのが，常習的な万引き行為の原因ないし遠因となる疾病性の見極めに関する質問です。この質問は，弁護士のみならず，現役の警察官や店舗の担当者からも受けます。現場の警察官や店舗の担当者も繰り返される万引き行為の原因について，関心を持っていることがわかります。

　ここでは，弁護士が初回の相談時や刑事記録を一読した後にクレプトマニアの存在に気付くためのポイントを紹介します。

　なお，クレプトマニアの判断は，最終的に精神科医による診断によってなされるものです。

　以下のポイントは，あくまで私の弁護活動の経験に基づくチェックリストであり，事例性の問題であること，精神医学上の臨床例ではないことから，弁護士が行うスクリーニングとして活用いただければと思います。例えば，30代以降でクレプトマニアを発症する症例も少なくないでしょう。

（クレプトマニアのチェックリスト）
□ 万引き開始年齢が10代後半か20代であること
□ 拒食や過食嘔吐の問題を抱えていること
□ 痩せた女性であることが多い
□ 主に食品の万引きが多い，又は，初期は食品の万引きばかりだった
□ 犯行時の記憶がないと訴える場合がある
□ 少なくとも過去には万引きの際に抵抗できない衝動を感じたことがある
□ 少なくとも過去には万引きの際の緊張感や万引き後の解放感等を感じていた
□ 万引きを止めたいと思っても止められないと訴えている
□ 万引き以外に触法行為がない
□ 経済的に困窮しておらず，むしろ経済的に余裕がある
□ 一定の社会的地位や職業を有している
□ 万引きが犯罪であるという知識は保持されていること
□ 幻覚や妄想の存在が見受けられない

3　家族や関係機関との連携による再犯防止策の構築

　精神障害を抱えた窃盗常習者の弁護に携わる弁護士は，単に不起訴を獲得したり，執行猶予を獲得したりするだけが仕事ではなく，再犯防止

のために依頼者を入院治療につなげたり，退院後の環境調整までフォローする必要があります。

(1)　再犯防止の為の具体的手順

ア　司法精神科医への鑑別診断の依頼

具体的な手順としては，まず，司法精神科医に鑑別診断を依頼します。

イ　専門病院の紹介・入院治療

その結果，クレプトマニアや摂食障害と診断された場合，専門の病院を紹介し，3～6か月程度の入院治療を受けてもらいます。

ウ　社会復帰訓練

退院後は，直ちに元の環境に戻すのではなく，専門病院の近くに部屋を借りてもらい，しばらくの間，通院を続け，その間に家族との関係を改善したり，作業所などで軽作業などのアルバイトを経験するなどして，社会に復帰する訓練をしていきます。退院後の生活に当たり，訪問看護のサービスを受けて，買い物同行などの援助を受けることもあります。

(2)　早期保釈に向けて

上記の再犯防止策の構築の前提として，勾留中の被告人については，なるべく早期の保釈が必要となります。

ア　制限住居と環境整備への配慮

クレプトマニア患者は保釈中に再犯に及ぶことも少なくないため，保釈の制限住居は自宅ではなく，入院予定先の病院を指定する等の配慮が不可欠です。

また，退院後に自宅等に制限住居を変更する際にも一人で買い物をさせない等の環境整備をすることが重要となります。

イ　保釈請求書への記載事項

保釈請求書には，上記の再犯を防止できる環境が整った病院を制限住居とすること，病院と裁判所の往復についても家族や支援者が同行支援をすること等，再犯を防ぐ措置を講じていることを記載し，その旨の疎明資料（病院施設の資料や同行支援の誓約書等）を添付することが肝要です。

ウ　更生支援団体の活動

上記の回復支援計画を個別に策定し，患者をサポートする団体もあります。このような支援団体は，刑事施設に入所中の患者と面談をして出所後の治療意欲を喚起し，出所後に保護観察官と連携して入院治療につなげたり，入院中の患者と病院内で面会して治療状況の確認をしたり，退院後の生活拠点確保や訪問看護との契約などに関して必要な支援をするなどの活動をしています。また，裁判支援を行っている団体もあります。更生支援団体の職員が刑事裁判に証人として出廷し，上述した支援内容を説明するなどした結果，再度の執行猶予判決を獲得できたという実績もあります。

以下では，上述した心構えや弁護方針を踏まえた捜査段階の弁護活動について解説をします。

第4章

窃盗症と刑事弁護

第3 捜査段階の弁護活動

1　弁護活動における留意点

(1)　検察官の役割と弁護人の働きかけ

　検察官は，捜査段階では起訴・不起訴を決定する権限を有しており，有罪にする証拠がある場合でも諸般の事情を考慮して起訴を猶予することができます（刑事訴訟法248条）。被疑者の処分を終局的に決めるという意味で，検察官は裁判における裁判官のような役割を担っているといえるでしょう。

　起訴前に選任された弁護人は，起訴裁量を有する検察官に対して依頼者である被疑者を不起訴にするように働きかけることになります。

(2)　起訴前の重要な弁護活動──示談等の被害者対応

　万引き事案において起訴前の重要な弁護活動は，示談等の被害者対応です。私は，示談交渉をする際，まず手紙を被害者に出します。手紙には，①私が弁護人として，クレプトマニア患者を治療につなげることで再犯を防止する活動をしていること，②被疑者がクレプトマニアと診断されていること（あるいはクレプトマニアが疑われること），③検察官は被害者のある万引き事件の場合，起訴不起訴の処分を決めるに際し，被害者の意向を重視していること，④検察官が被疑者を不起訴にして早急に治療につなげることができるようにするために被害者の意向がわかる示談書や嘆願書，被害届取下書に署名押印をいただきたいことを書いています。その手紙が被害者に届いた頃に被害者に電話をして訪問のアポを取ったり，電話で被害者の疑問に答えます。このように手紙を出した上で電話を掛けると，電話だけで済ませるより，示談の社会的意義が被害者に伝わり，示談の成功率が高いように思われます。示談交渉に手数を

かけることで，被害者が示談に応じるか否かを検討する機会が与えられ，示談の成功率が高まるように思われます。

(3)　クレプトマニア弁護での重要な弁護活動

　クレプトマニア弁護において重要な弁護活動は，示談交渉に加えて，医師の意見書等による疾病性の証明，治療先の確保，家族等の協力を得て再犯防止環境を整備するなど多岐にわたります。

　以下は，私が担当した起訴前弁護の事案です。

2　起訴前弁護事案 1

> 摂食障害，クレプトマニアに罹患した 30 代女性による保護観察付き執行猶予期間中の同種万引き事案

(1)　経過

　被疑者は，保護観察期間中に万引きの再犯で現行犯逮捕・勾留されました。私は，示談書，嘆願書，被害届取下書を揃え，クレプトマニア等が犯行に与えた影響の内容・程度を主張し，入院等の環境調整をした旨の終局処分に関する弁護人の意見書を提出し，検察官と面談をして説得しました。

　その結果，処分保留で被疑者は釈放されました。その後，担当検察官から「私も病気と向き合ってみます」と電話があり，東京では前例がない処分保留釈放後の鑑定留置を伴う起訴前本鑑定が実施されました。

　ただ，摂食障害とクレプトマニアの合併事案の場合には，鑑定結果が完全責任能力とされることが少なくないため，あらかじめ弁護側でもクレプトマニアに詳しい医師に私的鑑定を依頼し，その鑑定書を検察官に提出するなどの工夫をしました。また，鑑定留置後は，被疑者を入院させ，その治療経過も担当検察官に適宜報告しました。

(2)　結果

　上記の経過を経て被疑者は不起訴処分となりました。

3　起訴前弁護事案 2
....

摂食障害，アルコール依存症，クレプトマニア等に罹患した 40 代女性による常習累犯窃盗の起訴前弁護事案

(1)　経過

　常習累犯窃盗で服役経験がある 40 代女性がスーパーで食品を万引きした事案です。逮捕された土曜日の夜に夫から一報を受け，翌朝に新横浜から始発の新幹線に乗車し，神戸地検内で接見をしました。弁護人選任届を受領し，当番の検察官を説得しました。その結果，勾留方針が転換され，在宅となりました。その後，司法精神医学の専門医の診断を受けてもらい，疾病性に関する意見書を作成して検察官に提出しました。また，摂食障害と盗癖の入院治療を継続しました。その間に被害店の店長を説得し，示談書，嘆願書，被害届取下書を受領しました。さらに，担当検察官を病院に招き入院中の被疑者の治療風景を視察してもらうなどの弁護活動をしました。

(2)　結果

　上記の経過を経て被疑者は不起訴処分となりました。この患者は，不起訴となった後，精神保健福祉士の国家資格を取得し，治療補助者として同じ病気に悩む患者の支援をしています。

第4 法廷弁護活動

1　はじめに

(1)　刑法 235 条における罰金刑の選択的追加

　窃盗について定めた刑法 235 条は,「他人の財物を窃取した者は, 窃盗の罪とし, 10 年以下の懲役又は 50 万円以下の罰金に処する」と規定しています。この点, 平成 18 年の刑法改正以前は, 窃盗罪には懲役刑しか法定されていませんでした。同年の法改正により窃盗罪の法定刑として罰金刑が選択的に追加された趣旨について, 最高裁判所は,「従来, 法定刑が懲役刑に限られていた窃盗罪について, 罰金刑の選択を可能として, 比較的軽微な事案に対しても適正な科刑の実現を図ることにあり, これまで懲役刑が科されてきた事案の処理に広く影響を与えることを意図するものとは解されない」と判示しています（最判平成 18 年 10 月 10 日刑集 60 巻 8 号 603 頁）。

　つまり, 平成 18 年の刑法改正の趣旨は,「処罰の間隙を埋めるため」に「罰金刑が選択的に新設された」ものということになります。

(2)　窃盗罪と量刑選択

　罰金刑が選択される場合とは, 通常, 前科がない被疑者に対し, 検察官が略式起訴を選択して裁判所に罰金を求める場合が念頭に置かれています。

　被疑者に前科があり, 検察官があえて起訴（公判請求）を選択し, 裁判所に対して懲役刑を求めた場合には, 裁判所は, 懲役刑を選択し, 執行猶予か実刑を言い渡してきました。そして, クレプトマニア事案に限らず, 初めて万引きで起訴（公判請求）された場合, 判決では執行猶予付きの懲役刑が言い渡されることが通例です。これに対し, 執行猶予中

に再び万引きをして起訴された場合，懲役の実刑が選択され，前刑の執行猶予も取消されるため，2つ合わせて服役することになるのが原則となります。

(3)　再度の執行猶予と保護観察

　例外的に，刑法25条2項本文の規定により，「情状に特に酌量すべきものがあるとき」に限り，懲役刑に関し再度の執行猶予が付くことになります。そして，再度の執行猶予が付いた場合，必要的にその猶予の期間中保護観察に付されることになります（刑法25条の2第1項）。なお，保護観察中の執行猶予者に対しては，再度の執行猶予は許されません（刑法25条2項ただし書）。

　以上のとおり，執行猶予中に同種万引き事件を起こして起訴されると，原則として懲役の実刑が言い渡されることになります。また，保護観察中の同種万引き事件で起訴されると，その執行猶予期間中に判決が言い渡される場合には，例外的にも執行猶予を付すことはできないことになります。

(4)　再犯防止効果と量刑

　ところが，近時，裁判中に医療や福祉とつながって再犯防止効果が認められた被告人に関し，例外的に再度の執行猶予判決が言い渡されたり，保護観察中の同種万引き事件において，異例の罰金判決が言い渡される事例がみられるようになりました。以下，裁判例を紹介した上で，若干の考察を試みたいと思います。

2　執行猶予中の再犯事案

(1)　事案の概要

　同種事犯で執行猶予中の 20 代女性被告人が交際相手の男性と入店したコンビニ内で，交際相手に気付かれずに生理用ナプキン，制汗シート，乳液等（販売価格合計 1,616 円）を万引きした事案でした。

(2)　起訴までの経過

　示談書等を検察官に提出して不起訴を求めましたが起訴されてしまいました。本件では，起訴前に簡易鑑定が実施されましたが，簡易鑑定を担当した Y 医師は，DSM-Ⅳ（当時）の診断基準に照らして，被告人がクレプトマニアであるという可能性は極めて低いと診断しました。女性である被告人が生理用ナプキン等の女性の必需品を万引きしていたため，DSM の診断基準 A「個人的に用いるためでもなく」の基準を満たさないとされたからです。また，Y 医師は，女性が摂食障害にり患していることは認めたものの，本件では非食品を万引きしていたことから，摂食障害の本件犯行への影響を否定しました。なお，DSM によると，クレプトマニアと摂食障害群（特に神経性大食症）は併存症として明記されており，合併症例は少なくありません。

　上述のとおり，有力な医学的見解によると，摂食障害からくる心理的飢餓感が枯渇恐怖につながり，摂食障害患者は枯渇恐怖に対する一種の自己治療として溜め込みマインドを有するようになります。溜め込みの対象は物質だけでなく資金も含まれます。その結果，摂食障害患者においては，利害得失を超えた不合理な万引き行為が反復され，クレプトマニアと診断されるに至るのです。

(3)　第1審

　第1審の松本簡易裁判所は，起訴前の簡易鑑定の信用性を肯定した上で，①被告人がクレプトマニアである可能性は極めて低い，②摂食障害の本件犯行への影響はない，③被告人には違法性の認識があること等を理由に，女性を懲役8か月の実刑に処しました。

　本件では，被告人の主治医でクレプトマニア治療の第一人者である竹村道夫医師の意見書が証拠採用されていました。当該意見書では，上記のDSMのA基準の正しい解釈が示され，簡易鑑定の見解が不合理であることは明白となっていました。

　そのため，私にとって第1審の実刑判決は青天の霹靂でした。直ちに東京高等裁判所に控訴をしました。

(4)　控訴審

　私の量刑不当の主張に対し，東京高判平成25年7月17日は，クレプトマニア治療で入院中の被告人の主治医である竹村道夫医師が作成した意見書の信用性を認めた上で，原審が①被告人をクレプトマニアである可能性は極めて低いとしている点，②クレプトマニアと切り離して摂食障害の本件犯行への影響を検討した上で，本件被害品が不要不急のものではなく，犯行時，購入可能な所持金を有していたことを重視せず，被害品が女性の必需品であることを重視してクレプトマニア等の影響を否定している点，③クレプトマニア等は衝動制御の障害の問題であって，是非弁別能力の問題ではないのに，被告人に違法性の認識があることや後で後悔の弁を述べていることを重視している点において，原審の判断の合理性を否定しました。

　そして，犯行には，クレプトマニアや摂食障害等の精神症状による衝動制御の障害が関連しており，現在その治療中で，現にその治療効果も上がっていることが認められるなどの理由により，再度の執行猶予を付して，被告人にその治療を継続させつつ，社会内における更生の機会を

与えることが，正義に適うものと認められると判示し，懲役8か月執行猶予3年保護観察付きの判決を言い渡しました。

(5) 再度の執行猶予を得るためには

私は，これまで弁護人として再度の執行猶予判決を多数得てきました。その裁判例を分析した結果，再度の執行猶予判決を得るためには以下の事情が必要であると考えています。

ア 協力医の存在

まず，協力医の存在が不可欠です。すなわち，クレプトマニア等にり患していること，また，そのクレプトマニアなどが犯行に与えた影響の有無，程度，内容，そして再犯防止のための治療の実践と回復状況について，専門医の意見書ないし証言があることが重要です。

イ 本人の治療意欲

また，本人に治療意欲があることは不可欠な要素であり，裁判中から入院治療を開始することが望ましいといえます。

ウ 家族の実効的な指導監督体制の構築

さらに，再犯防止のための家族の実効的な指導監督体制の構築は極めて重要です。例えば，家族が同居の上，①買い物代行・同行支援を行うこと，②本人が単独で買い物をしてきた場合のレシートチェック，③通院同行，④家族会への参加などはとても重要です。

エ 留意点——被害品の内容等は決定的な要素ではない

上記の裁判例にもあるとおり，被害品が食品か否かはそれほど意味を有しません。私の経験上，摂食障害と窃盗症を抱えた患者の執行猶予中の万引き再犯事案において，万引き対象が非食品の場合でも再度の執行猶予判決を得ています。

第4章 窃盗症と刑事弁護

　また，被害品の数や金額についても，再度の執行猶予判決か否かを左右する際に決定的な要素とはならないと考えます。例えば，私の経験上，被害品の個数が51個と多数であっても，または，被害金額が3万6288円と高額な事案でも，再度の執行猶予判決を得ています。

オ　再犯防止環境の整備と保釈

　それよりも裁判中に任意退院して再犯を犯すと実刑になる危険が極めて高いといえます。被害点数が少なく被害金額も低額な事案でも裁判中に再犯をしてしまい追起訴された事案では実刑判決を受けています。
　刑事裁判では，依頼者から保釈請求を依頼される場面が少なくありません。一般論としては，弁護人が被告人の身柄解放を求めることは推奨されるべきです。しかし，クレプトマニア患者の刑事弁護を担当する弁護士は，再犯が防止できる安全な環境が整うまで保釈を安易に請求してはなりません。保釈中に依頼者が再犯をしてしまい，結果的に本人や社会に不利益を与える可能性が通常の事件よりもはるかに高いからです。

3　保護観察仮解除中の同種万引き事案
••

(1)　はじめに──再度の執行猶予と仮解除

　保護観察中の執行猶予者に対しては，再度の執行猶予は許されません（刑法25条2項ただし書）。
　ところで，保護観察の対象者が社会の順良な一員として更生し，保護観察による補導援護・指導監督の必要がないと認められる場合には，地方更生保護委員会が保護観察所の長の申請に基づいて決定で「保護観察の仮解除」を行うことができます（執行猶予者保護観察法8条1項）。保護観察を仮に解除されたときは，刑法25条第2項ただし書及び26条の2第2号の規定の適用については，その処分を取り消されるまでの間は，保護観察に付せられなかったものとみなされることになります（刑法25条の2第3項）。仮解除の効果については，最高裁の判例があります。す

なわち，最決昭和 54 年 1 月 12 日刑集 33 巻 1 号 70 頁は，「刑法 25 条の
2 第 3 項は，保護観察の仮解除の効果として仮解除中に罪を犯した者に
対しては同法 25 条 2 項本文による再度の執行猶予を許すものと解され
るが，仮解除決定告知前の保護観察中に罪を犯した場合については，た
とえ裁判時に右の保護観察が仮解除されていたとしても，同法 25 条 2
項但書の適用の排除を認めるものとは解し難く，これと同旨の原判決の
判断は，正当である。」と判示しています。

　つまり，保護観察の仮解除中に罪を犯したときには，再度の執行猶予
が可能となるが，再度の執行猶予が可能となるのは，当該犯行が保護観
察の仮解除決定告知後である必要があるということになります。

　また，福岡高判平成 8 年 3 月 5 日判時 1578 号 140 頁は，犯行後に仮
解除が取り消されても再度の執行猶予を妨げないとします（反対，仙台高
判昭和 53 年 6 月 27 日判時 900 号 117 頁）。

(2)　事案の概要

　被告人は，万引きの前歴 2 件，罰金前科 1 犯，懲役（猶予）前科 2 犯
がある，窃盗症，神経性過食症，解離性障害に罹患した 40 代女性です。

　本件は，前刑の万引き事件により懲役 1 年に処され 5 年間保護観察付
きでその刑の執行を猶予されていたところ，その猶予の期間内に 100 円
ショップにおいて，食料品 24 点（販売価格合計 2,592 円）を窃取したとい
う事案でした。なお，本件当時，被告人はその執行猶予期間中，再犯を
することなく真面目に生活をしていたことから，被告人の保護観察は仮
解除されていました。

(3)　第 1 審（名古屋地判令和 2 年 2 月 17 日）

（第 1 回公判期日以降の経過）

令和元年　5 月　7 日　第 1 回公判	心神喪失の主張
令和元年　5 月 24 日　打合せ	訴訟進行の協議：被告人質問⇒簡易鑑定人の尋問⇒弁護側医師の尋問の順となることを確認
令和元年　6 月 24 日	窃盗症及び摂食障害を治療するために条件反射制御法を施行する K 病院に入院（保釈制限住居変更）
令和元年　7 月 11 日　第 2 回公判	被告人質問（病歴・犯行時の精神状態等）
令和元年　7 月 29 日　第 3 回公判	簡易鑑定人証人尋問
令和元年　9 月 10 日　打合せ	私的鑑定書・人証請求・期日調整
令和元年　9 月 26 日	制限住居変更許可決定（入院先の K 病院から盗癖回復支援団体の寮に転居し，Y 病院通院及び就労支援施設へ通所開始
令和元年 10 月 23 日　第 4 回公判	私的鑑定人証人尋問・鑑定書採用
令和元年 12 月　5 日　第 5 回公判	情状立証（被害弁償，社会福祉士尋問，父親の尋問，被告人質問）
令和元年 12 月 26 日　第 6 回公判	論告・弁論
令和 2 年　2 月 17 日　第 7 回公判	第 1 審判決

（第 1 審判決の概要）

ア　鑑定意見の採用

　弁護側私的鑑定医の意見は，「本件犯行時の精神状態は，神経性過食症，窃盗症及び解離性障害の影響を大きく受けていた」という内容でした。他方，簡易鑑定医の意見は，「本件犯行時，被告人は，摂食障害及び窃盗症にり患していた可能性はあるが，抑制機能の障害は存在していない」という内容でした。

　これに対し，第 1 審判決は，私的鑑定医の供述は，専門的知見に基づく概ね合理的なものであり，特に信用性に欠けるところはない。他方，

「簡易鑑定はその性質上鑑定資料が少ないこと等からその信用性に限界がある上，従前の診断名に従って本件当時の診断を導いたり，犯行時の記憶など前提事実を誤認して独自に評価して考察を加えたりしている点があり，信用性には多大の疑問がある」旨判示し，簡易鑑定人の考察は採用し得ず，私的鑑定人の診断を尊重して判断するのが相当であるとしました。

イ　被告人の責任能力

　その上で，第1審判決は，本件において，責任能力に疑義がある事情として，犯行当時6万円もの現金を所持していたこと，逮捕等のリスクがあることを理解しながら食料品24点を大胆な手口で万引きしていることを指摘し，本件において，被告人が大きなリスクを冒す行動を取ることは，通常人の感覚からして常軌を逸しており，理解し難いとしました。

　他方で，第1審判決は，責任能力の存在を推認する事情として，被告人が本件犯行時において，被害品を選定している事実を指摘し，万引きの衝動をそれなりにコントロールしていると判示しました。

　また，第1審判決は，被告人が本件犯行時において，買い物カゴの中で持参したレジ袋に移し替えたり，退店する際に後ろを1，2度振り返ったりしていること，警備員に声を掛けられた際，無言で後ずさりしたことなどを指摘し，被告人の本件犯行態様は，稚拙な面があるものの，発覚すれば逮捕される可能性や発覚しそうであれば犯行を中止しようとの意識の下，被告人なりに，周囲の状況に応じて，犯行が発覚しないように注意を払いつつ行動していたといえると判示しました。

　以上の検討を踏まえ，第1審判決は，被告人の責任能力について，「犯行に至る経緯や動機の形成過程において，窃盗症及び神経性過食症の影響を強く受けていたものの，自身の行為の意味及びその違法性を理解するとともに，神経性過食症や窃盗症からくる衝動をそれなりにコントロールして行動しており，事理弁識能力及び行動制御能力が喪失し又は著しく減退していたとは認められない。よって，被告人は，本件当時，

第4章　窃盗症と刑事弁護

完全責任能力を有していたと認められる。」と認定しました。

ウ　量刑の判断

　その上で，第1審判決は，量刑の理由につき，不利な事情として，「二度目の執行猶予期間中に本件犯行に及んだものであって，この種事犯の規範意識の鈍麻は著しく，犯情は悪い」と判示し，検察官の実刑の求刑は当然であるとしました。

　他方で，第1審判決は，被告人に有利な事情として，①被害額は多くない上，被害弁償していること，②前回の裁判以降，入通院，買い物袋を持たない，一人で買い物に行かない等再犯防止に取り組み，約3年で保護観察が仮解除されるまでになったことを指摘し，「本件が二度目の執行猶予期間中の犯行であるとはいえ，法律上はもとより量刑上も再度の執行猶予を言い渡す余地がないとはいえない」と判示しました。

　その上で，第1審判決は，「情状に特に酌量すべきもの」があるかどうかについて，被告人が「神経性過食症，窃盗症等にり患しており，本件に至る経緯や動機の形成過程においてその影響を大きく受けていたものと認められる」と指摘し，責任非難の程度は相当程度減じられるとしました。

エ　治療継続と再犯防止

　また，被告人が「保釈後，改めて入院して専門的治療を受け，退院後は窃盗症患者を専門的に扱う法人が管理する寮に入所し，両親や社会福祉士等の支援の下，治療を継続しており，普通の暮らしができるようになりたいとの切実な思いから，治療を継続する決意を表明している」ことから，「治療環境が整い，治療意欲も高まっている現状においては，その治療を継続することにより，万引きの原因であった精神的な問題が解決され，再犯防止につながることが十分に期待できる」と判示しました。

　その上で，第1審判決は，「本件は，刑罰よりも治療を優先することが許される事案であって，情状に特に酌量すべきものがあると認められ

るから, 被告人に対しては, 主文の懲役刑を定めた上, 今一度, 保護観
察の下でその刑の執行を猶予して, 社会内での治療と更生の機会を与え
るのが相当である」と結論付けました。なお, 検察官の求刑は, 懲役1
年6月でした。

(4) 控訴審 (名古屋高判令和 2 年 7 月 1 日)

ア 検察官による控訴

被告人に再度の執行猶予を付した第1審判決に対し, 検察官は, 量刑
が軽すぎて不当であるとして, 懲役の実刑判決を求めて名古屋高裁に控
訴をしました。

これに対し, 控訴審判決は,「原判決による量刑事情の指摘及び評価
並びにこれに基づく量刑判断に誤りはなく, その量刑が軽すぎて不当で
あるとはいえない」と判示し, 検察官の控訴を棄却しました。

イ 控訴審の争点と判断

控訴審は, 弁護人の答弁書の内容も踏まえて, 本件の争点について以
下の判断を示しました。量刑を争う弁護活動の参考になるため, 以下に
要点をまとめます。

(控訴審の要点)
① 犯行態様の悪質さ等の評価
本件の犯行態様は, 被告人が, 被害店舗に入店してから6分程度
の間に, 買い物かごの中に入れてあったレジ袋の中に食料品を詰め
込み, これをレジで精算することなく店外に持ち出したというもの
で, 検察官が種々主張する点を踏まえても, 本件が他の万引き事案
に比べて特に狡猾, 巧妙で手慣れた犯行態様であると評価すること
はできない。また, 検察官が主張する強い犯意に基づく計画的な犯
行という内容も, 突発的あるいは衝動的ではないというにすぎず,
他にも多くみられる計画的な万引き事案と比較して量刑上特段の考

第4章 窃盗症と刑事弁護

慮を要するような悪い事情は認められない。

　②　被害の評価

　24点という点数や合計2,592円という被害額が少ない方ではないとしても、他の万引きの事案に照らして極端に多いというほどでもないから、本件の被害額が多くはないとの原判決の判断に誤りはない。

　③　犯罪傾向の深化

　計画性を含めて従前の犯行に比べて態様の悪質さが増したと評価するほどのものではない上、前刑の言渡しから本件犯行までの3年数か月間には万引き行為に及んだ形跡がないことに照らすと、被告人の犯罪傾向が深化したと評価することはできない。

　④　犯行動機

　原判決が簡易鑑定を採用せず、私的鑑定の信用性を認めたことは是認できる。本件犯行に至る経緯や動機の形成過程には、神経性過食症及び窃盗症により衝動性が高まった状態にあったことが大きく影響したと判断した点についても、本件犯行当時、被告人に摂食障害の症状が再燃していた事実が窺われるほか、本件における被害品の多くがすぐに食べることができるパン類であって、その点数も1人で食べる量としては相当に多い上、かなり大きめのレジ袋一杯に食料品を詰め込むというその犯行態様に照らすと、本件犯行は、大量に食べて吐くという摂食障害及びそれと密接に関連する窃盗症の衝動によって引き起こされたとみることができるから、原判決の上記判断に不合理な点はない。

　⑤　法軽視の態度の著しさ

　原判決も前科を踏まえ、この種事犯の規範意識の鈍麻が著しいこと自体は認定しているところである。

　以上の①ないし⑤の検討から、控訴審判決は、「原判決について重要な犯情事実に関する認定及びその評価に誤りがあるとの検察官の主張は採用できない」と判示しました。

ウ　量刑判断について

　なお，検察官は，控訴趣意において，「量刑判断は，行為責任の原則により，被告人を実刑に処するのが相当であり，一般情状を過大に評価した原判決は不当で，その量刑判断は同種事案の量刑傾向を逸脱している」と主張していました。

　これに対し，控訴審判決は，「原判決に量刑事情の誤認はないから，検察官の主張は前提を欠く」（上記④参照）とした上で，「原判決は，被害結果，犯行に至る経緯や動機，特に被告人の精神障害が犯行動機の形成に与えた影響が大きく，責任非難の程度が相当程度減じられていること，といった犯情を前提とした上で，これに被害弁償の事実や前回の裁判後の被告人の状況，被告人の更生への努力，更生環境，治療の必要性等の一般情状を考慮して，被告人に再度の執行猶予を付す判断をしているところ，このような判断は正に行為責任主義に則った量刑判断であり，一般情状を過大に評価しているというような検察官の主張は当たらない」と判示しました。

　また，検察官は，控訴趣意において，「原判決の量刑が過去の同種事案の量刑と比較して明らかに軽きに失する」とも主張しました。

　これに対し，控訴審判決は，「検察官が同種事案として掲げる『窃盗罪の執行猶予懲役前科が2件あり，直近前科の執行猶予期間中に万引きの窃盗に及んだ事案（執筆者注：平成29年1月1日～令和2年2月17日まで）』161件の中にも，原判決と同様に再度の執行猶予に付した事案が一定程度存在するところであるし，検察官はそれらの事例についてのみ特段の事情があるかのようにいうが，上記のとおり，本件においても，再度の執行猶予が許されると考えられる事情が存在するのであるから，この検察官の主張も採用できない」と検察官の主張を斥けました。

(5)　その後

　被告人は，再度の執行猶予判決が確定した後も通院治療を継続し，摂食障害及び盗癖の症状はいずれも消失した状態を維持しています。また，

裁判中から通所している就労支援施設において，他の利用者のリーダー的な存在となっています。

　弁護人を担当した私からみると，彼女の再犯可能性は前刑に比し，著明に低減したと評価することができます。

4　保護観察中の同種万引き再犯事案

(1)　はじめに──罰金の実刑を求める弁護活動

　上述のとおり，再度の執行猶予が付いた場合，必要的にその猶予の期間中保護観察に付されることになります（刑法25条の２第１項）。そして，保護観察中の執行猶予者に対しては，再度の執行猶予は許されません（刑法25条２項ただし書）。

　保護観察期間中に判決が言い渡される場合に執行猶予が付かないのであれば，罰金の実刑を求めることはできないでしょうか。私は，依頼者が社会内での治療を継続することができるようにするため，執行猶予を付すことができない保護観察中の再犯事案において，窃盗罪の選択刑である罰金の実刑を求める弁護活動をしています。これまで５件の罰金判決を得ていますが，ここではその中の１例を紹介します。

(2)　事案の概要

　前刑（万引き）の保護観察付き執行猶予判決からわずか２か月後にスーパーマーケットで，菓子など食品25点（販売価格合計4,064円）を窃取したとして起訴された40代女性の同種再犯事案です。私が前刑の裁判，本件の起訴前，第１審，控訴審の弁護を担当しました。第１審で弁護人は心神喪失のため無罪であると主張し，検察官は完全責任能力を主張して懲役１年６月を求刑していました。

(3)　第 1 審（松戸簡判平成 27 年 11 月 25 日）

上記事案において，松戸簡判平成 27 年 11 月 25 日は，大要以下のとおり判示し，被告人を罰金 50 万円に処しました。

「被告人には窃盗の常習性が認められ，規範意識も相当鈍麻しているというべきであり，被告人を懲役 1 年 6 月に処すべきであるとの検察官の意見も，一般的な科刑意見として十分合理性があると考えられる。しかしながら，被告人は，前判決後，自ら希望して S 医療センターに転院して入院治療を受けることとし，本件の審理中に保釈を得てからは，同センターに入院して，病的窃盗との診断の下にその治療を受け，退院後も引き続き，通院治療を続ける一方，夫のみならず母の協力も得て再犯防止に努め，その成果が上がっている状況にあり，本件について実刑に処すことにより治療を中断することは，再犯の防止を図る上で必ずしも適切ではないと思われる。幸い，前判決の執行猶予期間は 4 年間であり，今後なお 3 年近く保護観察付執行猶予期間が残されていることをも考えると，保護観察を継続して，執行猶予取消しのリスクを負わせつつ更生に努めさせるのが相当である。」

(4)　控訴審（東京高判平成 28 年 5 月 31 日）

本件では，検察官が罰金判決を言い渡した 1 審の判決は軽すぎて不当であるという量刑不当を理由として東京高等裁判所に控訴をしました。

検察官の量刑不当の主張に対し，東京高判平成 28 年 5 月 31 日は，原判決の量刑事情の指摘，評価及びこれに基づく量刑判断はいずれも不当であるとはいえないとして，検察官の控訴を棄却しました。

(5)　控訴審判決の分析

ア　弁護人が主張立証すべきこと

控訴審判決は，「本件の特徴である窃盗癖の存在は酌むべき事情とは

第4章

窃盗症と刑事弁護

評価できない」と判示しました。この点は重要です。つまり，弁護人が
クレプトマニアの存在を主張立証するのみでは被告人にとって有利な事
情とは評価されないということです。弁護人は，被告人が万引き衝動に
抵抗し難い状態で万引き行為に及んだことを主張するとともに，再犯防
止対策として，医療及び福祉と連携して実効的な再犯防止策を講じてい
ること，その結果，再犯可能性が前刑時に比して相当程度減退している
ことを主張立証する必要があります。

イ　再犯防止効果の認定

　次に，控訴審判決は，被告人が実践している特定の治療法の有効性な
いし再犯防止効果について，「前刑判決後，今回の犯行までに約5.6日
に1回のペースで万引きを繰り返していた被告人が，本件犯行後控訴審
に至るまでの約1年4か月間，再犯を起こしていないという事実」は，
「厳然たる事実」であるとした上，再犯防止の効果が上がっていると認
定した原判決の判断を是認しました。

　このように，控訴審判決は，特定の治療法の理論の当否に立ち入らず，
被告人が退院した後，実際に万引きができる環境に身を置きながら，こ
れまで止めることができなかった万引き行為を長期間にわたり止め続け
ているという客観的事実に着目して，被告人が実践している特定の治療
法による治療効果ないし再犯防止効果を認めたのです。

ウ　客観的事実への着目

　このように自然科学の議論に立ち入らず，客観的事実に着目する手法
を採用すれば，治療効果の判断は司法判断になじむものといえます。こ
の点，被告人が実践する特定の治療法の理論を論難する検察官の主張に
対して，控訴審判決が「検察官が主張するH医師の治療の前提となる
理論の当否については，刑事裁判で判断すべき内容ではなく，自然科学
の学会での議論に任せるべき問題である」と判示しているのは正当です。
さらに，控訴審判決は，「被告人はH医師の治療の結果，万引きしたい
との衝動を抑え込むどころか，最近では，1人で買い物をしても万引き

したい衝動自体が湧かなくなり，無事に買い物ができている」ことを理由として，治療効果を肯定していますが正当です。

　前述のとおり，被告人は，厳然たる事実として 1 年 4 月の間，再犯を起こしておらず，その事実を前提とすると，上記の「万引きしたい衝動自体が湧かない」という被告人の公判供述は十分信用することができるからです。

(6)　罰金判決を目指す

ア　保護観察付き執行猶予中の万引き事案と罰金判決

　平成 27 年の 1 年間で保護観察付き執行猶予中の万引き事案は全国で 220 件ありました。このうち，罰金判決が言い渡された裁判例は上記の松戸簡易裁判所の判決 1 件のみです。しかし，平成 21 年から平成 26 年までの間でみると，検察官が懲役の求刑をしたところ，裁判所が罰金刑を選択し，第 1 審で確定した事例が全国で 5 件ありました（本件の検察官が提出した控訴趣意書添付の資料から判明しました）。

イ　罰金判決の分析

　これらの裁判例を分析すると，①被害金額が僅少であり，被告人が高齢である場合，②被害金額が僅少であり，前科が窃盗以外である場合，③被害金額が僅少であり，犯行態様に合目的的ではない事情があり，かつ軽度の精神遅滞がある場合，④ 2 件の万引きという点で悪質であり，被害金額も僅少とはいえないものの，窃盗前科がなく万引きの常習性が認められない場合，⑤被害金額が僅少ではないものの，高齢であり，犯行時に合目的性に欠ける側面があり，心的外傷などの精神的な問題が犯行の背景にある場合で罰金判決が確定していました。なお，これら 5 件の裁判例はいずれも完全責任能力がある前提でした。

　これに対し，松戸の事件の被告人は 40 代女性であり，被害金額も僅少とはいえません。また，前科前歴はすべて万引きです。それでも，クレプトマニア等が犯行に与えた影響の内容や程度，治療効果を丁寧に主

張立証していったことで，罰金判決を得ることができました。保護観察付き執行猶予中の再犯事案では，被告人に盗癖の治療を継続させるためにも弁護人は臆することなく罰金判決を求めるべきです。

ウ　刑事裁判が対象とするものとは（まとめ）

刑事裁判においては，思考停止した行為責任の考え方により前科前歴を重視して安易に懲役の実刑に処すのではなく，上記の裁判例のように，被告人が実践している治療効果に着目して再犯防止のためにいかなる処遇が望ましいかを個別具体的に検討した上で適正な量刑判断がなされるべきでしょう。

刑事裁判は，抽象的な「事件」を扱っているのではなく，被告人という「人間」を対象としていることに留意すべきです。

まずは，弁護人がこのような心構えを持って弁護に臨むことが肝要です。

5　常習累犯窃盗事案

(1)　はじめに──常習累犯窃盗罪の「常習性」

ア　常習累犯窃盗罪とは

クレプトマニアの弁護をしていると，通常の窃盗罪ではなく，常習累犯窃盗罪で起訴された方の弁護を担当することが少なくありません。

常習累犯窃盗罪とは，盗犯等ノ防止及処分ニ関スル法律（盗犯防止法）3条に規定されている犯罪です。

すなわち，盗犯防止法2条は，次のように規定し，該当する方法を各号で規定しています。

> 第二条　常習トシテ左ノ各号ノ方法ニ依リ刑法第二百三十五条……ノ罪又ハ其ノ未遂罪ヲ犯シタル者ニ対シ竊盗ヲ以テ論ズベキトキハ三年以上……ノ有期懲役ニ処ス

そして，同法3条は，次のとおり規定しています。

> 第三条　常習トシテ前条ニ掲ゲタル刑法各条ノ罪又ハ其ノ未遂罪ヲ
> 犯シタル者ニシテ其ノ行為前十年内ニ此等ノ罪又ハ此等ノ罪ト他
> ノ罪トノ併合罪ニ付三回以上六月ノ懲役以上ノ刑ノ執行ヲ受ケ又
> ハ其ノ執行ノ免除ヲ得タルモノニ対シ刑ヲ科スベキトキハ前条ノ
> 例ニ依ル

イ　窃盗罪と常習累犯窃盗罪

　通常の窃盗罪（刑法235条）は，懲役の短期が1月以上ですので，常習累犯窃盗罪は，窃盗罪の短期の36倍の重さということがいえます。

　私は，常々，この常習累犯窃盗罪の刑期の重さが問題であると考えています。特に，クレプトマニアや摂食障害の影響で利害得失を超えて万引きを繰り返して徐々に重く処罰される患者の中には，むしろ責任非難は減じられるべきであると思われる患者も多数います。

　私は，裁判において，常習累犯窃盗罪の合憲性を争うなどしてきたのですが，憲法の問題としてもなかなか結果がでません。

ウ　盗犯防止法3条の「常習トシテ」

　あるとき，ふと条文解釈に徹しようと考え，改めて盗犯防止法3条を精読しました。常習累犯窃盗罪の要件のうち，累犯性は，「其ノ行為前十年内ニ此等ノ罪又ハ此等ノ罪ト他ノ罪トノ併合罪ニ付三回以上六月ノ懲役以上ノ刑ノ執行ヲ受ケ又ハ其ノ執行ノ免除ヲ得タルモノ」と明確に規定されており，その該当性は客観的な前科調書から議論の余地なく認定することができます。他方，「常習トシテ」（常習性）については，条文の解釈からはその内容が判然とせず，議論の余地があることに気付きました。

　そこで，常習性に関する判例や常習累犯窃盗罪の立法時の議論を調査しました。そうすると，現在の実務で累犯性が認められるとほぼ無条件で認定されている「常習トシテ」（常習性）の要件については，立法段階

では，慎重で謙抑的な解釈が期待されていることが判明しました。

　以下は，帝国議会委員会会議録第3回の抜粋です（下線は筆者）。

　　泉二政府委員「常習としてと云う言葉は，刑法の法典の中にもごく少ないのでありまして，186条に『常習として賭博を為したる者』と云う文字があるだけでありますが，此処に書いてあります言葉も，大体趣意は同じこととご理解下すってよろしかろうと思います。」

　　泉二政府委員「厳罰主義を以て臨むと云う趣意でないことは法文を御覧下されば……起訴猶予は矢張り為しうるのでありました，<u>而も常習としてやるということを，軽く裁判所は常習と認めないだろうと考える</u>，現行刑法186条の常習という条件の認定は，幾分常習の認定が多くなっておりはせぬかと云う感じもりますけれども，この法律案では，第三条を御覧になると云うと，2回以上6月以上の懲役以上の刑に処せられたる者が，今度4回目に処罰をされるという場合に置いても，当然に常習とは認めて居らない，矢張り，<u>常習的のものであるや否やということは裁判官が更に他の事情を斟酌して認定すると云うことになって居る</u>，そう云うことになりますと，此の法律としては常習と云うことは是は二回やったから直ぐ常習だ，こういうことには決して認定にならないだろうとおもうのであります，<u>殆ど職業的にやる場合を是は見て居る規定であると考えて宜しいのであります</u>，そう云うことで<u>十分に条件を限定しておりますから</u>，決して是が過酷に過ぎると云うことは考えられないのであります……併せながら，<u>社会防衛の必要上</u>から，どうしてもこう云う常習的の者に対しては，今日のような軽い刑期ではいかぬということ認めて此の特別の規定を設ける必要を認めたのであります」

エ　常習性の認定と立法事実

　以上の大審院判事でもある泉二政府委員の議会での説明からも明らかなとおり，立法者は，当時の帝都の治安悪化という特殊事情を踏まえ，

「社会防衛の必要」から刑罰加重規定を設けたものであり，右肩下がりで刑法犯の検挙数が減少し治安がどんどん良くなっている現在の我が国の現状とは異なる立法事実が背景にあることがわかります。

　また，立法者は，検察官の起訴猶予による合理的処置を当然の前提としており，かつ，裁判所も過酷な処罰にならないように，法文所定の累犯性が肯定された場合にも常習性を容易く認めることなく，諸事情を総合的に斟酌して常習性を慎重に認定するということを念頭に置いているのです。

オ　弁護実務上の留意点

　しかし，現在，検察官は，累犯性が認定できる場合，常習性を検討した形跡もなく安易に常習累犯窃盗罪で起訴をし，弁護人も常習性を争わず，裁判所も容易く常習累犯窃盗罪の成立を認めているように思われます。

　クレプトマニア患者による反復窃盗事件の弁護を担当する弁護士は，従前の量刑相場や実務の考え（あるいは思考停止状態）を疑うことも時には必要です。

　以下，常習累犯窃盗罪の成否を争った裁判例を紹介します。

(2)　事案の概要

　被告人は，病的窃盗，神経性過食症，多動性障害，境界知能と診断された30代女性であり，平成28年1月14日，高知市所在のドラッグストアにおいて，ガーゼ等17点（販売価格合計8,617円）を窃取し，その事件が処分未了であった同年3月27日に同市所在のスーパーマーケットにおいて，歯ブラシ1点及び歯磨き粉1点を窃取しました。本件は，上記の万引き2件の事案です。

　なお，被告人は，平成13年以降，前科6犯，前歴7件を有するところ，これらはいずれも窃盗罪又は常習累犯窃盗罪に該当し，そのほとんどが，本件同様，万引窃盗によるものでした。

　被告人は，本件後に初めて専門治療につながり，真面目に治療を継続した結果，盗癖は劇的に消失しましたが，担当した女性副検事は，涙を流しながら「恨まないでね」と言い，被告人を起訴しました。

(3)　第1審（高知地判平成31年1月24日）

ア　窃盗を反復累行する「習癖」

　第1審判決は，常習累犯窃盗罪の成否について，「盗犯等防止法3条にいう常習累犯窃盗罪の成立には，その行為前に窃盗罪等で3回以上6か月の懲役刑以上の刑の執行を受けたことのほかに，当該窃盗の犯行が常習として行われたこと，すなわち，当該犯行が，機会があれば，抑制力を働かせることなく安易に窃盗を反復累行するという習癖の発現としてなされたことが必要であり（東京高裁平成10年（う）第1031号同年10月12日判決・高等裁判所刑事判例集51巻3号479頁参照），ここにいう習癖とは，窃盗の反復累行によって生じたか，又は性格的素質に基づいて存在するかを問わず，新たな窃盗への人格的ないし性格的な傾向若しくは意思傾向をいうものと解される」と判示しました。

イ　病的窃盗等による行動制御能力の低下

　その上で，第1審判決は，「被告人には，本件各犯行当時，病的窃盗（窃盗症），神経性過食症，多動性障害や境界知能の症状が有った。多動性障害は，被告人の衝動性を高めることにより，境界知能は，他者の理解，犯罪や刑罰に対する理解の深度を下げることにより，いずれも行動制御能力を低下させる方向に作用したと考えられる。神経性過食症は，窃盗症との合併例が少なくないが，食欲や予備の品物の溜込み欲求が，盗みたいという衝動にもつながったものと考えられる。窃盗症は，物を盗むという衝動に抵抗することに何度も失敗することを特徴とする精神疾患である。本件各犯行は，これらの症状が複雑に影響し合い，被告人の行動が万引き窃盗に向き，それが敢行されたと考えられる」と認定しました。

ウ 常習性についての判断

そして，第1審判決は，上記認定を踏まえ，「本件各窃盗の態様は，窃盗を反復累行した経験により，窃盗に対する規範意識が希薄となり，あるいは，性格的素質に基づき窃盗に対する規範意識が希薄で，窃盗の態様が大胆になったというよりは，むしろ精神状態が不安定となり，衝動性の制御に困難を来し，そうした状況下で甚だ稚拙な犯行に及んだものとみる方が妥当なように思われる」とし，「以上の検討によれば，本件各窃盗は，被告人の人格的ないし性格的な傾向若しくは意思傾向，すなわち窃盗を反復累行する習癖が発現して敢行されたものというより，むしろ，窃盗症という精神疾患や，多動性障害等，矯正教育による矯正のみによっては改善のできない障害による影響の下に敢行されたものとみる方が適切であり，これを覆すに足る証拠はない。

結局，本件各窃盗が，窃盗を反復累行するという習癖の発現によるものとして，常習性を認めるには，合理的な疑いが残るといわざるを得ない」と判示しました。

本件において，検察官の求刑は，懲役4年でしたが，第1審判決は，窃盗罪を認定し，被告人に対し，懲役1年2月を言い渡しました。

(4) 控訴審（高松高判令和元年 10 月 31 日）

上記第1審判決に対し，検察官から，事実誤認を理由とする控訴がなされました。

控訴審判決（高松高判令和元年10月31日）は，常習累犯窃盗罪における「常習性」を認め，常習累犯窃盗罪が成立するとして，原判決を破棄し，被告人に対して懲役2年（検察官求刑：懲役4年）を言い渡しました。

ア 判示内容

控訴審における「常習性」に関する判示部分は以下のとおりです。

「まず，原判決が被告人の前科前歴関係や本件各窃盗の状況について認定した事実には誤りがなく，これらの事実に基づいて，被告人には窃

第4章 窃盗症と刑事弁護

盗を反復累行する習癖があり，本件各窃盗においても，それが発現した
ものと推認されるとしたことにも誤りはない。また，被告人が本件窃盗
(1) において，バッグの口から見えるほど多くの商品を窃取して詰め込
んだことや，本件窃盗 (2) において，バッグが入店時よりも明らかに
膨れるまで商品を窃取して詰め込んだことを稚拙でいささか異常と評価
し，これらが被告人の窃盗症の精神障害により衝動性の制御に困難を来
したことによるものとした点も，論理則，経験則に照らして誤りがある
とまではいえない。しかし，この点を前記推認を覆す事情として，本件
各窃盗が，窃盗を反復累行する被告人の習癖が発現したものではないと
した原判決の認定は，論理則，経験則等に照らして不合理なものという
べきである。

　すなわち，原判決は，被告人の責任能力の判断において，本件各窃盗
が被告人の窃盗症等の精神障害に影響を受けたものであることを認めつ
つ，被害品の選択が合理的であること，店員等が見ていない状況で本件
各窃盗を行い，本件窃盗 (2) においては，一部の商品を生産するなど，
窃盗の完遂に向けた合理的な行動をとっていることなどを理由に，被告
人の精神障害による行動制御能力の低下は著しい程度までには至ってい
なかったと判断しているのであって，これらの認定，判断は相当して是
認することができる。

　そうすると，本件各窃盗は，精神障害の影響を受けつつも被告人の本
来の人格によって行われたものということができるから，原判決が指摘
する事情は，本件各窃盗が反復累行する被告人の習癖の発現によって行
われたという前記の推認を左右する事情であるとはいえない。関係各証
拠を検討しても，他に，この推認を左右する事情はないから，本件各窃
盗は被告人が常習として犯したものと認められ，被告人は常習累犯窃盗
罪が成立する。

　弁護人の所論は，被告人は，多動性障害や窃盗症のみならず，境界知
能や自閉症スペクトラム障害の影響により，通常であれば行動を抑制す
るように機能するはずの規範意識を働かせることができない状態となっ
て窃盗に及んでしまうのであり，これらの精神障害は，被告人の人格的

ないし性格的な傾向でも意思傾向でもないから，被告人の同種の前科，前歴をもって，窃盗に対する習癖が形成されたと評価することは誤りであると主張する。しかし，関係証拠によれば，被告人について，境界知能や多動性障害等の背景があるにせよ，これまでストレスがたまると万引きをするという行動を繰り返したことにより，平素の人格として窃盗を反復累行する習癖が形成されたと認められるのであり，この習癖が被告人の人格とは全く別の精神障害の影響によるものであるとはいえない。弁護人の所論は理由がない」

イ　完全責任能力と被告人の元来の人格によって行われた推認

　このように，控訴審判決の論理は，端的にいうと，「被告人は完全責任である。だから，本件各犯行は本来の人格により行われたものだ」ということです。

　そうすると，このような控訴審判決の論理を前提とすると，被告人が仮に心神耗弱と認定される場合には，本件各犯行は被告人の元来の人格によって行われたという推認が妨げられるということになりそうです。

　仮に，心神耗弱の場合には，本件各犯行は被告人の元来の人格によって行われたという推認が妨げられる，とするのであれば，「なぜ心神耗弱にまで達しなければ，当該犯行が被告人の元来の人格により行われたという推認が妨げられないのか」という疑問が生じます。

　たとえ，完全責任能力の範囲内であったとしても，精神の障害によって，本件各犯行当時，被告人の行動制御能力が相当程度減退していたというのであれば，精神障害が本件各犯行に相当程度影響を与えたという評価になり，その分，本件各犯行が被告人の元来の人格の発現であると評価できる部分が健常人に比して少なくなるはずです。

　完全責任能力には幅があり，例えば，①全く精神障害の影響がない場合，②精神障害の影響が僅かに認められる場合，③精神障害の影響が相当程度認められる場合，④精神障害の影響が著しいとするには及ばないがそれに近い程度に認められる場合が観念できます。

　そうであるならば，本来，完全責任能力の枠内であっても，行動制御

能力がどの程度保たれていたのかを明らかにしなければ，元来の人格が原因で本件各窃盗行為に及んだと判断することはできないはずです。

　控訴審判決は，論理的に不明確な点が残り，論理的には，第1審判決が優れていると思われます。

(5)　上告審（令和2年1月29日決定）

　上告審である最高裁第二小法廷は「……上告趣意……は，憲法違反をいう点を含め，実質は単なる法令違反，事実誤認，量刑不当の主張であって，刑訴法405条の上告理由に当たらない」として弁護側の上告を棄却する決定をしました。

　このように，本件では上告審において，常習累犯窃盗罪における「常習性」の意義について何ら判断が示されておらず，この論点については，下級審で判断が分かれたままになっています。

　最高裁による，適切で統一的な判断が望まれます。

6　責任能力について

(1)　はじめに

　クレプトマニアの弁護をしていると，責任能力に疑義がある被告人を担当することが少なくありません。

　以下では，責任能力の前提知識を確認した後，クレプトマニアの責任能力について検討し，次項7では，クレプトマニアの治療を受けている患者による窃盗事件で心神耗弱が認定された裁判例を紹介します。

(2)　責任能力の前提知識

ア　刑法39条の規定
　責任能力という言葉は，刑法の規定には出てきません。責任能力に関

する規定である刑法 39 条は，1 項で「心神喪失者の行為は，これを罰
しない」と規定し，2 項で「心神耗弱者の行為は，その刑を減軽する」
と規定しています。

　そうすると，心神喪失にも心神耗弱にも該当しない者が責任能力を有
する者（完全責任能力）ということになります。

イ　判例・学説

　判例は，「心神喪失ト心神耗弱トハ孰レモ精神障礙ノ態様ニ属スルモ
ノナリト雖其ノ程度ヲ異ニスルモノニシテ即チ前者ハ精神ノ障礙ニ因リ
事物ノ理非善悪ヲ辨識スルノ能力ナク又ハ此ノ辨識ニ従テ行動スル能力
ナキ状態ヲ指稱シ後者ハ精神ノ障礙未タ上敍ノ能力ヲ缺如スル程度ニ達
セサルモ其ノ能力著シク減退セル状態ヲ指稱スルモノナリトス」と定義
しており（大判昭和 6 年 12 月 3 日大刑集 10 巻 682 頁），学説も，これを支持
するのが一般です。

　すなわち，判例・学説は，生物学的要素である「精神の障害」と，心
理学的要素である「事物ノ理非善悪ヲ弁識スルノ能力」（事理弁識能力）
または「此ノ弁識ニ従テ行動スル能力」（行動制御能力）を併せて責任能
力を判断する混合的方法を前提としているといえます。

ウ　規範的責任論の考え方

　それでは，心神喪失・心神耗弱の具体的な定義はどのように理解すれ
ばよいでしょうか。

　この点，責任とは，構成要件に該当する違法な行為についてその行為
者を非難することです。学派的対立を超えて責任論の共有財的地位を与
えられていると評価されている規範的責任論によると，かかる責任の要
素として，行為者に適法行為の期待可能性が存在すること，すなわち，
行為の際の具体的事情からみて，行為者に，その犯罪行為を避けて他の
適法行為に出ることを期待し得たという状態の存することが必要です。

　上記の規範的責任論によれば，責任非難は，行為者に当該犯罪行為を
避けて適法行為に出ることの期待可能性があることが前提となります。

そして，当該犯罪行為を避けて適法行為に出ることが期待できたといえるためには，具体的事情からみて，行為者が，当該犯罪行為の違法性を認識できたこと，及び，その違法性の認識に従って当該犯罪行為を行わないことができたといえる必要があります。

エ　規範的責任論からの帰結

このような規範的責任論の論理を踏まえると，責任能力制度とは，精神の障害のために，行為者が自分の犯罪行為の違法性を認識することができないか，あるいは，当該犯罪行為が違法であることを認識することはできていても，当該犯罪行為を思いとどまることができなかった場合に，責任非難ができないことを認める制度であるということができます。

また，規範的責任論からは，精神の障害以外の具体的な事情からみて，違法性の認識が不可能な場合には，違法性の意識の可能性がないとして免責されます。

さらに，精神の障害以外の具体的な事情からみて，違法行為を思いとどまることができなかった場合には，適法行為の期待可能性がないとして免責されます。

このように，規範的責任論を理論的基礎とすると，責任能力制度は，違法性の意識の可能性論と適法行為の期待可能性論という他の責任阻却事由と論理的に併置されることになります。

オ　責任能力の定義

かかる理解を前提とすると，事理弁識能力（判例の「事物ノ理非善悪ヲ弁識スルノ能力」）とは，具体的な場面において，当該行為の違法性を認識する能力を指し，行動制御能力（判例の「弁識ニ従テ行動スル能力」）とは，その認識に従って反対動機を形成して犯行を思いとどまる能力を指すと定義されます。

(3)　クレプトマニアの責任能力

ア　クレプトマニアと「精神の障害」

　上述のとおり，「精神の障害」は責任能力を判断する際の第 1 要件です。

　クレプトマニアのように犯罪行為そのものを特徴として定義された精神障害について，「犯罪行為に影響を与えた精神障害の有無・その程度」という問いは意味を失います。なぜなら，クレプトマニアにおいては，当該精神障害＝本件犯行といえるからです。

イ　責任能力判定の疑義と DSM-5 での注意喚起

　このような理由から，歴史的には，クレプトマニアは，「責任能力判定の疑義からは退けられ，完全責任能力とするのが慣例であった」とし，『この点は DSM-5 でも注意喚起がなされており，「司法場面での DSM-5 使用に関する注意書き」には，「その人の行動制御能力の低下が診断の特徴である場合ですら，診断を有すること自体が，特定の個人が特定の時点において自己の行動を制御できない（あるいはできなかった）ということを示しているわけではない」とある』とする司法精神科医の意見もあるところです（古茶大樹『臨床精神病理学―精神医学における疾患と診断』（日本評論社，2019）204-205 頁）。しかし，循環論法に陥ることから，クレプトマニアは「精神の障害」に該当しないというのは明らかに論理の飛躍があります。上記の司法精神科医が引用する DSM-5 の記載も，『物を盗もうとする衝動に抵抗できなくなることが繰り返される』（基準 A 後段）という診断基準を満たした場合に，直ちに法的な意味で行動制御能力が喪失されるということを意味しないという当然のことを注意的に記載する趣旨に過ぎず，クレプトマニア等の衝動制御障害を責任能力判定の疑義からは排除する趣旨ではありません。

　我が国の判例及び条文上，何らの限定もない以上，およそ事理弁識能力または行動制御能力に影響を与える性質の精神障害であれば，「精神の障害」に含まれると解する私見の立場からは，このような循環論法に

陥る精神障害も「精神の障害」に当たるとした上で，このような特質を有する精神障害が弁識・制御能力へ与える影響の有無・程度に関する判定基準が新たに検討されるべきだと考えます。

ウ　クレプトマニアの事理弁識能力及び行動制御能力

次に，事理弁識能力及び行動制御能力について検討します。

まず，クレプトマニアの場合，窃盗に対する衝動制御の障害により，犯行時には利那的・衝動的な精神状態になっていることから，違法性の意識が減退している場合も想定できます。もっとも，減退することはあっても，違法性の認識は原則として「ある」ということになるでしょう。

また，行動制御能力に関しては，A基準に，『物を盗もうとする衝動に抵抗できなくなることが繰り返される』とある以上，この診断基準に該当するといえる場合には，行動制御能力が欠如しているか，少なくとも必要的減軽を相当とする程度に制御能力に著しい減弱が認められるとも思われます。

エ　DSM-5の診断基準と行動制御能力

しかし，前述のとおり，DSM-5には「その人の行動制御能力の低下が診断の特徴である場合ですら，診断を有すること自体が，特定の個人が特定の時点において自己の行動を制御できない（あるいはできなかった）ということを示しているわけではない」とあります。

クレプトマニアの場合も，ある場面では支払いができたり，窃盗衝動を制御できても，異なった場面では制御することができなくなることもあります。

よって，診断基準を満たした場合でも，常に心神喪失ないし耗弱相当であるということにはなりません。もっとも，完全責任能力の枠内での行動制御能力の減退は程度の差はあれ，常に認められると考えるのが論理的かつ相当でしょう。

オ　クレプトマニアの責任能力の判断基準 (試案)

　このように DSM-5 の診断基準に該当＝責任能力の喪失・著しい減退というわけではないとすると，いかなる基準でクレプトマニアの責任能力が判断されるべきでしょうか。

　ここでは，クレプトマニアの症状が犯行に与えた影響の程度を判断する準則を提示することが重要となります。本稿ではその試案を示します。

　クレプトマニアの責任能力の症状特性を踏まえた留意点は，以下のとおりとなります。

①　動機の了解可能性

　まず，動機の了解可能性については，諸事情を総合考慮して，万引きにより得られる利益と被るリスクが釣り合っているか否かで判断するのが相当だと考えます。

　ここで考慮されるべき事情は，被告人の経済状況，社会的地位，刑事手続き上の地位 (服役を経験しているか，執行猶予中か否か等)，欲しい商品か否か及びその程度，被告人の使用可能性及びその程度，客観的な必要性の有無・程度等を総合的に考慮して，万引きによって得られる利益と発覚によって被る不利益 (リスク) の釣り合いの程度を検討することになります。

　もっとも，クレプトマニアの基準 A を満たす以上，当該万引き行為に不合理性は必ず認められるはずであるから，得られる利益と被る不利益が釣り合っていないことは前提となります。そこで，クレプトマニアの責任能力が問題となる場合，動機の了解可能性については，実際には，得られる利益と被る不利益の不均衡が正常心理の範囲内から逸脱している程度を評価することになるでしょう。

　例えば，経済的に裕福であり，社会的地位もある人が，繰り返す万引き問題により，現在は保護観察付き執行猶予中であるにもかかわらず，毎日のように低額の食品や日用品を万引きしてしまい検挙されるに至ったという場合には，万引きにより得られる利益と発覚により被る不利益とが到底釣り合っておらず，正常心理の範囲内で動機を理解することは

できず，衝動制御障害の重篤さを推認させ，行動制御能力が著しく減退ないし喪失していたと認定する方向に評価することができます。

　また，欲しい物や使用可能な物を万引きしていたとしても，不要不急の商品を頻回に窃取している場合，DSM-5 の基準 A を満たし得るため，クレプトマニアに該当し得るのは前述のとおりですが，女性が欲しくもなく使う目的もない男性用の下着を万引きするなど，およそ本人にとって価値のない物を万引きしていた場合に比し，前者の場合，諸事情を総合的に考察した際の了解不可能性ないし困難性の程度は，後者に比し，限定的になり得ます。

②　犯行の計画性，突発性，偶発性，衝動性

　犯行の計画性，突発性，偶発性，衝動性については，DSM-5 の基準 A 後段が「物を盗もうとする衝動に抵抗できなくなることが繰り返される」と記載している以上，まず，クレプトマニアに該当するためには，衝動が生じていることが前提となります。犯行が衝動的でなければ，クレプトマニアに該当せず，そもそも「精神の障害」は認められません。

　そのため，クレプトマニアの責任能力の程度を検討するに際し，計画的犯行か衝動的犯行かを検討することは不要です。

　ここで重要なことは，衝動が生じた時点がいつかによって，計画性と衝動性等は両立するという視点です。すなわち，自宅にいるときから，抽象的な万引きの衝動に突き動かされて自宅を出る場合，万引き用のエコバッグを自宅から持参するなど一定の計画性を有すると判断される場合がありますが，このような場合も衝動性は否定されないはずです。また，商品を購入する目的で入店したにもかかわらず，商品をみているうちに万引きの衝動が生じてきた場合には，突発的，偶発的，衝動的であり，計画性はないと判定されます。なお，前者と後者の間に，衝動性の程度について特段の優位な差異は見い出せないでしょう。

③　違法性の認識等

　さらに，違法性の認識等について，クレプトマニアは，衝動制御の障

害であり，事理弁識能力の問題ではないため，被告人が犯行時に自己の
行為が犯罪であることを認識して周囲を確認する行動を取っていたり，
後で反省の弁を述べたり，後悔しているからといって，責任能力の判断
（行動制御能力の判断）に格別の意味はないというべきでしょう（東京高裁平
成 25 年 7 月 17 日判決同旨）。

④　免責可能性の認識

また，免責可能性の認識については，万引き事件の場合，検挙される
度に徐々に処罰が厳しくなることが一般的であり，通常の場合，執行猶
予中や保護観察中の被告人などは，そもそも精神障害ゆえに免責される
ことを期待して犯行に及んでいる場合というのはほとんどないものと思
われます。クレプトマニアの場合，多くの患者が規範意識を有しており，
万引きを繰り返す自分に落ち込み，苦痛を感じているのが一般です。

よって，免責可能性の認識という観点は，あまりクレプトマニアに当
てはまらないでしょう。

⑤　元来ないし平素の人格との異質性

元来ないし平素の人格との異質性については，万引きを繰り返す事実
を捉えれば，すべてのクレプトマニア患者が人格異質性を有しないこと
になってしまい，検討すること自体意味がなくなってしまいます。

しかし，DSM-5 の基準 A 後段は，「物を盗もうとする衝動に抵抗で
きなくなることが繰り返される」と記載している以上，クレプトマニア
に該当するためには，万引き衝動に抵抗して万引きをしないように試み
る元来ないし平素の人格の存在が当然，予定されているといえます。

ここに，人格の異質性とは，通常，病前性格との異質性を意味するの
であり，通常の規範意識を有するクレプトマニア患者は，万引き行為と
病前人格との間には異質性を有します。また，平素の性格も真面目で勤
勉な者が多く，万引き以外に触法行為もなく，平素の人格との異質性も
認められるのが一般でしょう。この点については，ICD-10 において，
クレプトマニア「患者は店（あるいは他の建物）から窃盗を働くというエ

ピソード間には不安，落胆，そして罪悪感を覚えるが，それでも繰り返される」と明記されており，クレプトマニア患者が通常の規範意識を有し，元来は真面目な性格であって，反復される万引き行為について落胆や罪悪感を覚えていることが示されています。

　平素は真面目な市民であり，万引き以外に触法行為がない被告人が，万引きを防止したいと考え，真面目に入通院をしたり，普段の買い物で万引きを防止するために家族に同行してもらったり，大きな鞄を持たないで入店するなど健常人の常習的な万引き犯では不要な再犯防止対策を講じていたにもかかわらず，万引きに至ってしまったという場合，これらの再犯防止対策を怠っており，漫然と一人で買い物を繰り返していた被告人に比し，元来ないし平素の人格との異質性の観点からは責任能力を減退させる方向に評価される事情となるでしょう。

　なお，この点に関し，前述した上田事件平成 25 年 2 月 18 日判決は，「本件犯行は，……平素の人格との親和性はなく，……心神喪失という結論が導かれるということにもなりかねない」としつつ，『刑法 39 条 2 項は，「心神耗弱者の行為は，その刑を減軽する。」と規定し，「心神耗弱の状態における行為」と規定していない。そして，刑法が，精神医学的な対処方針を示すものではなく，社会統制の一手段として存在する以上，「心神耗弱者」の概念も精神医学的な概念ではなく，社会的な概念であると考えられる。この見地から考察すると，被告人が心神耗弱であるか否かについては，クレプトマニアによる窃取衝動の存在を前提として，被告人において，それを制御するための措置を，被告人自身によるもの，内面的なもののみに限定せず，広く社会的な資源を活用するもの，外面的なものを含めて，どの程度講じることができ，また，実際に講じてきたかを検討すべきである』と判示します。その上で，「……被告人は，これまで，スーパーマーケット等で買い物をしなくて済むように，通信販売を広く利用したり，スーパーマーケット等に行く際も必ず夫に付き添って貰うなどの工夫をして，万引きに及ぶことがないようにしてきたことが認められ，被告人が，広く社会的な資源を活用し，窃取衝動発生の機会を事実上消滅又は減少させるという外面的な方法を含めて，

クレプトマニアによる窃取衝動を，社会的な意味で制御してきたと認めるのが相当である」とし，「以上によれば，個々の万引行動においては，クレプトマニアによる窃取衝動に対する制御ができていなかったとしても，社会的存在として，総合的見地から見れば，被告人は，クレプトマニアによる窃取衝動に対する制御を相当程度実行することができてきたのであり，被告人は，社会的な概念としての心神耗弱者には該当しないと解するのが相当である」と判示します。

　しかし，このような責任能力の評価・認定は，実行行為時に存した事情を軽視し，日常生活における「制御」能力を重視する点において，責任非難は，責任能力に基づく実行行為に対してのみ加えられるものであるという「責任能力と行為との同時存在の原則」に実質的に反し，近代刑法学における責任主義と相いれないきらいがあります。また，上記判決のような解釈は，刑法39条2項が「心神耗弱者の行為」と規定していることから論理必然的に導かれるものでもありません。さらに，被告人が犯行前の日常生活において，再犯防止策を講じて再犯を防止していたという事情は，元来ないし平素の人格として被告人は，万引きを止めたいと考えていたといえるのであり，また，平素の生活では万引きの衝動が生じないか，衝動が生じていたとしてもその程度が弱かったものと推認することができます。そうであるにも関わらず，当該犯行に至ってしまったということは，当該万引き行為が元来ないし平素の人格に基づくものではなく，また，当該犯行時においては，万引きに対する衝動が存在し，かつ，その衝動が強く，その衝動に抵抗することに失敗したものとみる余地が十分にあるというべきでしょう。

　よって，主たる動機の了解不可能性，突発的，偶発的，衝動的な犯行であること，計画性がないこと，平素の人格との親和性はないこと，犯行の合目的性も十分ではないことまで認定しておきながら，被告人の平素の再犯防止措置と本件犯行までの再犯防止効果を重視して，完全責任能力を認定した上記裁判例の結論と理由には賛成できません。

⑥　犯行の一貫性・合目的性

　実務で散見される「合理的な犯行発覚回避行動を取っていた場合には，犯行を思いとどまる能力が保持されていたと推認することができる」という考えは支持できず，クレプトマニア患者が仮に合理的な犯行発覚回避行動を取っていたとしても，行動制御能力の喪失や著しい減退の認定は十分可能です。

　他方，これとは逆に，クレプトマニア患者が何らの犯行発覚回避行動を取らずに商品を店外に持ち出すという明らかに窃盗犯人として不合理な行為態様の事案では，その犯行態様の無防備・無軌道さから，精神障害の重篤さを推認して，事理弁識能力や行動制御能力が著しく減退ないしほぼ喪失していたと結論付けることは許されるでしょう。その意味で犯行態様の合理性／不合理性はクレプトマニアの責任能力判断の一要素となり得るでしょう。

⑦　犯行後の自己防御等

　最後に，犯行後の自己防御等については，犯行時の精神状態や違法性の意識を推認するものですが，あくまで犯行発覚後の事情であるため，犯行時の精神状態そのものではなく，声を掛けられた刺激で意識状態が明確になるという可能性もあることに注意が必要です。また，前述のとおり，クレプトマニアは，衝動制御の障害であり，事理弁識能力ではなく，行動制御能力が減退する精神障害ですから，そもそも，クレプトマニア患者が，犯行時に違法性の認識があり，後悔の弁を述べていること等を責任能力判断において強調することは相当ではありません（東京高裁平成 25 年 7 月 17 日判決同旨）。

（小結）

　以上の次第であり，クレプトマニアの責任能力に関し，有益な視点は，動機の了解可能性，元来（病前）ないし平素の人格との異質性であると考えられます。

カ　「反復性」と「不合理性」という行動評価

次に，クレプトマニアの行動評価と責任能力の判断基準について検討します。

「反復性」と「不合理性」という行動評価こそがクレプトマニアの本質的診断基準です。このことから，あるクレプトマニア患者の万引き行為について，「反復性」と「不合理性」の程度が大きい場合には，クレプトマニアの症状が重症であると考えることができます。

また，クレプトマニアの症状特性として，特定の万引き行為はクレプトマニアの症状そのものであり，過去の複数の同種万引き行為と当該特定の万引き行為を含む一団の万引き行為は「物を盗もうとする衝動に抵抗できなくなることが繰り返される」という診断基準（基準 A 後段）そのものであるという特殊性があります。

このようなクレプトマニアの症状特性に照らすと，クレプトマニアの場合，［症状の重症さ（「反復性」＋「不合理性」）＝衝動制御障害の重症さ＝行動制御能力の減退の大きさ］ということができます。

そうすると，当該犯行を含む繰り返される万引き行為の「反復性」と「不合理性」の程度こそが，クレプトマニアの行動制御能力を障害する程度の物差しとなると考えるのが論理的・合理的です。

この点，当該万引き行為の「不合理性」は，前述の動機の了解可能性，及び，人格異質性と重なります。動機が了解不能であれば，その万引き行為は「不合理」ですし，本来の人格とは異質の万引き衝動に抗えない精神状態下で行われる万引き行為は「不合理」といわざるを得ないからです。他方，その他の視点は，これまでにみてきたとおり，クレプトマニアの症状特性から責任能力判断の視点としては，不要であるか，相対的にその重要性は低くなります。

キ　まとめ

以上の次第であり，クレプトマニアの責任能力の程度に関し，有益な判断基準は，犯行の反復性の程度，及び，犯行の不合理性の程度であり，犯行の不合理性の内実は，基本的には，動機の了解可能性，元来（病前）

ないし平素の人格との異質性です。また，合理的な犯行発覚回避行動を取っておらず，無軌道・異常な犯行態様と評価される場合には，例外的に犯行態様も「犯行の不合理性」の内実となり得えます。

　なお，他の精神障害との併存事例については，発達障害や摂食障害などの併存症がある場合，それらの特定される精神障害と犯行との結びつきをも含めて検討し，諸事情を総合考慮して結論を出します。

　例えば，摂食障害併存事例の場合，（食品）万引き行為との関係では，クレプトマニアと同じ衝動制御の障害に位置づけられますので，犯行の反復性の程度，及び，犯行の不合理性の程度（動機の了解可能性，元来（病前）ないし平素の人格との異質性）を基本的な判断基準としつつ，併存する摂食障害の症状特性をも考慮します。

　具体的には，盗癖を伴う摂食障害の重症患者が，店外に出るのを我慢することができずに，他の買い物客や店員が周囲に多数いる店内において，その場で未精算の食品を食べ始めた場合などは，その食行動の異常性は摂食障害に起因する衝動制御障害の重篤さを示すものとして，クレプトマニアの衝動制御の障害と相まって，行動制御能力が著しく減退ないし喪失していたと認定する方向により強く作用する事情となるでしょう。

7　責任能力を争う事案

(1)　新潟地判平成 27 年 4 月 15 日

（事案の概要）

　被告人は，事件当日，自宅近くのドラッグストアにおいて，スナック菓子等 14 点（販売価格合計 1810 円）を窃取しました。なお，被告人は，過去に保護観察付き執行猶予期間中に万引で検挙され，実刑に処された経験があります。前刑出所後，1 週間経過しない頃から 1 日も休むことなく自転車で複数の店舗をまわり万引きを繰り返していた。いつも同じ時間帯に家を出て，神社で無事に帰れるようにお参りをしてから万引きを繰り返していました。万引き時の服装は季節にかかわらず常に同じ帽

子をかぶり，同じバッグとリュックを持っていたため，店員にマークされていました。本件犯行の 10 年前頃には，摂食障害による著しい低体重の状態で意識消失，呼吸停止状態となり，集中治療室に緊急搬送されました。一命は取り留めたものの，低酸素脳症を発症し，後遺症として認知症を発症しました。その後，同居する高齢の祖母に対する暴行や運転中の父親への暴行，走行中の自動車内から飛び降りる等の衝動制御の困難さに起因する行動が頻発しました。本件犯行の 5 年ほど前には，図工用のヤマト糊チューブタイプ（成人男性の手のひら程度ある大きさ）を誤飲してしまい，その後も何日間かけて同じ商品を 7 つも誤飲し腹痛のため緊急開腹手術を受けました。

　本件は，上記のような生活状況の中で生じた事件です。なお，検察官は心神耗弱状態で犯行に及んだことを認め，弁護人は心神喪失を主張しました。

（簡易鑑定意見）

　とにかく過食したいが，どうせ吐くから買うのはもったいないという犯行動機は，自己中心的で短絡的だが了解可能である。盗んだ商品を隠すバッグを複数準備するなどの犯行態様は計画的である。窃盗は犯罪であり見つかれば刑務所へ入れられると述べるなど違法性の認識はあるが，食べ物への渇望から違法性の認識に従って行動することに失敗している。思春期から窃盗を繰り返しており，窃盗自体は元来の人格と親和性があるが，認知症発症後に頻回になっており，この点は元来の人格と異質である。犯行時の行動は合目的的であり，犯行発覚後，謝罪し，警察への通報を阻止しようとするなど，窃盗行為の性質を理解した自己防御行動があった。被告人は，神経性無食欲症による過食への渇望及び低酸素脳症による認知症による衝動制御困難さが影響した結果，物を盗もうとする衝動に抵抗困難となり，本件犯行に至った。以上によれば，被告人の善悪の判断能力は障害されておらず，その判断に従って行動する能力は著しく障害されていた。

（判旨）

　Ｓ医師（筆者注：簡易鑑定医）の公平性，判断の前提となった事実に何

ら問題はない。内容も合理的である。被告人にはクレプトマニア，摂食
障害，脳の器質的・機能的障害等が示唆され，これらの疾病性や過去の
生活環境が窃盗行動に影響を及ぼしているというF医師（筆者注：弁護人
が依頼した精神科医）の意見書の結論も，上記鑑定書の内容とむしろ整合
しており，F医師の公判供述を併せ考慮しても，上記鑑定書の内容に疑
問を生じさせるものではない。

　以上によれば，本件犯行当時，被告人は，神経性無食欲症及び低酸素
脳症による認知症という精神障害に罹患し，その精神障害により行動制
御能力が著しく障害され，心神耗弱の状態にあったと認められる。

(2)　大阪地岸和田支判平成28年4月25日

（事案の概要）

　前刑で保護観察付き執行猶予判決を受けた当日から万引きを再開し，
ほぼ連日万引きを繰り返していた広汎性発達障害，摂食障害，クレプト
マニア合併患者と診断された被告人が，前刑判決後約2か月経過後，
スーパーマーケットにおいて，食品等95点（販売価格合計2万2772円）を
万引きして逮捕された事案です。

　裁判所は，被告人に対し，本件犯行時心神耗弱であったと認定した上，
治療意欲や治療効果が認められることなどを理由として，罰金判決を言
い渡しました（求刑1年6月・1審確定）。

（鑑定意見）

　被告人は，生来より広汎性発達障害の諸特徴を示しており，本件では，
広汎性発達障害の影響下において，摂食障害，盗癖にり患した状態で
あった。摂食障害と盗癖による食料品の溜め込みと万引きへの欲求は，
当人の生活全体を支配するほど苛烈な状態となっており，事件当時も被
告人の自覚や意思では制御し得ない程度であったと推察され，本件の発
生に大きく関与していた。

（判旨）

　鑑定医師は，一件記録のほか，被告人との面接，臨床心理士による検

査結果等を基に鑑定を行っており，鑑定の基礎とした前提条件に問題はなく，鑑定結果を導いた過程も，専門知見に基づく概ね合理的なものであって，特に信用性に欠けるところはみられない。……そこで，鑑定医師が鑑定した本件当時の被告人の精神症状を前提に，これが本件犯行に与えた影響とその程度について検討する。

（筆者注：精神症状の影響について，ア動機の了解可能性，イ犯行の計画性，犯行の合目的性，一貫性，ウ行為の意味，違法性の認識，エ自らの精神状態の理解，病識，オ犯行の人格的異質性などを子細に検討した上，）以上のとおり，考慮検討したところによれば，被告人は広汎性発達障害の影響下において摂食障害，盗癖にり患した状態にあり，これによる食料品の溜め込みと万引きへの欲求は，その生活全体に影響を及ぼすほど激しいものになっていた，とみることができる。本件行為当時も，被告人が善悪を判断する事理弁識能力について影響はなかったにしても，善悪の判断に基づいて衝動・欲求を抑える行動制御能力については，深刻な影響を受けており，喪失していたとはいえないが，著しく減退していたとの合理的疑いは払拭できない，というべきである。

弁護人は，本件行為当時，被告人の行動制御能力はほぼ喪失していたと主張し，鑑定医師も，万引きへの欲求は「生活全体を支配」するほど苛烈な状態となっており，本人の自覚や意志では「制御し得ない程度であった」旨等の表現を用いた鑑定主文を記載しているが，前記のとおり，本件における被告人の万引き窃盗の仕方には，犯行が発覚しないよう工夫と配慮が加えられており，なりふり構わず衆人環視下でなされた典型的な抑止力不足による衝動制御障害の万引き窃盗ではないこと，事前に店員や保安員に犯行の発覚することが確実であれば，被告人も犯行を断念したと考えられ，その限りでは自己の行動を制御する能力が残っていたとみられること，鑑定医師は，万引きへの欲求が被告人の「生活全体を支配」するほどのものであったとするが，生活全体に「影響」はあるものの，食行動や万引き以外には被告人の日常生活に大きな問題はみられないことから，「支配」との表現は誇張に過ぎること，被告人の本件万引き窃盗に人格的な異質性をみることは困難であること，などに照ら

すと，本件行為当時，被告人の行動制御能力が喪失していたとまでみることはできない。この点をいう弁護人の主張は，採用できない。

　そうすると，本件行為当時，被告人は行動制御能力を喪失し責任無能力であるとする弁護人の主張は認められないが，その能力が著しく減退していたとの合理的疑いは払拭できず，本件行為当時，被告人は心神耗弱の状態にあった，とみるのが相当である。

(3)　静岡地浜松支判平成 30 年 9 月 21 日

（事案の概要）

　同種万引きに関する前歴 15 件，罰金前科 1 犯，執行猶予付き懲役前科 2 犯を有する被告人が，前刑の保護観察付き執行猶予判決から約 4 年4 か月後に，スーパーマーケットにおいて，インスタントラーメン等 17点（販売価格合計 1 万 1525 円）を窃取したとして起訴された 40 代女性の同種万引き事案です。裁判所は，被告人に対し，本件犯行当時，中等度の神経性やせ症（過食・排出型）に随伴した衝動制御の困難を有していたため心神耗弱の状態にあったとして，懲役 8 月に処した上，その刑の執行を猶予し，任意的な保護観察に付しました（求刑懲役 8 月・1 審確定）。

（判旨）

（争点に対する判断）

　被告人の精神鑑定を行った鑑定人 A 医師は，鑑定書及び証人尋問において，概ね以下のとおり述べる。

　被告人は，本件犯行当時，DSM-5 における「神経性やせ症，過食・排出型」という精神障害（以下「本件精神障害」という。）に罹患していた。重症度は，……中等度に当たる。

　被告人は，本件精神障害に随伴した衝動制御の困難を有し，「食べたい」という衝動に抗いきれず，衝動的に本件犯行に至った可能性がある。

　本件精神障害の患者がしばしば衝動制御の困難を有することは臨床上認められており，医学書にも記載されている。ただし，その機序は未だ解明されておらず，仮説の段階である。

　被告人については，過食嘔吐や万引き以外にも必要以上に物を備蓄する行動がみられること，現金を所持していたのに本件犯行に及んだこと，計画性がなく足がつきやすい犯行態様であったことから，衝動制御の困難を有していたと考えられる。

　鑑定人の公正さや能力に疑いを生じさせる事情はなく，鑑定の前提条件や鑑定結果を導いた過程にも特段問題は見当たらない。鑑定人の上記意見は十分信用することができる。

　なお，被告人の簡易鑑定を行ったK医師も，被告人は，本件犯行当時，ICD-10における「摂食障害」という精神障害を有しており，衝動制御の障害をある程度有していた旨述べており，鑑定人の意見と整合している。ただし，K医師は，被告人が統合失調症などの内因性精神病にり患していたわけではないことを判断の決め手として，被告人の行動制御能力の減退の程度が著しいとまではいえない旨述べているところ，この部分は，不合理であって首肯できない。

　以上を前提に，本件犯行当時の被告人の責任能力について検討する。
（動機）
　……被告人に犯行時の記憶がない点について，鑑定人は，万引きが露呈したストレスから，本人にとって不都合，不利益のあることに関して思い出せないという抑圧の防衛機制が働き，犯行時の記憶を想起できなくなっていると説明している。

　そのため，動機については間接事実から推認するほかないが，被告人が本件犯行当時，1日に2，3回程度の過食嘔吐を繰り返していたこと，被害品17点……がいずれも被告人の好物であること，犯行後に被害店舗店員が「これだけの商品を一人で食べるの」と問うと被告人が「はい，食べます」と答えたことからすれば，過食嘔吐に用いる動機で窃取したものと推認される。

　もっとも，被告人は本件犯行当時から経済的には困窮しておらず，犯行の際も1か月分の生活費としてではあるが現金約10万円を所持しており，また，……平素は過食嘔吐用の食べ物は被告人や母親が作ったり母と一緒に買い物したりして用意していたというのであるから，あえて

窃盗をしなければ手に入れられないものではない。

　……これまで服役したことはなく，寛大な処分で済まされてきたことに照らせば，またしても検挙されずに済むか検挙されたとしても精神障害を理由に寛大な処分で済むとの甘い考えから犯行に及んだ可能性もないとまではいえないが，これらの事実（筆者注：保護観察付き執行猶予判決を含む多数の前科前歴の存在）に照らせば，むしろ，被告人は，窃盗の違法性を十分に認識するとともに次こそは実刑判決を受ける可能性が極めて高いと認識できる状況にあったといえるのであり，上述のように窃盗を行う必要もないのに，このような状況下であえて犯行に及ぶというのは不可解といわざるを得ない。

　また，①鑑定人が指摘するとおり，被告人にとって万引きは苦痛な出来事であると認められることや，②被告人が長年にわたり，AホスピタルやMクリニックなどの遠方の病院も含む多数の病院に入通院して本件精神障害の治療に努めてきたこと，③窃盗時の記憶がないことについてもH病院に複数回入院して記憶を想起させる試みを受けるなどの努力をしてきたこと，④平素から，主治医のアドバイスを元に買い物の際は母に同行してもらうなどの万引きの予防策をとってきたことなども考慮すれば，本件犯行の動機及び経緯に了解困難な面があることは否定できない。

（犯行態様）

　……一連の行動をみれば，被告人は，一定程度，自らの行動を制御して犯行遂行のために合理的な行動を取ることができたと評価できる。

　もっとも，①……かさばる商品を大量に万引きするにもかかわらず，買い物かごを持って買い物客を装うことをしていないこと，②被告人が犯行の際に周囲を見渡すなどして店員や他の買い物客の様子をうかがう動作をした事実を認めることができないこと，③……O証人（筆者注：目撃証人）が棚の隙間から覗いたりするのではなく何の障害物もない状態で，隠匿する被告人の後ろ姿を目撃できていること，④被告人は，……さほど大きくない手提げバッグ2個に大量の被害品を隠匿していった結果として，バッグの開口部から隠匿された被害品が容易に他からみ

える状態で，O 証人 (筆者注：目撃証人) の近くを歩いたり，店員がいる
サービスカウンターの横を歩いて退店していることなど，被告人の犯行
には無防備かつ奇妙な点も多く認められる。

　以上を総合すると，本件犯行当時，被告人の善悪を判断する能力には
問題はなかったものの，被告人は本件精神障害に随伴する衝動制御の困
難を有しており，行動制御能力が完全に失われた状態ではないが，著し
く低下した状態にあった合理的な疑いを拭えないと判断した。

8　控訴審における主張・立証

(1)　控訴審の構造と現状

　皆さんご承知のとおり，刑事訴訟における控訴審は，事後審制を採用
しており，原則として，第 1 審判決の量刑判断の当否は，第 1 審の判決
時における証拠関係に基づいて，第 1 審の量刑判断が相当か否かという
観点から判断されます。

　もっとも，控訴審の事実取調の実情は，1 審判決後の治療状況等の事
後的な情状についても，事実取調べが実施されることも少なくないため，
原判決後の事情も積極的に主張立証するべきです。

(2)　医師の意見書について

ア　刑事訴訟法 382 条の 2 の「やむを得ない事由」

　前述のとおり，原審後の有利な事情も積極的に事実取調請求をしてい
くべきです。ところで，刑事訴訟法では，第 1 審弁論終結前に生じた事
実の援用について，「やむを得ない事由によって，……取調を請求する
ことができなかった」場合に限り，控訴趣意書にこれを援用することが
できる旨規定しています (刑事訴訟法 382 条の 2)。

　それでは，原審時から存在していた被告人の疾病性を家族や原審弁護
人，本人が気付かず，控訴審から医師の意見書等で疾病性を主張立証し

ようとした場合，上記の「やむを得ない事由」があるといえるでしょうか。

　確かに，意見書自体は，第1審判決後に作成され，第1審判決時には存在しなかったものですが，意見書で記載されたクレプトマニアという精神障害は，第1審の時点から存在していたものですので，「やむを得ない事由」がない限り，控訴趣意書において援用することができないとも思われます。

　この点，「やむを得ない事由によって，……取調を請求することができなかった」とは，争いがありますが，①物理的にできなかった場合，②当該証拠の存在を知らず，知らないことに過失のなかった場合，③第1審で当該証拠を提出する必要がないと考えており，それもうなずける場合等も含むと解されています（松尾浩也監修，松本時夫ほか編，『条解刑事訴訟法〈第4版増補版〉』（弘文堂，2016）1042頁）。

イ　クレプトマニアに対する治療，認知の実状

　ここでクレプトマニアは，一般の心療内科や精神科では治療されていないことが多く，特定の専門病院や一部の専門医が集中的に治療や研究をしているのが現状です。

　そうすると，反復する万引き行為がクレプトマニアや摂食障害の症状であり，治療が必要であるという事実につき，患者本人やその家族，第1審の弁護人が知らず，知らないことに過失がなかったと評価することができる場合は相応にあると考えることができます。

ウ　弁護実務上の留意点

　したがって，控訴審を担当する弁護人は，仮に第1審でクレプトマニアの存在，及び，当該犯行がクレプトマニアの症状そのものであることを示す書証や医師の公判証言が提出されていなかったとしても，被告人のクレプトマニア該当性が判明した場合，積極的に医師に意見書の作成を依頼し，被告人がクレプトマニアにり患していること，及び，当該犯行がクレプトマニアの症状そのものであることを控訴審において主張立

証するように試みるべきです。もちろん，クレプトマニアであることを
立証するだけでは，ほとんどの場合，逆転の執行猶予判決には至らず，
当該犯行の原因疾患であるクレプトマニアの治療や再犯防止環境の整備
等についても積極的に主張立証するべきです。

第5 弁護人の役割

　以上みてきたとおり，クレプトマニアや摂食障害を抱えた窃盗反復者の弁護に携わる弁護士は，単に不起訴を獲得したり，執行猶予を獲得したりするだけが仕事ではなく，再犯防止のために治療環境を整え，依頼者を治療につなげるところまで意識的に取り組むべきです。裁判等で良い結果を得るのはあくまで手段に過ぎません。患者本人や家族の真の願いは，盗癖からの回復であり，病気に振り回されない普通の生活を取り戻すことです。クレプトマニア患者が回復すれば店舗の万引き被害もその分減少するでしょう。刑事施設の維持費もその分減少します。弁護人の弁護活動が依頼者のみならず社会のためにもなるのです。

　クレプトマニアの回復のための環境整備をすること，これこそがクレプトマニア患者の刑事弁護に携わる弁護士の職責です。

第5章　窃盗症における 地域トリートメント

第1　窃盗症について

1　窃盗症とは

(1)　窃盗症 (万引き) のイメージ

　みなさんは万引きを繰り返す人にどんなイメージを持っていますか。一般的に万引きという語から連想されるイメージは「貧困」でしょう。毎日の生活を維持するためのものを買うお金がない，だからお店からバレないように盗ってくる。テレビでは，スーパーやドラッグストアの店内を巡回している私服保安員，いわゆる“万引きGメン”を追ったドキュメント番組がよく放映されますが，このイメージを裏切らない万引き常習犯がよく登場します。「代金を支払っていない商品がありますよね？」と声をかけられてから，お店のバックヤードに連れていかれ，厳重に注意された上で「商品を買い取ってください」と言われても，そのためのお金がない人たちです。

　私が所属している榎本クリニック（以下，「クリニック」という。）では，万引きがやめたくてもやめられない人が盗まない生き方を身につけるための専門治療を行っています。万引き常習者といっても1人1人が違うパーソナリティ特性や背景を持っています。先に挙げたような貧困ゆえに万引きしなければ生活できない人や，いわば盗みのプロ（職業的窃盗）ともいえる人たちは当クリニックには来ません。彼らに必要なのは，少

なくとも専門治療ではないからです。

(2)　専門治療が必要な人の実際

　では，クリニックで常習的な万引きの問題で治療にきているのはどう
いう人たちかを考えたいと思います。それは大きく分けると以下の3パ
ターンになります。

　①　摂食障害がある万引きを繰り返す人
　②　万引き行為そのものに耽溺している人
　③　高齢者で万引きを繰り返す人

　窃盗症とは，盗みたいという衝動を抑えることに何度も失敗しながら
やめたくてもやめられない状態に陥っている人や，十分な金銭を持って
いる上に経済的にはさほど困っていないのに，重大な法的リスク（執行
猶予中の再犯など）を犯してまで万引きをしてしまう人をいいます。また，
スーパーなどのある特定の店舗に行けば盗んでしまうことをわかってい
るのにもかかわらず，そこに行ってわざわざ万引きを繰り返す人もいま
す。つまり窃盗症は，「窃盗のための窃盗」なのです。
　Gメンに取り押さえられ，警察に逮捕され，家族に泣かれ，大切な仕
事を失い，裁判では貯金を投げ打って多くの裁判費用を使い，刑務所に
服役し，もうここには戻りたくない，二度と万引きはしない，金輪際盗
むもんか……と思っているのに，気づけば万引きをしてしまっている人
たちなのです。ここでは，そんな窃盗症に陥っている人々を多面的に理
解するためにこの問題が内包している問題や，事例について見ながらそ
の治療について解説したいと思います。

2　診断基準 A 問題

(1)　"万引き"依存症という病

　行為・プロセス依存の１つとしての"万引き"は，アメリカの精神医学会が発行している「DSM-5」にも明記されています。DSM-5 とは，精神疾患の分類と，その診断のガイドラインが示された本です。また，我が国の多くの精神科医療機関が使っている「ICD-10」（国際疾病分類）でも同様に扱われています。国際的には常習的で不合理な万引き行為は，早くから"病"として認識されていました。

　万引きがやめられないといって当クリニックを訪れる人たちを，私たちはまずこの DSM-5 や ICD-10 に基づいて診断をしていきます。万引きという行為に耽溺し，盗みたいという衝動を抑えることに何度も失敗すること，または物を盗もうとする衝動に抵抗できなくなることが繰り返されます。特に，DSM-5 では「クレプトマニア（kleptomania）＝窃盗症」に分類されます。ギリシャ語で盗むを意味する「クレプテイン」に熱中している人，という意味です。窃盗症という単語は最近になってメディアでよく見かけるようになったので，聞き覚えのある方もいるでしょう。

　万引きは日々，全国で大変な数が行われているので１つ１つがニュースになることはありませんが，著名人や公的な職業にある人がそれをした場合は報道されます。世界的な大会でも活躍していた元マラソン日本代表選手の女性が何度も万引きして逮捕され，執行猶予中に再犯してまた逮捕された……というニュースが放送されたとき，窃盗症という語を使って彼女の「やめられない」状態を説明するメディアをいくつも見ました。しかし，万引きを繰り返すからといって，すぐに窃盗症だと診断されるわけではありません。いくつもの診断基準があり，それらを総合して考えないといけないのです。

(2)　窃盗症の診断基準

　しかし，ここで大きな問題があります。常習的な万引きの問題を抱えてクリニックに訪れる人のほとんどは，厳密に言うと窃盗症とは診断されないのです。メディアで報じられているケースでも，おそらく"真性の窃盗症"の事件は，ほとんどないといっていいでしょう。

　DSM-5ではA〜Eまで5つの診断基準が設けられています。

A）個人的に用いるのでもなく，またはその金銭的価値のためでもなく，物を盗もうとする衝動に抵抗できなくなることが繰り返される。
B）窃盗に及ぶ直前の緊張の高まり。
C）窃盗に及ぶときの快感，満足，または解放感。
D）その盗みは，怒りまたは報復を表現するためのものではなく，妄想または幻覚への反応でもない。
E）その盗みは，素行症，躁病エピソード，または反社会性パーソナリティ障害ではうまく説明されない。

　ここで注目したいのは基準Aについてです。

　「個人的に用いるのでもなく，またはその金銭的価値のためでもなく，物を盗もうとする衝動に抵抗できなくなることが繰り返される」

　盗んだものを「個人的に用いる」とは，万引きした食品を食べたり，衣類を着用したりといったことです。または，盗品を売って金品に換えるという人もいます。昨今はスマホなどから簡単に利用できるフリマアプリやオークションサイトを使って転売するケースも報告されています。盗ったものを，消費するなり何かしら自分の役に立てたりすることを「自己使用」といいます。欲しいものを狙って盗るわけでなく，盗れる条件がそろっていたから盗った，という人でも，せっかくだからその物品を使うこともよくあります。

　しかし真の窃盗症とは，この診断基準どおりに考えると盗んだものを自分で使うことが全くないというのです。ではなぜ盗むのか，と思われる方が当然いると思います。何かを欲しくて自分のものにするのならわかりますが，そうした人たちはただ盗みたくて盗む。より理解が難しい行動ですが，それこそが精神疾患とみなすための，外せない条件だとされているのです。

(3)　DSM-5 の A 基準は満たせない？

　けれど万引き常習者の中でこの基準を満たす人はほとんどいません。万引きで刑に服した人たちの実態を調査した「平成 26 年版犯罪白書」では，「前科のない万引き事犯者　動機・背景事情」を調査しています（【図表 1】）。
　ここで注目したいのは「自己使用・費消目的」と答えている人の割合です。男子ではすべての年代において 1 位，女子でも 29 歳以下は 1 位で，それ以外の年代では 2 位に位置しています。では，ここで「自己使用・費消目的」だと回答していない人たちが窃盗症なのかというと，そうではありません。「換金目的」という回答は，DSM-5 の診断基準 A にある「金銭的価値のため」に相当します。女性で多い「節約」から万引きするというのも，自分で使わないものでも結果的に家計が浮くのであれば，それも「金銭的価値」となります。ただし，臨床的には窃盗衝動のコントロールができない人でも自分の利益という側面があることが一般的で，その程度には個別性があります。つまり，自己の利益という側面と，衝動を制御できないという側面は並存していることがあるというのが私の臨床的な見解です。

(4)　自己使用の基準の壁

　また「空腹」と答えている人が盗んだものを食べていないとは考えにくく，そうすると多くの項目が結局は「自己使用・費消」しているので

【図表1】前科のない万引き事犯者　動機・背景事情（男女別，年齢層別）

① 動機

男子 (317)

年齢層						
29歳以下 (89)	自己使用・費消目的 56.2%	換金目的 48.3%	生活困窮 28.1%	節約 24.7%	盗み癖 14.6%	
30～39歳 (57)	自己使用・費消目的 38.6%	生活困窮 33.3%	換金目的 31.6%	節約 19.3%	空腹 17.5%	
40～49歳 (44)	自己使用・費消目的 52.3%	節約 43.2%	生活困窮 29.5%	空腹 22.7%	換金目的 13.6%	軽く考えていた 13.6%
50～64歳 (78)	自己使用・費消目的 52.6%	生活困窮 44.9%	節約 39.7%	空腹 37.2%	軽く考えていた 7.7%	
65歳以上 (49)	自己使用・費消目的 71.4%	節約 63.3%	軽く考えていた 18.4%	生活困窮 16.3%	空腹 12.2%	

女子 (229)

年齢層									
29歳以下 (22)	自己使用・費消目的 54.5%	節約 45.5%	換金目的 18.2%	生活困窮 13.6%	友人等に日常使い 13.6%	友人・知人の誘い 13.6%	盗み癖 13.6%	職業的 13.6%	自分で自由に使えるお金がない 13.6%
30～39歳 (40)	節約 65.0%	自己使用・費消目的 62.5%	生活困窮 20.0%	軽く考えていた 15.0%	盗み癖 12.5%	衝動的 12.5%			
40～49歳 (43)	節約 69.8%	自己使用・費消目的 51.2%	生活困窮 30.2%	盗み癖 14.0%	軽く考えていた 14.0%				
50～64歳 (68)	節約 75.0%	自己使用・費消目的 50.0%	軽く考えていた 25.0%	ストレス発散 16.2%	盗み癖 16.2%				
65歳以上 (56)	節約 78.6%	自己使用・費消目的 57.1%	生活困窮 17.9%	ストレス発散 16.1%	軽く考えていた 14.3%				

② 背景事情

男子 (247)

年齢層							
29歳以下 (76)	無為徒食・怠け習慣 34.2%	不良交友 26.3%	住居不安定 19.7%	家族と疎遠・身寄りなし 19.7%	収入減 17.1%		
30～39歳 (47)	就職難 19.1%	無為徒食・怠け習慣 19.1%	家族と疎遠・身寄りなし 19.1%	辞職・退学 17.0%	住居不安定 14.9%	習慣飲酒・アルコール依存 14.9%	近親者の病気・死去 14.9%
40～49歳 (33)	無為徒食・怠け習慣 33.3%	家族と疎遠・身寄りなし 33.3%	住居不安定 21.2%	辞職・退学 15.2%	習慣飲酒・アルコール依存 15.2%	体調不良 15.2%	近親者の病気・死去 15.2%
50～64歳 (61)	家族と疎遠・身寄りなし 37.7%	住居不安定 26.2%	無為徒食・怠け習慣 24.6%	就職難 19.7%	収入減 19.7%		
65歳以上 (30)	家族と疎遠・身寄りなし 26.7%	収入減 23.3%	近親者の病気・死去 23.3%	習慣飲酒・アルコール依存 10.0%			

女子 (156)

年齢層						
29歳以下 (20)	不良交友 15.0%	体調不良 15.0%	家族が犯罪者 15.0%			
30～39歳 (32)	体調不良 18.8%	収入減 15.6%	親子兄弟等とのトラブル 15.6%	配偶者等とのトラブル 15.6%	摂食障害 15.6%	
40～49歳 (29)	体調不良 27.6%	収入減 17.2%	配偶者等とのトラブル 17.2%	近親者の病気・死去 17.2%		
50～64歳 (41)	体調不良 36.6%	近親者の病気・死去 24.4%	配偶者等とのトラブル 22.0%	親子兄弟等とのトラブル 17.1%	家族と疎遠・身寄りなし 17.1%	
65歳以上 (34)	近親者の病気・死去 26.5%	家族と疎遠・身寄りなし 20.6%	収入減 14.7%	配偶者等とのトラブル 14.7%	親子兄弟等とのトラブル 11.8%	体調不良 11.8%

注　1　法務総合研究所の調査による。
　　2　それぞれの項目について該当した者（重複計上による。）の比率であり，各年齢層において上位5つの項目を示した（ただし，該当した者が3人以上のものに限る。）。
　　3　①については，背景事情が不明の者を除く。
　　4　①において，「自己使用・費消目的」は，空腹，換金又は収集目的以外の動機による自己使用又は費消の目的をいう。
　　5　②において，「体調不良」は，摂食障害又はてんかん以外の理由による体調不良をいう。
　　6　②において，「配偶者等」は，交際相手を含む。
　　7　（　）内は，実人員である。

（出所）平成26年版犯罪白書　第6編第4章第4節より
http://hakusyo1.moj.go.jp/jp/61/nfm/images/full/h6-4-4-1-11.jpg

はないかと推察されます。それほど，「自分は盗んだものを全く使わない」というのは稀なのです。私が知る，ただ1人の"真性の窃盗症"は，T字カミソリばかりを盗む男性でした。あの形を見てしまうと衝動後のスイッチが入り，とたんに自分でもわけがわからなくなり，気づけば万引きしている。普通の人には理解し難い行動を繰り返していましたが，彼自身にもその理由がわかりません。彼は電動シェーバーでヒゲを剃っているそうで，盗ったT字カミソリを自宅に溜め込み使ったことは一度もないのでした。でもそんな彼であっても，T字カミソリの前は食品などを万引きしていたようでそれは自己使用しています。いま彼は，おそらく刑務所で数回目の服役中です。

　他の基準は満たしているけれど，自己使用はしている。だから，窃盗症と認められない。けれど自己使用はしている万引き常習者の中にも，明らかにその行為に依存しており，治療が必要な人がいる——この悩ましい状況は，「診断基準A問題」といわれています。当事者や家族はもちろん，私たち専門医療サイドから万引き問題に携わる者，司法サイドから携わる人たちをも悩ませている，大きな問題です。

　万引き行為をやめられない人たちと，現実に接していると，"衝動制御障害という病"を抱えていることは明らかです。その中で「盗んだものを自分で使っているかどうか」はたしかに重要かもしれませんが，そうでなければ"病ではない"と判断するものでもないと感じます。自己使用しないというと先ほど挙げた，私が知る唯一の真性の窃盗症の男性のように，一切手をつけず保管しておくケースのほか，「捨てる」ケースもあります。他人に譲渡したり店内に再び戻すケースもあります。そのものが惜しくて盗んだのではなく，ただ盗みたくて盗んだのなら，盗み終わった後はそれが不要になるという考えです。つまり，「自己使用を全くしない常習者はほとんどいない。」となると，窃盗症と診断される人はこの世にほとんど存在しない，万引きが常習化している人たちの中でも窃盗症の人は極めて特殊な存在ということになります。私は，診断基準Aは職業的窃盗犯や貧困により繰り返す窃盗を除外するという解釈が最も臨床的に自然であると考えています。

　厳密な意味では窃盗症と診断されなくとも，明らかに万引き行為に耽溺し，それによって生活に支障が出て，家族も周囲の人も困り果てている。でもやめられない。その上で，万引きによって得られるメリットと，それによって失うデメリットの間に大きな開きがある場合（行為の不合理性），厳密には窃盗症でないにしても「万引き依存症」とみなして治療の対象とすべきです。そうしない限り，万引きを繰り返す人が増えることはあっても減ることはないでしょう。それでは本人も家族も苦しく，また社会的損失や経済的損失も大きすぎます。

(5)　窃盗症と量刑判断の問題

　ではなぜ，こんなに厳しい診断基準が設けられているのでしょう。
　理由はいくつか考えられますが，裁判における問題が大きいと私は思います。最近では繰り返す万引きで逮捕され，起訴された人が，公判で窃盗症であることを主張することが増えてきました。病気だからといって，彼らがしたことが犯罪であることは動かしようのない事実で，法のもと適切に裁かれるべきです。被害店舗にしても，その人の背景に窃盗症の問題があろうがなかろうが，盗まれ，損失を被った事実に変わりはありません。店舗側は生活そのもの（命）がかかっている人もいます。ですから，窃盗症であること自体が，量刑を左右することはあってはなりません。しかしその一方で，自らの病に真摯に向き合い継続的に再犯しないように治療に取り組んでいることを提示できれば，それが判決の中で評価されることはあります。
　「私は窃盗症と診断されていて治療しています」というのが，罪を軽くしてもらうために利用されてはならない，だから窃盗症の診断基準を厳しく判断すべきであるというのが司法サイドの思惑ではないでしょうか。万引きで裁かれる人が，全て窃盗症だという主張が集中すれば，たしかに司法の現場は混乱し，検察側の訴訟指揮にも影響が出てくるでしょう。実際，治療実績や治療可能性を主張したところでそう簡単に量刑は動きません。ですが，少しでも量刑を軽くしたいという不純な動機

でクリニックを受診する人がいるのも事実です。当クリニックでも，そうした人に遭遇することはあります。「まじめに治療します」と言いながら，裁判で執行猶予判決が出れば，きっと通院はしないのだろうなと思われる人たちです。

　しかし，だからといって常習的に万引き行為をする人たちの治療をそのままにしておくことはできません。ひとりの人が何度も罪を犯し，何度も裁判にかけられ，何度も服役して，それでも止まらない現実の背景には，莫大な我々の税金が投入されており，誰にとってもプラスはありません。そこで，当クリニックでは，1 人 1 人ゆっくり時間をかけて問診して総合的に判断し，診断基準 A に限ってその文言どおり完全に満たしていなくても，職業的窃盗犯や貧困が理由での常習的窃盗犯でなければ「窃盗症という依存症」であるとみなし，再発防止モデルに基づいたアプローチで行動変容を促していきます。

3　刑罰か，治療か？

(1)　窃盗症患者の本音

　「逮捕されなければずっと続けていましたか？」

　これは当クリニックのプログラムに参加している窃盗症の人たちに対して初診時に必ず投げかける質問です。彼らは決まって「はい」と言います。これは他の，犯罪行為になる依存症にも共通する現象です。薬物も痴漢もほとんどの人が同じ返答をします。

　自分ではもうやめられない，もうどうにもとまらない。家族や店舗の人の言葉でやめられるなら，とっくにやめている。薬物依存症のある著名人が逮捕のとき警察官に「（逮捕に）来てもらって，ありがとう」と言ったと報道されましたが，同じ心境だったと打ち明ける窃盗症患者は多数います。もうどうしていいのかわからないまま犯行を重ね，それがやっと逮捕という形で止まる。そのことにほっと安心するのだそうです。万引きという，犯罪行為をしておきながら，ありがとうもほっとするも，

ずいぶん身勝手な考えです。けれど，これが彼らの本音なのです。

(2)　盗まない日々への変容の難しさ

　窃盗症に陥ると，盗むことが日常化します。中には息を吸うように，呼吸をするように万引きを繰り返してきたと語る者もいます。日常生活の中で，盗んだものを目にしない日はありません。そんな中で「これまでの自分と変わる」というのはとても難しいことで，意志が弱いとか強いとかは関係ありません。まずは，ずっと続いてきたその日常を断ち切ること。それが彼らが「盗んでいた日々」から「盗まない日々」へと変容していく第一歩です。しかし窃盗症の難しさは，「逮捕されなければ変われない」一方で，「逮捕だけでは変われない」点にあります。それは万引きの再犯の高さにも表れています。

(3)　万引き事犯者と再犯─犯罪白書より

　「平成26年版犯罪白書」はサブタイトルに「窃盗事犯者と再犯」とあり，万引きをはじめとする窃盗における再犯がさまざまな角度から考えられています。再犯とは，一度検挙された者が，再び罪を犯して検挙されることをいいます。このうち第6編・第4章・第4節では特に「前科のない万引き事犯者」についての分析が重ねられます。全体の約4分の1，これが万引き事犯者の再犯率です。これはとても高い再犯率です。その他の犯罪もわずかに含まれますが，ほとんどが窃盗で再犯しています（【図表2】）。

　窃盗にはさまざまな手口がありますが，同調査では「前科のない万引き事犯者のうち窃盗再犯を行った者」136人中，9割以上が万引きで再犯していることも明らかになっています。傾向として，万引きの罪を犯した人は次も万引きで再犯するといっていいでしょう。年齢別に見ると男性の40〜49歳，女性の65歳以上が特に高く，女性は全体として年齢が上がるほど再犯率が上がります。注目してほしいのは，窃盗の「前

【図表2】 前科のない万引き事犯者 再犯率（総数・男女別）

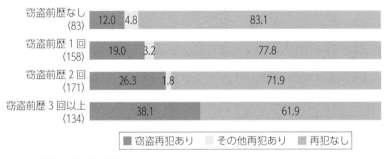

	窃盗再犯あり	その他再犯あり	再犯なし
総数 (546)	24.9	2.2	72.9
男子 (317)	23.7	3.2	73.2
女子 (229)	26.6	0.9	72.5

注1 法務総合研究所の調査による。
　2 （ ）内は，実人員である。

（出所）平成26年版犯罪白書 第6編第4章第4節より
http://hakusyo1.moj.go.jp/jp/61/nfm/images/full/h6-4-4-2-01.jpg

【図表3】 前科のない万引き事犯者 窃盗前歴の有無・回数別再犯率

	窃盗再犯あり	その他再犯あり	再犯なし
窃盗前歴なし (83)	12.0	4.8	83.1
窃盗前歴1回 (158)	19.0	3.2	77.8
窃盗前歴2回 (171)	26.3	1.8	71.9
窃盗前歴3回以上 (134)	38.1		61.9

注1 法務総合研究所の調査による。
　2 （ ）内は，実人員である。

（出所）平成26年版犯罪白書 第6編第4章第4節より
http://hakusyo1.moj.go.jp/jp/61/nfm/images/full/h6-4-4-2-03.jpg

歴」があるかないか，ある場合はその回数別に見た再犯率です（【図表3】）。

　ここでいう「窃盗前歴なし」は必ずしも「万引き経験がない」とイコールではありません。一瞥して，前歴が多いほど再犯率も高いことがわかります。犯罪白書では「万引き事犯者」と大きなくくりで調査しているため，その背景にあるものは見えてきません。例えばこの中には摂食障害の問題を抱えている人や，認知症や強迫性障害などの問題が絡ん

【図表4】前科のない万引き事犯者　「生活困窮」該当の有無別再犯率
　　　　　　（男女別）

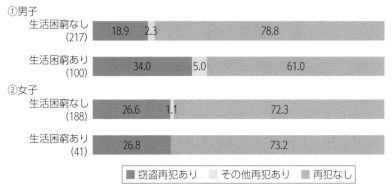

①男子

生活困窮なし
(217)　18.9　2.3　78.8

生活困窮あり
(100)　34.0　5.0　61.0

②女子

生活困窮なし
(188)　26.6　1.1　72.3

生活困窮あり
(41)　26.8　73.2

■ 窃盗再犯あり　　■ その他再犯あり　　■ 再犯なし

注1　法務総合研究所の調査による。
　2　（　）内は，実人員である。

（出所）平成26年版犯罪白書　第6編第4章第4節より
http://hakusyo1.moj.go.jp/jp/61/nfm/images/full/h6-4-4-2-06.jpg

で万引きしている人がいるはずですが，それは数字には表れません。しかし，生活状況について調査した項目はあります（【図表4】）。

　男性の場合は生活に困窮している人ほど再犯しやすい傾向が見て取れますが，女性は生活状況が再犯に影響することはあまりないようです。生活困窮から万引きをした人の割合はそもそも男性のほうが高い傾向にあるので，そのことも影響しているのでしょう。就労状況別に再犯率を見たときも同様のことがいえます。男性は安定した職業に就いているか，不安定な職業なのか，はたまた無職なのかで，再犯率にはっきりとした差が出ていますが，女性の場合はそれには左右されないようです（【図表5】）。

　一方で経済状況別再犯率を見ると，男性は収入が上がるほど再犯率が下がります。これはある意味わかりやすく，買えるお金があるのであれば盗まないということです。しかし女性は収入が増えるのと反比例して再犯率が増えます。女性が万引きする理由も，再犯する理由も「お金」ではなく別のところにあるのだろうということが見えてきます。これは

【図表5】前科のない万引き事犯者　就労状況別再犯率（男女別）

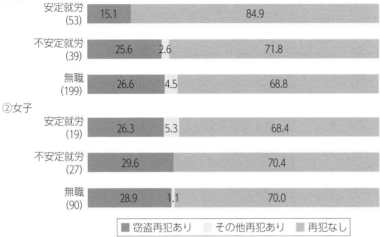

①男子

安定就労 (53)　15.1　|　84.9

不安定就労 (39)　25.6　2.6　|　71.8

無職 (199)　26.6　4.5　|　68.8

②女子

安定就労 (19)　26.3　5.3　|　68.4

不安定就労 (27)　29.6　|　70.4

無職 (90)　28.9　1.1　|　70.0

■窃盗再犯あり　　その他再犯あり　　■再犯なし

注1　法務総合研究所の調査による。
　2　就労状況は，調査対象事件の犯行時のものであり，複数の窃盗事件がある場合には最初の犯行日による。
　3　「安定就労」は，会社員等の正規被雇用者をいう。
　4　「不安定就労」は，不定期派遣，アルバイト等をいう。
　5　自営・会社役員，学生・生徒，主婦・家事手伝い及び犯行時の就労状況が不明の者を除く。
　6　（　）内は，実人員である。

（出所）平成26年版犯罪白書　第6編第4章第4節より
http://hakusyo1.moj.go.jp/jp/61/nfm/images/full/h6-4-4-2-11.jpg

第5章

窃盗症における地域トリートメント

非常に興味深いデータです（【図表6】）。

　服役した後に社会に戻ったところで，経済状況は改善されないことがほとんどです。残念なことですが，前科があれば就労は困難な現状があり，社会復帰できず経済的にさらに厳しくなることも考えられます。そうなれば服役以前に生活のために万引きをしていた人は，再び同じ理由から万引きせざるを得ないでしょう。そうならないための支援，治療環境づくりが必要です。

【図表6】前科のない万引き事犯者　経済状況別再犯率（男女別）

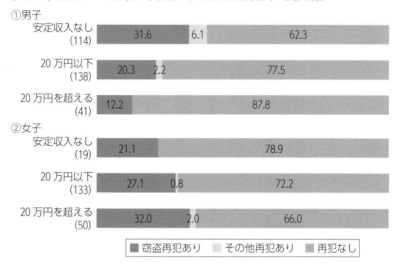

①男子
安定収入なし（114）: 31.6 / 6.1 / 62.3
20万円以下（138）: 20.3 / 2.2 / 77.5
20万円を超える（41）: 12.2 / 87.8
②女子
安定収入なし（19）: 21.1 / 78.9
20万円以下（133）: 27.1 / 0.8 / 72.2
20万円を超える（50）: 32.0 / 2.0 / 66.0

■窃盗再犯あり　■その他再犯あり　■再犯なし

注1　法務総合研究所の調査による。
　2　経済状況は，調査対象事件の犯行時のものであり，複数の窃盗事件がある場合には最初の犯行日により，金額は手取り月収である。
　3　経済状況が不明の者を除く。
　4　（　）内は，実人員である。

（出所）平成26年版犯罪白書　第6編第4章第4節より
http://hakusyo1.moj.go.jp/jp/61/nfm/images/full/h6-4-4-2-12.jpg

（4）　刑務所などでの服役経験による「無効化」

　同じことが，別の問題を抱えている人にもいえます。刑務所は罪を犯した人が「反省」をし，自らの犯した罪と向き合って，更生する場所です。けれど，その人の持つ問題を解決してくれる場所ではありません。窃盗症を治療する場所でもありません。刑務所にいる間は原則万引きできません。それが本人のまやかしの自信になることもあります。

　これは服役経験のある薬物依存症の人からもよく聞く話です。彼らはこれを「無効化された状態」と表現します。自分の中にいた，薬物への悪魔のような渇望が力を失うのです。刑務所の中では薬物は手に入れることも使うこともできないことを知っているため，当然のことです。

そして「自分はこれで真人間になった」「依存症が治った」と思い込むのです。憑き物が落ちたような気分になり、「出所してからも、もうそんな気は絶対に起きないはずだ」という偽りの自信まで湧いてくる……のですが、これは錯覚でしかありません。逆説的ですが、彼らにとって刑務所ほど安全な環境はありません。そこから社会に戻ったとき、彼らが薬物に耽溺するに至った根本的な問題が解決しておらず、薬物が入手できる環境にあれば、出所時の「もう二度と手を出さないぞ！」という固い決意が破られるのは時間の問題です。一度依存症になると、意志の力ではどうにもならないのです。どうやら、窃盗症の人たちも「これでもう盗らない自分になれる」と思うようです。けれど、スーパーもコンビニもないところで得た自信は、いわゆるシャバに戻ったときにほとんど意味をなしません。

(5)　模範囚としての服役と再犯

ここでもう一度、「犯罪白書」のデータを見てみましょう。出所してから再犯するまでにかかる時間を調査した結果、ほとんどの人が1年以内に再犯しています（【図表7】）。

けれど、何度も言いますがこれは検挙された万引きであって、出所してからそれまでの間にどれほどの盗みを重ねてきたかは、決して表に出てきません。お店で確保されたけど警察に通報されなかった、お店の人に見つかってすらいないと、それは再犯にカウントされないからです。

2017年に刊行された『万引き女子〈未来〉の生活と意見』（福永未来著、太田出版）は万引きというジャンルでは珍しい当事者本ですが、著者は二度服役し、その都度、出所したその日に万引きをしていたことを記しています。刑務所にいる間、彼女は模範的な態度で評価されていました。当クリニックに通院している人たちの話を聞いても、これは窃盗症患者にとっては珍しい話ではないとわかります。元々がまじめな性格の人たちなので、刑務所では模範囚。でもそれで「盗まない自分」になったわけではありません。社会に戻り盗める環境になったから、盗んだ、刑務

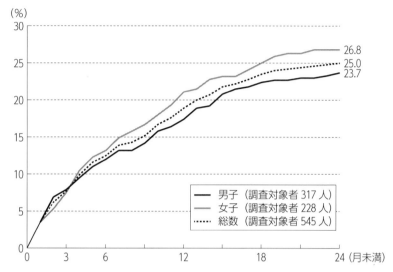

【図表 7】前科のない万引き事犯者　窃盗累積再犯率（総数・男女別）

注 1　法務総合研究所の調査による。
　 2　調査対象事件において，懲役（実刑）に処せられた者を除く。
　 3　調査対象事件の裁判確定日から窃盗再犯の犯行日（複数の窃盗再犯がある場合には最初の犯行日による。）までの日数を計上している。
　 4　月数の算出においては，1 か月を 30 日として計上している。
　 5　調査対象事件の起訴後・裁判確定前に窃盗再犯を行った者については，1 月未満として計上している。

（出所）平成 26 年版犯罪白書　第 6 編第 4 章第 4 節より
http://hakusyo1.moj.go.jp/jp/61/nfm/images/full/h6-4-4-2-13.jpg

所の中で窃盗症はよくも悪くもなっていなかった……というシンプルな話です。

(6) "不十分"な実刑判決

　元裁判官という経歴をもつ知り合いの弁護士から，「この人を刑務所に行かせても，出たらまたやるんだろうなぁ」と思いながら実刑判決を下していた，という話を聞いたことがあります。おそらく，検察官や弁護士など，常習の窃盗事件の裁判に関わる人みんなが同じことを思って

いるでしょう。今の日本の司法にはそれ以外の選択肢がないのです。万引きがやめられない人たちと接している人ほど，「罰を与えるだけでは，彼らは万引きをやめられない」ことをよく知っています。罪を犯した人が，裁判で判決を受け，その刑に服する。それ自体はとても重要なことです。けれど，それだけでは不十分なのです。万引きによる社会的損失は増大するだけで，盗んでいる本人たちもやめられずに苦しいままです。

(7)　アメリカのドラッグ・コートと治療的司法

　アメリカでは薬物依存症者に対しては，通常の裁判ではなく，ドラッグ・コート（薬物裁判所）といわれるところで扱われます。処罰ではなく，治療を受けさせることで依存状態を改善し，再犯を防ぐことを目的とした司法システムです。これを近年では，治療的司法（TJ）といっています。飲酒運転等を対象とした「DUI（driving under the influence＝飲酒や麻薬の影響下での運転）コート」もあります。アルコールの問題がある人による飲酒運転が社会問題となっている国のいくつかでは，処罰ではなく半年〜1年のプログラムを強制的に受けさせることを義務づけています。これを「治療的保護観察」といいます。ドラッグ，アルコール……これらは物質依存の代表選手です。窃盗症は，行為・プロセス依存の中でもこれから増えていくに違いない代表格です。この治療的司法を応用できることは間違いがなく，ぜひ将来的には「クレプトコート」と言われる窃盗症専門の裁判が行えるような体制が整うことを願います。とはいえ，今の日本社会にそのシステムがないことは厳然たる事実です。刑務所の中でも外でも，治療と教育を継続的に受けられる仕組みがありません。

　性犯罪や薬物犯罪には，刑務所内で特別改善処遇といわれる教育プログラムが基幹施設で行われています。それがどこまで徹底されていて，効果を出しているかという議論はさておき，プログラムがあるということは「ここを出たら同じことをしないように」というメッセージを発していることにもなります。万引きを繰り返す人たちはどこにおいてもそういう専門的な教育プログラムがないとなれば，社会の中で行うことが

求められます。刑務所を出た後の彼らは，社会の中で生きていく存在だからです。盗んでしまう自分として生きてきた彼らが，同じ社会の中でどうすれば「盗まない自分」であり続けられるか。当クリニックのプログラムは，この考えを原点としています。

第2 治療プログラム

1　治療の三本柱

　当クリニックにおける窃盗症の治療は，医師と患者が1対1で向き合い，精神療法を中心に治療をしていくというものではありません。特別な薬も出ません。そもそも万引きをとめる薬はありません。同じ窃盗症の問題をもつ仲間と一緒に，認知行動療法と呼ばれるアプローチで盗まない自分に変わっていきます。

　認知行動療法とは，現在依存症臨床において最も効果的な治療方法の1つで，クライエントの不適応状態に関連する行動的，情緒的，認知的な問題を治療標的とし，学習理論をはじめとする行動科学の諸理論や行動変容の諸技法を用いて，不適応な反応を軽減するとともに，適応的な反応を学習させていく治療方法です。

　そのプログラムの際，私たちオリジナルの「ワークブック」を使います。窃盗症からの回復の道筋を示すテキストです。ワークブックは12のセッションから成り立っています。1セッションを2週間で完了し，約半年間で1クールを終了します。現在，ワークブックは第8版を使用しています。私たちが参加者の反応を見て，それを次の版にフィードバックしてどんどんブラッシュアップをはかっています。治療には，次に紹介する「三本柱」があります。参加者にもこれを説明し，よく理解した上ではじめてもらいます。以下で，その三本柱を紹介します。

(1)　通院治療（デイナイトケア）

　当クリニックでは「盗めない環境で盗まないのではなく，盗める環境で盗まない」ことを目指し，朝9時から夜7時までの「デイナイトケア」に通う中でさまざまな治療カリキュラムを受けてもらいます。これを週3回以上，少なくとも1年間は継続します。我が国ではまだまだ窃

【図表8】1週間のプログラム例

	月	火	水	木	金	土
AM	教育 プログラム	K-RPG	ミーティング	K-RPG	心理教育	フロア運営 ミーティング
	食事プログラム	食事プログラム	食事プログラム	食事プログラム	食事プログラム	食事プログラム
PM	芸術行動療法	ボールゲーム ウォーキング	芸術行動療法	ボールゲーム ウォーキング	芸術行動療法	ボールゲーム ウォーキング
NT	クレプト ミーティング	クッキング	映画鑑賞	朗読会	クレプト ミーティング	カラオケ
	食事プログラム	食事プログラム	食事プログラム	食事プログラム	食事プログラム	食事プログラム

※K-RPG（Kleptmania-Relapse Prevention Group）はこの再発防止プログラムの柱で，半年で1クール（12セッション）×2回の受講が必要になります。このプログラムは，ワークブックを用いて実施し，反復する窃盗行動のメカニズムや再発防止のリスクマネジメントを学ぶ上で欠かせないプログラムです。また，何度でも反復して学習することで効果が上がることから何度でも受講が可能です。

盗症は，入院治療が中心に行われています。通院治療，特にデイナイトケアに特化して専門的なプログラムを行っているところは我が国では当クリニックだけで，だからこそ入院治療と同じ密度で回復を目指すには，このくらいの濃密な時間が必要です。

　仲間と1日を過ごし，食事も一緒に摂ります。その中では対人関係や行動パターンなど，その人が抱えているいろんな問題があぶり出されます。ワークブックの内容だけでなく，何かあればそのこともテーマとしてとり上げ，ミーティングで分かち合いを行い仲間と意見を交わします。ときに，院内で「物がなくなった」「誰かが盗んだんじゃないか」という騒動もおきます。これは入院治療でも同じではないでしょうか。そのときに徹底的に犯人探しをし，やった人を突き止め断罪するのではなく，私たちはこれをどう治療に活かすかを考えます。全員にとっての，学びの場とするのです。重要なことは「我々はこの問題から何を学ぶのか？」です。自分の私物を盗られることで，はじめて「盗られた側の気持ち」がわかる人もいます。グループで起きた全てのことが，気づきのチャンスになるのです。

　週3回以上通院するとなると，おのずと生活のリズムも整います。規則正しい生活や定期的な運動は依存症の回復において重要で，そのリズ

ムが乱れたときは危険なサインだとみなします。再発のリスクが高まっ
ているということです。また，家庭内のさまざまな問題がきっかけで万
引きを始めてしまい，やがて窃盗症となった人にとっては，長時間家を
離れていることがプラスに働きます。その間，家事労働や介護などのケ
ア労働から物理的にも心理的にも距離が取れることで解放されるからで
す。それまでその人が担っていた家庭内のタスクは他の家族が分担して
行うか，外注されることが多いです。問題行動を引き起こしていた要因
の根本的な解決につながることもあります。

　こうして万引きを行わない状況に変えていくことを「環境調整」とい
います。入院もそうした側面がありますが，社会にいながらにして適切
な環境を作っていくことが重要だと私たちは考えています。

(2)　再発防止（リラプス・プリベンション）

　クリニックのプログラムで最終的に目指すのは，窃盗症からの回復で
す。これは盗まない生き方を継続することや，失った自尊心を取り戻し，
断絶した家族関係を再構築していくことで少しずつ実現していきます。
しかし，日々の中で取り組んでいくのは，まず第一に「再発」の防止で
す。

　アルコール，薬物，ギャンブルでも，再発することを俗に「リラプ
ス」といいます。私たちが使う専門用語では「relapse prevention＝リ
ラプス（再発）・プリベンション（防止）」といいます。

　アディクションの治療では，再発のことを「ラプス」(lapse)，「リラ
プス」(relapse) と区別をします。前者は，「スリップ」とも呼びますが
一時的な再発のことで，後者はこのラプスをきっかけとして治療前の状
態に完全に戻ってしまうことを指しています。では，なぜこの区別が大
切かというと，治療がうまくいっていたとしても，ラプスは現実的にし
ばしば生じてしまうからです。

　アルコール依存症治療でも，薬物依存症治療でも，治療中に再飲酒，
再使用してしまうということは頻繁に生じます。私たちはそのことを念

頭に置いて治療を継続します。重要なことは，そこから「リラプス」へと発展してしまわないようにすることです。もしそこで再発＝失敗であると受け止めて，治療をやめてしまったら，たちまちリラプスへと発展してしまいます。ここで重要なのは，その「再発」から学ぶことです。何が原因で，今回の「再発」に至ってしまったのか，次はどのような引き金や警告のサインに気をつければいいのか。つまり「再発」から学ぶことはたくさんあるのです。

　さらに，再発防止を念頭に治療を継続し，回復に積極的に取り組むということは，自分がこれまでしてきたことへの責任を果たすことにもなります。これを「回復責任」といいます。

　誰も窃盗症の当事者として生まれてくるわけではありません。また，将来窃盗症になりたいと思って生きているわけではありません。窃盗症といっても，病気になってしまったこと自体は変えられないことです。そのことで本人を責めても仕方ありません。ほかの病気と同じく，さまざまな外的もしくは内的要因が複雑に絡み合い現在の状態に至っているため，そこに本人の責任はありません。しかし，長きにわたって犯罪行為を繰り返してきたこともまた事実です。であれば，そこから回復していく責任は，本人にあります。再発防止は，その中心にある考えです。

(3)　自助グループ (KA : kleptomaniacs Anonymous)

　窃盗症の自助グループを KA（kleptomaniacs Anonymous）といいます。自助グループとは，依存症の回復にとって重要な共同体で全国各地でその活動が展開されています。

　自助グループの原型は，1930年代のアメリカにあります。アルコール依存症の問題を抱えた2人のアルコール依存症者（ビルとボブ）が出会い，お互いに体験談を分かち合っている間は酒を飲むことを考えない，という発見から生まれました。そこから，グループで話をして苦悩を分かち合い，ともに回復を目指すスタイルに発展しました。12ステップと12の伝統をもとに，さまざまな依存症の回復に取り入れられていま

すが，それを窃盗症にも応用しているのです。クリニックで出会う仲間
は窃盗症からの回復を目指す中で，かけがえのない存在になります。た
とえ家族といっても「理解されていない」という孤独感や劣等感，絶望感
を抱えていた人たちにとって，同じ苦しみを持つ人たちの出会いは何に
もかえがたい体験です。

　自助グループの場では，正直でいることが求められます。人が発言し
たことに対し，たとえ自分の意見と違っても否定したり非難したりせず
話を聞く「言いっ放し，聞きっぱなし」というルールもあります。利害
関係なく，安心して自分の内面を語れる場を得ることは，再発防止につ
ながります。逆にいうと，仲間の前で正直に語れなかったときや嘘をつ
いてしまったときは何らかの危険なサインかもしれません。依存症に
「完治」はありません。アルコールも薬物もギャンブルも，そして窃盗
症と診断されたら「私たちはこれからも常に再発するリスクがある」と
いう意識を持たなければなりません。彼らはともすると，自分がこれま
でしてきた犯罪行為をいとも簡単に忘れます。特にクリニックに通って
いるあいだは，万引き行為がストップするので「病気」であるという自
覚を失いがちになるのです。これは受刑中も同様です。けれど，今盗ん
でいないことはこれまで繰り返し盗んできたことを帳消しにするもので
はないですし，これを認識していないと突然家族から過去のことを責め
られたとき「なぜ今はやってないのに過去のことを責めるのか？」と対
立構造になりがちです。そのことをよく心得ておく必要があります。そ
して「盗まない1日」を積み上げていくのです。回復に向けた取組とは
このように一生続く長く険しい道のりなのです。

　全国的に見て，依存症治療ができる施設自体は増えてきました。しか
し窃盗症の問題で悩んでいる本人やその家族が，どんな病院にかかって
いいかわからず，精神科を訪れることがあります。また，逮捕に伴うさ
まざまな社会的損失により，その喪失感から抑うつ状態になっている
ケースも多いため，うつ病という主訴で，万引きのことは隠して受診さ
れることもあります。そうすると，本来の「繰り返す万引き行為がやめ
られない」という治療の趣旨からは遠のいていきます。

　一方で，精神科ではまだ「人は万引きに依存することがある」とはあまり知られておらず「それは病気ではない，犯罪だ」と言われることも多いです。たしかに，犯罪行為であることは間違いありません。また，過度な病理化は本人の行為責任を隠蔽する機能があります。ですが，そう言われてしまえば，藁にもすがる思いで受診した人は気持ちが打ち砕かれるでしょう。本人はやめたくてもやめ方がわからないのです。

　窃盗症には窃盗症に合った回復のためのアプローチがあります。専門外来で治療に当たる，通院治療で回復をしていく病であるということがもっと知られてほしいと思います。

2　K-RPG (Kleptomania-Relapse Prevention Group)

(1)　ワークブックによる学び

　当クリニックでは，繰り返す万引き行為をやめ続けるための専門のワークブックがあります。これは現在，薬物依存症の治療で使用されている「SMARPP：Serigaya Methamphetamine Relapse Prevention Program：せりがや覚せい剤依存再発防止プログラム」を行為・プロセス依存バージョンに改良したものです。ワークブックにある12段階のセッションを通じて学ぶのは，盗まないためのスキルです。ここでは万引きの具体的なやめ方を教わります。それは同時に，自分の万引きのパターンについて徹底的にふり返ることでもあります。なぜ万引きをはじめたのかは，ここでは詳しい原因は問いません。依存症になるに至った背景やそれを継続してきた環境について検証はしますが「そもそもなんで万引きなんか始めちゃったの？」や再発時「なぜまたやったの？」と問いかけたところで，後づけのような理由しか帰ってきません。本人が自分でそれを信じ込んでしまうこともあり，それは回復の妨げになります。

　ここでは，どのようにして盗んでいたのかに目を向けます。彼らは「わけのわからないうちに盗っていた」「何も覚えていない」といいます。大変無責任ですが，自身の衝動制御に何らかの問題があるがゆえの発言

です。しかし，彼らがふり返るべきは盗った瞬間もさることながら，どんなときに万引きしていたのか，そのときの気持ち，実行するまでの過程です。また，なぜ繰り返す必要があったのかも重要な視点です。再発とは，その瞬間，瞬間に起きるものではありません。それは，日常生活や身近な人間関係の連鎖プロセスの中に端を発しています。

(2)　具体例1

症例3：D（主婦・60代）のケース

　クリニックに通院をはじめたのを機に，Dさんはこれまで万引きを繰り返していたドラッグストアをはじめ，スーパーには一切近づかないようにしました。日々の買い物は食材宅配サービスや通販を利用しています。

　通院治療を始めてから半年が経ち，万引きを繰り返していた時期から比べるとずいぶん生活も落ち着いた頃，家計が気になりはじめました。通販などはどうしても割高になりますし，今後の裁判費用や通院医療費でお金がかかっているのも心苦しかったのです。

　通院日以外はパートで働きたいと夫に相談したところ，夫はろくに話も聞かず「お前にはまだ無理だ。一体どういう身分だと思っているんだ！」と言いました。夫が一度言ったら，会話は成り立たず何を言っても無駄だとDさんは知っています。

　翌日，Dさんはある調味料が切れていることに気づきました。それがないと夕食の支度が進みません。食材宅配サービスでは間に合わない。近所のスーパーに行くしかない。半年も万引きしていないし，ちょっとぐらいなら大丈夫だよね……。

　Dさんはスーパーで万引きを再発しました。その瞬間は夫に仕返しできたような気分になり一瞬スッと心が晴れましたが，すぐに猛烈な後悔と罪悪感に襲われました。

　Dさんはスーパーに行ったから万引きをしたのではありません。そこに至るまではいくつかの段階があります。Dさんはそれぞれの段階で，「盗む準備」を整えてきました。本人は，はっきりとは意識していません。でもそのときどきの選択が，再発へと彼女をあと押ししているのです。

　クリニックに通うなかでDさんは，自身のトリガーが夫との抑圧された関係性やモラハラにあると知りました。より正確にいうなら，高圧的な夫に言いくるめられたときの悔しさや無力感，反論できない自分への苛立ち，そして強い劣等感……そのとき感じたストレスへのコーピングとして，彼女は万引きを繰り返していたのです。夫の態度にも問題はありますが，かつてと同じ状況になったときにどうすればいいのかをDさんはクリニックで学習してきました。ですが彼女はパートを却下されたとき，その方法で何ともいえない劣等感に対して対処することを選びませんでした。

　次に，調味料です。切らしていたのはたまたまでしょうが，彼女には「その調味料を使わないメニューに変更する」選択肢も，自分でスーパーに行かず，夫ないしは他の家族に買ってきてもらう選択肢もありました。そうしなかったのは，彼女が万引きをどこかでしたかったからです。気づかないうちに，実行すると自分で決めたからです。だから，問題行動への連鎖を止めませんでした。

　その連鎖とは，次のようなものです。

(3)　問題行動への連鎖

引き金（内的・外的）→ 思考（認知の歪み）・感情 → 渇望 → 万引き

　いったんトリガーが引かれ，そのまま何もしなかったらどうなるでしょう。

　次の段階に進むと「盗りたい」が「盗ってもいいだろう」になり，し

【図表 9】引き金（trigger）

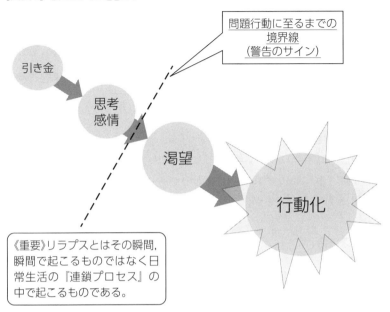

問題行動に至るまでの
境界線
（警告のサイン）

引き金

思考
感情

渇望

行動化

《重要》リラプスとはその瞬間，
瞬間で起こるものではなく日
常生活の『連鎖プロセス』の
中で起こるものである。

第5章

窃盗症における地域トリートメント

　まいには「絶対に盗る」へと変わっていきます。最初は小さかった雪の
かたまりが，坂道を転げ落ちるとどんどん大きくなり，加速していくイ
メージです。こうなるともう止まりません。
　できれば引き金の段階で，遅くとも思考・感情の段階で介入する必要
があります。渇望まで行くと条件反射のスイッチが入り，あとは行動を
起こすだけになっているので，そこから自分を止めるのはかなり難しい
です。でも，そういう場面も想定して，あらかじめクライシスプラン
（危機介入計画）を立てておきます。具体的には，リスクマネジメントプ
ランを活用します（213頁参照）。引き金が引かれたとき，跳ね上がった
再発のリスクに対して何をするか，誰に助けを求めるかなどの対処法を
あらかじめ考えておき，何かあったときにそれを実践するのです。適切
なタイミングで，そのリスク状態にふさわしいコーピング（対処行動）
を実施します。

　しかしその前にまず，自分にとって何が引き金なのか，そのときにどんな思考・感情に支配されているのか，ハイリスク状況や渇望とはどんなものなのかをよく把握する作業が必須なのです。

　ここからは，引き金が引かれてから万引きにいたるまでのプロセスを順番に説明します。先に起きるプロセスが次のプロセスを引き起こすという，再発の連鎖があります。

①　引き金

　これには内的（思考・感情・生理反応・記憶など内的要因）なものと外的（人・場所・物・状況など外的要因）なものがあります。まさに行動への引き金が引かれるわけですが，これはいくつかのカテゴリーに分けられます。

（症例の場合）

> ・人　：自分に無理を強いている夫，介護が必要な義母，批判的な会社の上司など
> ・場所：いつも買い物にいくスーパーやドラッグストア，家庭内や職場内など
> ・時間：買い物に行く時間や，仕事から帰る時間，タイムセールの時間など
> ・状況：睡眠不足である，生活のリズムが乱れている，急に暇な時間ができるなど
> ・感情：イライラ，孤独感，怒り，自己否定感，劣等感など

　ワークブックを使ったセッションでは，過去の自分がどんなときに万引きしていたのかをつぶさに思い出し，書き出します。

　最初は漠然としていても，ふり返るうちに「こっちが必死で節約しているのに，夫が隠れてギャンブルをした翌日は必ず万引きをしていた」「義母の介護で寝不足の日は，仕事帰りにコンビニでお菓子を盗っていた」のように，徐々に自身の問題行動のパターンが見えてきます。これ

は坂道の上にある小さな雪玉が，いまにも転げ落ちようとしているところです。「このままいくと万引きをしてしまうぞ！」という警告のサインが出ているといってもいいでしょう。意識をしていればある程度避け得る引き金もあれば，自分の努力では避けきれない引き金もあります。

　例えば近所のスーパーが引き金であれば，プログラムに通う多くの人は，Ａさんのように通販を利用して近づかないようにしています。または買い物時は，必ず家族同伴でというルールを作っているケースもあります。エコバッグを持参するときに万引きしてしまう場合は，必ず透明のバッグを持参するようにします。

　その一方で，家族の態度や感情などはこちらでコントロールできるものではありません。こういうことは言わないでほしいと話し合うことはできますが，思い通りにはならないと考えておいたほうがいいです。ここでも家族が家族支援グループ（KFG）につながることで微妙な温度差は徐々に埋まっていきます。引き金は日常の至るところにあります。避けきれないなら，引き金が引かれたときにどう対処すればいいのかを考えておかなければ，あっという間に再発するでしょう。

　いかに効果的にリスクを回避するかが治療初期の段階での大きな課題です。自身のリスクや引き金を知ることは，ウィークポイントを知ることであり，その自身の弱さを知ることがやめ続けていく上での強さに変わっていくのです。

②　思考・感情

　引き金が引かれると，それまで繰り返してきた問題行動に対して思考・感情が動きます。どんなふうに動くかというと，問題行動に対して期待するのです。そして自分の中で生まれたその期待に応えるために，問題行動を起こすことになります。具体例を挙げましょう。

> 思考・感情　こんなにむしゃくしゃするんだし，最近ずっと万引きしていなかったから，少しぐらいなら盗ってもいいだろう。

→ 期待 万引きしてストレス発散したい，スッとする感覚をもう
一度味わいたい！

思考・感情 ずっと我慢してきたけどいいことないから，ちょっと
だけスーパーに行って気分転換してみよう。

→ 期待 もし万引きしてつかまっても，夫が怒られるのを見たら
溜飲が下がるかも。

　再発は，結果的にその人がどこかで望んでいるから起きます。クリニックに通院していても，「万引きしたい」という欲求は消えません。もう二度と万引きしないでくれと周囲からどんなに懇願されても再び盗むのは，実は本人が心の底では強く望んでいるからです。なぜならそれは本人にとってメリットがあるからです。私たちはそれを「思考・感情を行動に移したことで得た，望ましい結果」と呼びます。そして，それは望ましくない結果と表裏一体であることを学びます。望ましくない結果とは，問題行動を起こしたことで自分が感じる罪悪感や後悔，家族からの失望，叱責，それから逮捕などです。

③　渇望

　問題行動に直結する条件のことをいいます。「急性トリガー」ということもあります。急性トリガーは，単体ではなく引き金の集合体です。例えば，この3つの条件がそろうとハイリスク状況になるという条件を言います。

A．急性トリガーの一覧表（10パターン）

Ⅰ　①残業続きで寝不足が続く，②思考停止状態，③キーパーソン
とコミュニケーション不足

Ⅱ　①上司に叱責され自己否定感が高まる，②出費が重なる，③過
労状態で情報処理能力低下

Ⅲ　①悩みを抱え込みSOSを出すタイミングを逃す，②目的なく

　　　　一人で外出する，③親への怒り
Ⅳ　①暇な時間を持てあます，②大きなカバンを持っている，③周
　　　囲とうまくいかず孤独感が高まる
Ⅴ　①多忙で生活に追われている，②自分だけが不幸だと思う，③
　　　昔夫から言われた傷ついた言葉を思い出す
Ⅵ　①自暴自棄な感覚，②給料日前であせっている，③仕事のスト
　　　レスがピークに達している
Ⅶ　①買い物中に過去の嫌な体験を思い出す，②空腹で過食したく
　　　なる，③夫からの唐突な要求
Ⅷ　①治療にいかない理由を考える，②夫と口論になる，③甘いも
　　　のが無性に食べたくなる
Ⅸ　①過食嘔吐がとまらない，②自宅に食品を溜め込む，③スー
　　　パーを物色し始める
Ⅹ　①親との金銭トラブル，②万引きしないといけないという強迫
　　　的思考，③睡眠不足

　ここまでくると，実際に万引きするほんの一歩手前にいます。理想を
いえばここに至るより前に対処しておきたいところです。

(4)　渇望状況を回避する

　けれど，渇望のスイッチが入ったらもう止めようがないということは
ありません。この段階でもできることはまだまだあります。リスクマネ
ジメントを作成していくに当たり，キーパーソンを決めておきます。一
緒にこの再発防止に取り組み，全面的にサポートしてくれる存在です。
多くは家族がその役割を担います。その人に電話をして，自分が今危険
な状況にあることを打ち明けるのが，最も一般的な対処法です。
　または，輪ゴムを手の甲に弾く（皮膚感覚）とか，フリスクなど
スーッとする清涼菓子を食べる（味覚）などや，万引きしたい欲求をそ
らせるために好きな歌手の歌をイヤホンで聞く（聴覚）や，自分にとっ
て不快な匂いのするアロマ系オイルを脱脂綿に染み込ませたものを持ち

運びできる小さなプラスチックケースに入れてそれを嗅ぐ（嗅覚）など
して対処する人もいます。他愛もないことのように見えますが，五感を
刺激するのは渇望から気をそらすのに有効です。もちろん視覚を通した
コーピングも一般的です。

　他には，店舗の従業員と目を合わせたり，あえて自分から声をかける
という方法もあります。自分の存在が知られている中での万引きは実行
に移しにくいものです。鈴などを身につけておくのもいいかもしれませ
ん。

(5)　「予期せぬ状況」に直面する

　窃盗症になった過程が人それぞれなら，引き金や思考・感情，渇望も，
それらへの対処の仕方も人それぞれです。警告のサインがどんなに小さ
くてもやり過ごさず，その都度，適切に対処する。再発防止とはこのシ
ンプルな作業の繰り返しです。地道ではありますが，これを繰り返して
いけば確実に「盗まない」自分を作っていけます。が，なにごとにも不
測の事態というのはあります。万引きをしない毎日を繰り返していても
どこかで必ずそれが起き，そのときにこそ再発のリスクは高くなります。
そんな局面でどうするかということまで考えておかなければなりません。
不測の事態の 1 つに，「予期せぬ状況」があります。たとえば D さんの
例のように調味料が切れていたとか，財布を落としたとか，偶発的な出
来事が万引きへの言い訳をもたらします。

　「お夕飯を作れないからスーパーに行くしかない」「買うお金がないん
だから盗るしかない」

　けれど，どんなに思いがけない状況だとしても，スーパーに行くこと
も盗ることも自分で決めています。

　2 つめは，「一見重要ではない決定」です。これがいかにリスクを引
き上げるか，具体例を挙げましょう。

(6)　具体例2

症例4：E（40代・男性）のケース

　　Eさんにとってのトリガーはコンビニでした。コンビニに一歩足
を踏み入れると，いろんな商品（特にペットボトルの飲料）を手にとっ
てはバッグに詰めてしまいます。ですから，コンビニには近づかな
いようにしていました。けれど車で移動していたある日，Eさんは
渋滞に巻き込まれました。長時間にわたって徐行運転をすると，当
然トイレに行きたくなります。しかし郊外でトイレを借りられそう
なところは当分ありません。そんなときにやっと見つけたのがコン
ビニでした。「トイレを借りるだけ」「絶対に盗まない」と自分に言
い聞かせ，Eさんは車を降りてコンビニに行き，トイレで用を足し
ました。コンビニをあとにし，再び車に乗り込もうとしたEさん
は，従業員に呼び止められます。ジーンズの後ろ左右のポケットに
2本清涼飲料水が入っていて，そのお金を払っていなかったのです。

　　Eさんにとっての「コンビニでトイレを借りる」は，それ自体は緊急
事態ではあるけれど，さほど重要ではない決定でした。けれどコンビニ
に入った時点で実はペットボトルが目に入っており，引き金が引かれた
のに何も対処しないのでは，条件反射のスイッチが入ったことで衝動が
抑えられなくなり，わけもわからないまま気づいたら盗ってしまってい
ました。絶対に盗まない，と意思の力で何とかしようとするのではなく，
先に従業員に声をかけておくとかキーパーソンに電話をしておくとか，
別のトイレを探すか車内用携帯トイレを常備するなど具体的な対処が必
要でした。Dさんにとっての「一見重要ではない決定」は，大きなエ
コバッグです。日常的に万引きしていたとき，彼女はいつもエコバッグ
を持参し，それがパンパンに膨れ上がるまで詰め込んでいました。不思
議なことに，エコバッグがなければ盗まないのです。同じことをいう窃

盗症者は少なくありません。外出時は小さいバッグか中身が見える透明のバックしか持ち歩かない、というのが彼女のコーピングになっていました。

(7)　生活リズムの乱れ

最後は「生活リズムの乱れ」です。

セッションでは1週間のタイムスケジュールを前もって決めます。頭のなかで決めるだけではなく、ワークブックのスケジュール表に書き出してもらいます。その人の頭にしかないものは、あとで簡単に書き換えが可能だからです。自分で決めたスケジュールが乱れるようになると、それは警告のサインです。何時に寝ると決めていたのに、なんとなくテレビを見ながら夜更かししてしまった。寝不足で仕事の進みが遅く、結局は残業になってしまった……。という寝不足や疲れ、ストレスは万引きの直接的な原因ではなくとも、再発を確実にあと押しする慢性トリガーです。盗ったあとで「寝不足でイライラしていた」「疲れすぎていて自暴自棄になっていた」という言い訳は非常によく聞かれるものです。

(8)　「泥棒は嘘つきのはじまり」

万引きした理由を問い詰められと、そこで嘘の理由を作り上げることは触れました。それが再発してはいけないという考えになったとき、今度は「なんでまたやったんだ！？」と聞かれたときの答えを盗る前から用意するようになります。いえ、誰かに聞かれたときのためというより、自分の中でそれが必要なのでしょう。「○○だったから、再発したのは仕方ない」という言い訳です。再発は、依存症からの回復につきものです。「絶対にしない」ということはありえません。

「一度もしない」と誓ったところでそれは破られ、自分自身を追い詰めるだけです。

大事なのは、再発したときにどうするか。まずは正直に家族やクリ

ニックのスタッフに話すことです。クリニックの近隣にあるコンビニや
商業施設には，あらかじめ治療の内容を話したうえで理解してもらって
います。そこで再発したとき，店舗からクリニックに連絡が入ることも
あります。スタッフと一緒に被害店舗に謝罪をしにいくこともあります。
けれど，まったく違う場所で再発すると，すぐに警察に通報されます。
本人が治療中であることを明かせば，警察からクリニックに問い合わせ
の電話が入り，治療内容などを確認されます。本人＋家族，警察，私た
ちで話をし，店舗が被害届を出さないのであれば，被害物品を買い取り
ます。その後，治療を再開します。理想は，再発してから話すのではな
く，危なくなったときや再発の前兆に気づいたときに話すことです。再
発は突発的に起きるわけではないので，それが可能です。

(9)　セルフ・モニタリング

　そこでクリニックでは，「セルフ・モニタリング」といって，自分の
状態を日々チェックします。具体的にはカレンダーに赤・青・黄のシー
ルを貼っていきます。一日を何事もなく過ごせたら青，万引きへの欲求
がわくなどリスクが高まった日には黄，再発したときは赤のシールを貼
ります。

　一面に青いシールが貼られているカレンダーを見せられると，私たち
はその人がまだ正直になりきれていないと感じます。でも「嘘ですよ
ね」とはいいません。黄色のシールが貼ってあると，「黄色のシールが
貼ってありますね」といいます。そして，それ以上のことはいいません。
私たちは基本的に本人からの自己申告を待ち，危ない状態にあるからと
いってあれやこれやと手や口を出さないことにしています。

　これは１つに，「正直な自分」でいるための習慣を身につける作業だ
からです。ペナルティなどは一切課しません。治療する場である当クリ
ニックは，警察や裁判所のように本人を監視したり罰を与える機関では
ありません。あくまでも，信頼関係に基づいた治療が基本的なスタンス
です。

【図表10】回復カレンダー

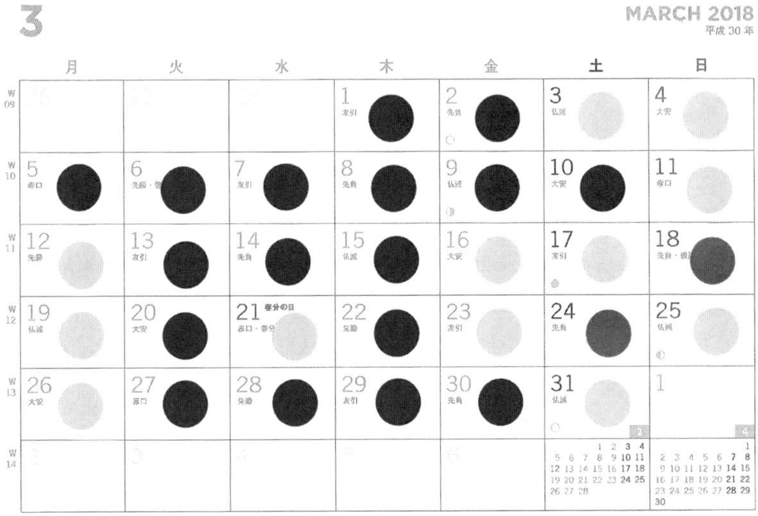

　もう1つは，リスクが高まっても，再発しても，責められないと知ってもらうためでもあります。責めるのではなく，次に再発しない方法を考えリスクマネジメントプランを見直します。生活スケジュールも見直し，これはキーパーソンにも共有してもらいます。

　「なんでやったんだ！？」と責め立てても，問題は解決しません。それではまた，かつての毎日万引きしていた日々に逆戻りです。そうではなく話してくれたことに対して「正直に言ってくれてありがとう」と受け止めます。自助グループで話すときも，仲間の再発について批判や非難はしないというルールがあります。だから安心してシェアでき「どうすれば次の再発を避けられるか」ということに目を向けられます。

(10)　4つの ing（イング）

　すると次第に本人の中で罪悪感が生まれます。盗んだ，再発したときに感じたのとはまた別の，仲間や家族を裏切ったふがいない自分への罪

悪感です。それまでその種の感情を持ち合わせておらず，だからこそ盗みつづけてきた人にとっては大きな変化です。

　こうして危ないときに1人で抱え込まず，みんなで分かち合うことを「シェアリング」といいます。ほかに，規則正しい生活や治療計画を立てるための「スケジューリング」，ストレスを感じたときリスクが高まったときの対処法である「コーピング」を合わせて「4つのing（イング）」といい，これを生活や治療のベースに置いてもらいます。

(11)　治療からのドロップアウト

　当クリニックにおける窃盗症者の治療定着率は，1年間の治療定着群が全体の7割と他の依存症治療と比べてもかなり高いですが，それでもドロップアウトする人はいます。

ア　裁判と実刑判決

　よくあるタイミングの1つが実刑判決が出たときです。裁判を1つの区切りとして通院していたものの，刑務所に入るとなると物理的に通院は不可能になります。そうして実刑判決が出ながらも，収監される前日までクリニックに通ってきた人がいました。彼は最後にクリニックの仲間に「いってきます。でもまた必ず戻ってきます」という言葉を残しみんなでそれを見送りました。現在は，刑務所から私たちスタッフに手紙をくれます。出所後，また通院を再開する予定です。家族はクリニックの家族支援グループ熱心に通いつづけて，彼が帰ってきたときに受け入れる準備を整えています。

　ここでは成功事例を挙げましたが，出所したあとはもう治療へのモチベーションが失われていて，クリニックとの関係が途切れる人も今後必ず出てくるでしょう。犯罪の裏に窃盗症の問題があっても，日本では制度として治療につなげるシステムがないので，残念ですが仕方のないことです。

イ　仕事への復帰

　もう1つは，就労です。万引きによる逮捕と裁判を経験したことで職を失った人は少なくありませんが，通院する中で将来への不安や焦りが生じます。裁判や通院にかかる費用で出費がかさんでしまった。そのことで家族に迷惑をかけている…。そこで，すぐにでもフルタイムの仕事に復帰したがる人がいますが，これはおすすめできません。盗んでいたときの自分とほとんど何も変わらないまま就労するのは，きわめてハイリスクです。通勤途中にはトリガーとなる店舗がたくさんあるでしょう。元の職場でのストレスも大きいと思われます。でも，それに対するコーピングはまだしっかり身についていません。Dさんは，再発する前にパートで働きたいと夫に訴えていました。それも今になって振り返ると警告のサインだったと見て取れます。

　私たちは，1年は治療に専念するよう提案します。1年以上の治療継続群の再発率は低いです。それからまずはパートなど，日数や時間を制限して仕事を再開し，徐々に時間を長くしていくのがベストです。

　そのタイミングや就労のスタイルもすべて関係者や家族と話し合って決めます。本人は「働かないと家族に悪い」と思い込んでいますが，家族はそれ以上に「再犯してほしくない」と思っているものです。通院治療（デイナイトHP）は，治療における三本柱の1つです。それをまずは継続することが重要ですし，何よりここでは再発防止のためのスキルを学んでいきます。通院をやめれば次第に自助グループからも足が遠のいていきます。三本柱は，互いに補完しあっているのです。

(12)　リスクマネジメントプランの作成と実践

　リスクマネジメントプラン（【図表11】）は，ワークブックを通して自分にとって何が引き金で何が渇望なのか，そのときにどうやって対処するのが有効なのかを考え抜いた末にはじめて，作成できるものです。そしてこれも1度作って終わりではなく，治療初期は毎月1度この対処法で適切だったのか検証し，より効果があると思われる対処法を検討して

【図表11】リスクマネジメントプラン

サンプル①

※平成29年12月20日更新　　（名前：大森花子　）　作成日：平成 30 年 ○月 ○日

≪ リスクマネジメントプラン作成用紙：(1)回目 ≫ 対象行為：スーパーでの万引き ／キーパーソン：夫・母
（クリニックスタッフ）

☆ このリスクマネジメントプラン（RMP）は、反復する窃盗行動を再発させないための計画です。

☆ 定期的に更新しより洗練された計画にしていきましょう。

☆ クレプトマニアからの回復にとって重要なことは、回復に責任を持つことと、回復に積極的になることです。

【再発のリスクがまだ生じてない段階】

【なりたい自分（回復のイメージ：Lv＝レベル）】
- ①：再犯をしたい自分
- ②：失われた信頼をとりもどす
- ③：雑貨店舗（相手方：オーナー）の気持ち や立場を理解出来る自分

【なりたい自分になるための具体的方法】
- ① 治療の継続とRMPの定期的な更新
- ② KPとのシェアリングを徹底する（週1回）
- ③ 自分の大切なものを奪われた経験を 思い出すことを習慣化する

【慢性トリガー（状態を悪化させる引き金）】
- ①人：職場の人間関係（上司）、夫婦
- ②場所：職場、実家
- ③時間：18゜～20゜（スーパーが値引きをする時間）
- ④状況：仕事帰りに一人で対象のスーパーに寄る。
- ⑤感情（生理反応）：ストレス、孤独感、焦燥感。

【慢性トリガーへのコーピング（対処方法）】
- ①、② 職場内で相談出来る同僚と仕事を 分散化、夫婦とは母親や兄を介して コミュニケーションをとる。
- ③、④ 仕事帰りはKPと豆て待ち合わせをして 2人一緒に帰る。（夫とジムに行く）
- ⑤ クリニックの仲間やミーティングで笑ってもらう

【再発のリスクが徐々に高まってくる段階】

【警告のサイン（危険に気付くサイン：Lv＝レベル）】
- ①：予期せぬ状況に直面（パニック）
- ②：生活習慣の乱れ（睡眠が散らかる）
- ③：KPに相談せず、意識的に避ける

【コーピング（危険な状態から脱出する方法）】
- ① セルフトークで気持を整理する。
- ② スケジューリングの徹底とそれをKPと実行
- ③ 警告のサインのパターンをKPに事前に 知らせておく

【急性トリガー（対象行為に直結する3つの条件）】
- 条件①：ストレス（＋）寝不足（＋）
- 条件②：出費が続き節約的思考が高まっている
- 条件③：夫婦と口論（の自己表現⊕）

【危機介入方法（あなたのクライシスプラン）】
- ①～⑤の条件がそろった時の緊急介入方法は、
- ・仕事を思いきって欠勤する
- ・KPに思いをうちあける
- ・クリニックへ電話をする

【今回のRMP作成におけるアピールポイント（改善点）】
- ・自分のサイクルが可視化されることで、自分自身の悪循環 のパターンが明瞭化になった
- ・仕事よりもKPとの内向を大切にすることが肝要と気付いた。

【行動化（再発：リラプス）】→ 再犯

82

いきます。

　リスクマネジメントプランを書きはじめた頃は，対処法も難しく考え
がちです。けれどそれでは実践できないとわかり，スマートフォンの待
ち受けにした家族の写真を見るとか，手の甲を輪ゴムで「パチン」と弾
くとか，どんどんシンプルなものになっていきます。コーピングは「簡
単で」「早く」「継続できる」内容が理想的です。リスクが高まったとき
は動揺もしますし，複雑なことはできないとわかっていきます。そうし
て，その人オリジナルのリスクマネジメントプランができていきます。

　実践は1人ではできません。キーパーソンが必要です。わかりやすく
いうと，回復を一緒に続けていく伴走者といったところです。

　一般的には既婚者なら配偶者，独身であれば親がその役割を引き受け
る傾向があります。キーパーソンとはコミュニケーションを密に取る必
要があるので，最も身近にいる家族はたしかにキーパーソンとして適任
ですが，ここで1つ考えておきたいことがあります。再発は家庭内の人
間関係に起因していることが多いだけあって，その最も身近な家族がト
リガーであることも多いのです。だからといってキーパーソンをお願い
できないということはありません。その相手とどう距離を保ち，どのよ
うな関係性を再構築しながら回復に向かうかを考えられる相手であれば
可能です。そんな相手なら，家族のあり方そのものを一緒に見直せます。

　家族ではなく，友人をキーパーソンにしている人もいます。心から信
頼して，いざとなったときに協力してくれる人がいるのはすばらしいこ
とです。また，身近な人の中から無理に見つける必要はなく，特に候補
がいなければクリニックのスタッフが担うこともあります。かくいう私
もキーパーソンに選ばれることも多く，時々「斉藤先生の顔を思い出
す」など慢性トリガーへの認知的コーピングとして活用されているよう
です。

(13)　行動変容と回復

　ワークブックに書いてあることをしっかりと繰り返し実践し，リスク

マネジメントプランを常に胸に刻んでおけば，おのずと行動や思考，生き方が少しずつ変わってきます。大げさに聞こえるかもしれませんが，ここでいう回復とは，盗み続けてきた生き方から盗まない生き方への変容です。好ましい変容は，クリニックで治療を受けはじめてすぐに訪れるものではありません。まず，リスクマネジメントに関するスキルを身につけて盗むのをやめる。盗まない一日を少しずつ積み重ねていく。そうすることではじめて，認知の歪みが変容し見えてくるものがあります。例えば，自分が何を求めて盗んでいたのか，盗み続けたことで何を得て，何を失ったのか，家族の苦悩，そして被害に遭った人たちがいること……。

　そこで初めて，心からの謝罪ができます。それは，万引きが発覚したあと，その場を逃れたいがためにしていた土下座とはまったく意味が異なります。贖罪の気持ちは誰かに言われて生じるものではなく，その人自身の生きる姿勢から出てくるものです。被害店舗に対して悪いと思うどころか，「お店のレイアウトが悪い」などと責任転嫁をしていた人たちが真の謝罪の気持ちを抱くようになるには，長い時間と本質的な変容が不可欠です。

　いわゆる「行動変容」は，箸を持つ手に例えられることがあります。すなわち，これまで右手で箸を持って食べていたのを，左手で箸を持つぐらい変わるということです。左手に持ち替えてすぐに箸をうまく使える人はほとんどいません。使い方を頭で理解したとしても，手は思うように動いてくれません。うまくできるようになるには，ひたすら練習あるのみです。あきらめなかった人にだけ，行動変容は訪れます。習慣を変えるとはそういうことです。

3　家族支援について

(1)　家族支援グループとは

　クリニックでは家族を対象とした家族支援グループ（KFG：Kleptoma-

nia Family Group-meeting) があり，家族の自尊心やメンタル面での回復を
サポートしていきます。罪を犯した本人と違い，多くの家族は事件後慣
れない刑事手続の中で疲弊しており，支援が必要な存在です。自分にも
悪いところがあったと，自責の念に駆られる家族は少なくありません。
身内の窃盗症の問題が家庭内の人間関係から端を発していたのだとして
も，家族に直接的な行為責任はありません。けれど，その問題をとおし
て，つまり今回の万引き事件は家族にとってどういう意味があるのかを
考えることは家族にとって有益でしょう。ですが，それが本質とずれて
いることがあるのです。

(2)　家族の葛藤と変化

　たとえば万引きをはじめたきっかけが「節約」にあると知らされれば，
「自分がもっと稼いで家計が安定していれば，万引きに走らなかったの
では」と思います。特に男性は経済的な問題で捉えがちですが，本当は
夫である自分自身と万引きをした妻との関係こそ見直すべきなのです。
しかしそれは夫にとっても目をそらしたい現実であり，同時に，考える
気力もないほど疲れきってもいます。日常性を喪失し，何をどうしてい
いかわからないままクリニックにたどり着き，病気という診断をうけて
やっと少し納得し，許すことができます。
　家族支援グループでは，同じ境遇にあるほかの家族の話が聞けたり，
また，実際に話ができることが大きいようです。身内が万引きをやめら
れない，警察沙汰になった，実刑判決を受けた…。周りに気軽に相談で
きることではありません。それどころか，隠しておきたいでしょう。自
分たちだけで抱え込み，また盗みにいくのではないかと疑心暗鬼になる
毎日は，まるで生き地獄のようです。それを，ここでは包み隠さず話せ
るのです。窃盗症本人たちの治療グループと同じで，ここでは何を話し
ても責められないし，否定もされません。そのなかでやっとなぜ万引き
をはじめたのかの本質的な答えのヒントを探せるのです。
　また本人が通院するとなると，それまで担っていた役割を見直さざる

を得なくなるので，物理的に家族が変わらざるを得ません。私たちは本
人が「夫が家事をしてくれるようになった」「以前よりも本音で会話で
きるようになった」とうれしそうに話すのをよく聞きます。大変望まし
い変化だと思います。

(3)　価値観の変容と回復

　窃盗症は多くの場合，家族の問題が表面化したものなので，家族関係
が悪化し，ややもすれば崩壊すると思われがちです。実際，そういう家
庭も多いでしょう。けれどクリニックの家族支援グループに通っている
家族に関して言えば，万引きの問題をきっかけに，家族が一致団結して
この大きな課題に向き合っていくケースが多いです。一時的に悪化して
も，その後はより強固な関係性へと再構築されていきます。万引きの問
題に取り組む過程で，お互いのコミュニケーションが増えます。本人も
家族も通院をとおして正直に話すことを覚え，それによってはじめてお
互いの本音が見えてきます。大きく価値観が変容する瞬間に立ち会うこ
とがたびたびあります。罪を犯した人が，家族に支えられて罪を犯さな
い人へと変わっていくのを間近で見ていると，私たちも「家族とは何
か」ということを考えさせられます。

　「窃盗症になりました。」それは決してその人の人生の終わりを意味す
るものでもなく，家庭崩壊を意味するものでもありません。適切な治療
につながれば，回復は可能です。人は何歳からでも変われるのです。

第3 症例について

1　摂食障害と窃盗症

(1)　万引きと過食嘔吐

　摂食障害そのものは，かなり世間で知られるようになったと感じます。著名な芸能人やスポーツ選手などが過去，この病に苦しんでいることをカミングアウトしたのも大きいでしょう。

　苦しんでいるのは，主に女性です。万引きは女性の犯罪，というイメージを持たれているのは，この摂食障害との関わりが1つの要因になっていると感じます。常習的な万引きは摂食障害の中でも，特に過食嘔吐をする人たちに多く見られる現象で，ここを誤解してはいけません。過食嘔吐とは読んで字のごとく，過度に食べたあとにそれを嘔吐する症状を指します。

　最初はダイエットや「食べたものを吐けば太らない」という発想から深く考えずにはじめたものが，そのうち「それをやらずには心の平静を保てない」状態になります。心に抱えた問題が激しい形で表面化したものです。身体にもとても大きな負荷がかかります。彼女らが万引きするのは，ほとんどが食料品です。胃にめいっぱい詰め込んで，そのまま吐くためのものを盗みます。一度の過食嘔吐で食べる量は相当のもので，その分お金もかかります。購入すれば一度につき1万，2万かかるのは当たり前という人もいます。それを毎日のように行うとなると出費がかさみ，自身の経済力では追いつきません。

(2)　摂食障害の分類と臨床的特徴

　以下に，摂食障害の分類と臨床的特徴を簡単に示しておきます。
　まず摂食障害は拒食症（神経性やせ症）と過食症（神経性過食症）に分類

【図表 12】摂食障害の分類（DSM-5 より引用）

神経性やせ症／神経性無食欲症

されます。

ア　神経性やせ症

　神経性やせ症では，必要とされるカロリー摂取を抑え，健康的である
ために必要な体重よりも有意に低い（正常の加減を下回り，子どもまたは青
年の場合は，期待される最低体重を下回る）を呈します。そんな低体重にもか
かわらず，体重増加や肥満になることに対する強い恐怖感，または体重
増加を妨げる行動がみられ，自分の体重や体型について歪んだ受け取り
方をしており，自己評価において体重や体型が不適切な影響を与えてい
たり，低体重にもかかわらず深刻だという認識に欠けている場合とされ
ます。そして，神経性やせ症は，制限型と過食／排出型の2つの診断に
さらに分類されます。

イ　神経性過食症

　神経性過食症では，繰り返される過食（過食とは，明らかに普通よりも多
い食物を，コントロールできないと感じながら一定時間内に食べてしまう行動）や，
体重増加を防ぐための不適切な代償的ダイエット行動（自己誘発性嘔吐，
下剤や利尿剤，やせ薬等医薬品の乱用，絶食や過剰な運動）が習慣化して行われ
（3か月にわたって週1回以上のペースで），自己評価が体型および体重の影響
を過度に受けている，といった症状を認めます。通常，過食は自己嘔吐

の1年程前に始まるとされています。この疾患のほとんどの患者さんは標準体重の範囲内にありますが，低体重や高体重であることもあります。自分自身の身体像と外見に気を遣い，他人からどのように見えるかを心配していることが一般的です。

ウ　過食性障害

　一方で，過食性障害では，神経性過食症と同様に，繰り返される過食が特徴ですが，神経性過食症と異なり嘔吐や下剤といった代償的ダイエット行動は伴いません。また，その過食には苦痛を感じており，早食い，苦しいほど満腹になるまで食べる，空腹感がなくても食べる，過食を知られるのを恥じて1人で食べる，過食後に自己嫌悪やうつ気分，強い罪責感に苛まれる，のうち3つ以上当てはまり，習慣化して行われる（3か月にわたって週1回以上のペースで）といった状態です。代償的なダイエット行動を伴わない過食症のため，過体重や肥満を呈する場合が多いことも報告されています。

　それぞれポイントをまとめてみると，神経性無食欲症（拒食症）は，期待される体重の75％以下のやせ，肥満する事への恐怖，連続3回以上の無月経，があります。神経性大食欲症（過食症）は，過食（ビンジ・イーティング）の繰り返し，自己誘発性嘔吐や過剰な運動など，体重の増加を防ぐための不適切な代償行為，体型や体重によって自己評価が変化することがポイントです。

(3)　摂食障害者のアウトラインと治療通院

　摂食障害者の中には心身に抱えた問題が大きくて，就労できていない人もいます。命にかかわる低体重（20kg台前半）ともなると，通院や社会生活もままなりません。過食嘔吐したい，でも食料品を買うお金がない，だから万引きをする。これが，摂食障害と万引きを見たとき，もっとも外側に見えているアウトラインです。ドラムバッグいっぱいに詰め込んでも足りないというぐらい，大量の食料品を盗む人もいます。

　摂食障害というと，誰が見てもひと目でそうとわかるほどやせ細っている姿をイメージされる方もいるでしょう。けれど，日常生活に大きな支障をきたすほど低体重になっている人は当クリニックにはほとんどいません。そうした人たちは身体的な治療（身体管理）が何より優先されるべきで，まずはそれを専門とした病院に入院するのがベストです。

　先述したとおり，当クリニックでは「週3回，1年間」通院できることをプログラム参加の条件としています。特別な場合を除き送迎などはないので，自力で通院する人が対象となります。深刻な摂食障害だとそれ自体が不可能に近く，入院治療でないと対応できません。その一方で，標準体重が維持できていれば通院はだいたい可能です。社会から隔離されたところではなく，社会の中で盗まないスキルを身につけていきます。食料品を盗ると言いましたが，摂食障害が重症化してくると「おいしいものがいい」，「高級なものがいい」などといった食へのこだわりはあまり見られません。「吐くために食べているんだから，味なんて関係ない。エサみたいなもの」と言った人もいますが，これは多くの摂食障害者に共通する認識です。カビていても腐っていても食べて吐けば同じで，大事なのは味より量なのです。スーパーなどでも盗むものを精査することはなく手当たり次第バッグに放り込みます。ですが，一部には特定の食料品に強いこだわりを見せる人もいるようです。

(4)　具体的事例

症例5：F（30代・女性）のケース

　菓子パンに執着する摂食障害者は少なくありませんが，Fさんが万引きするのはメロンパンに限られていました。スーパーやコンビニに行っては，棚に並ぶメロンパンをごっそり盗ってくる。地元では要注意人物として知られており，捕捉されるたびに母親が身柄を引き受けに駆けつけ，平謝りしたあとで代金を支払っていました。母親とともに帰宅したFさんは，自室に溜め込んでいるメロンパンを食べつづ

けます。そして大量の水を飲んで吐きます。盗んでくる量が多すぎて過食といっても食べきれないことがあり，余った分はベッドの下に押し込んでいました。いわゆる「溜め込み」です。数日すれば腐敗していきますが，Fさんは一向におかまいなしです。Fさんはトイレではなく，自室にこもったままバケツに吐いていました。毎朝，自室のドアの前に出されているバケツ一杯の嘔吐物を片づけるのが，母親の日課でした。吐く回数が多い日は，バケツ3杯分の嘔吐物をトイレに流していて，しまいにはトイレが詰まってしまったこともあります。

　万引きは犯罪行為とはいえ，このFさんのつらさは胸に迫るものがあります。絶望を感じているのは彼女だけでなく，母親もです。自分の娘の行動を止める術もなく，相談する先もわからず，ただバケツの中身をトイレに捨てる以外に対処できない日が何年も続きました。当時は無力感に苛まれていて心中を考えたそうです。溜め込み行動は，摂食障害の人によく見られる現象で，「腐っててもカビていても関係ない」と言い，万引きしてきた食品が悪くなっても捨てようとせず，ひたすら溜め込んでいきます。

　ストックが減ると，補充するためまた万引きに出かけにいきます。Fさんにとっては「過食嘔吐したい」という欲求が，最大のトリガーになります。加えて，メロンパンもトリガーです。これが目に入ると，我を忘れてしまいます。いわゆる梅干を見ると唾液がでる条件反射と同様のメカニズムです。

　摂食障害は物理的に食べなかったり，過食嘔吐するため栄養が脳に十分に届きません。そのため，脳が一過性の飢餓状態になります。その物理的な飢餓状態が精神的な飢餓状態に置き換えられていきます。そうなると，枯渇恐怖といわれる『減ることの恐怖感』が通常の人よりもずっと強くなります。資金が減ること，ものが減ることに対する強い恐怖感です。

　これはただ単に"もったいない"とか"節約"とか，通常の精神状態で説明できるものではなくて，異常な不安感，恐怖感なのです。そういう人が，資金も貯め込みたいし食べ物も貯め込みたい。だから尋常じゃ

ない量の食品を盗んで腐らせ，腐らせるけど捨てずに部屋に溜め込みながら，まだ盗む行為を続けています。これらはすべて，枯渇恐怖という概念で説明することができます。

　摂食障害からの万引きは，「食べ吐きしたい」と「盗りたい」という欲求との両方に衝き動かされます。そうなると自分自身をコントロールすることはもはや不可能です。摂食障害という病が背景にあっても窃盗症と共通するところは多く，よって通院ができれば当クリニックのプログラムにより「やめ続ける」道を歩むことができます。

2　高齢者の万引き問題

(1)　犯罪白書による実態

　2018 年 6 月，東京都は約 1 か月間の期間限定で，「高齢者万引き」についての無料相談を実施しました。目的は再犯防止で，対象は「都内在住で，万引きをしてしまう高齢者（概ね65歳以上）本人又はご家族など周囲の方」で，社会福祉士や精神保健福祉士が相談を受け，内容によっては適切な支援機関や団体の情報提供をする，というものでした。案の定，当クリニックにも何件か相談がきました。高齢者の万引きは東京都にかぎらず全国的な問題です。【図表 13】は，「平成 28 年版犯罪白書」より検挙された高齢者の罪状を比較したものですが，万引きが男性において半数近く，女性にいたっては 8 割以上という圧倒的な割合を占めています。この調査における最高年齢は男子 83 歳，女子 87 歳だそうです。高齢者の犯罪といえば万引き，というイメージが定着しつつあると思いますが，それも納得のデータです。各地の女子刑務所が老人ホームと化しているといった，皮肉めいた報道もされています。

(2)　認知機能の低下と万引き

　加齢による認知機能の低下から万引きする高齢者が多いことは，早く

【図表 13】刑法犯　高齢者の検挙人員の罪名別構成比（男女別）

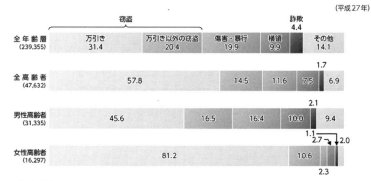

（平成 27 年）

注　1　警察庁の統計による。
　　2　犯行時の年齢による。
　　3　「横領」は、遺失物等横領を含む。
　　4　（　）内は、実人員である。

（出所）平成 28 年版犯罪白書　第 4 編第 7 章第 1 節より
http://hakusyo1.moj.go.jp/jp/63/nfm/images/full/h4-7-1-03.jpg

から各方面の研究者，関係者により指摘されてきました。ひと口に認知症といっても現在は研究が進み細分化されていますが，その中でも「前頭側頭型認知症」といわれるタイプが，万引きにつながりやすいことがわかっています。思考や判断力，社会性などを司る前頭葉，聴覚や味覚といった五感に関わることのほか，記憶や判断力を司る側頭葉，脳の中でもこの両者の機能が低下することによって，さまざまな困難が生じます。

　具体的には，感情のコントロールがうまくできずに衝動的な行動に出たり，その場にふさわしいふるまいできなくなったりします。傍目からみれば社会性を失ったように見えますが，実際に犯罪行為につながることもあります。その1つが万引きです。

　スーパーにいって「おいしそうだ」「お腹が減った」と思ったらその場で封を切って食べてしまう。お金を払わずに持ち帰る。それまで社会のルールに沿って生活できていたのに，それができなくなってしまう。それは本人の人格が変わったとかモラルが低下したとか言うわけではなく，脳機能が変化したからなのです。

　このタイプの認知症は記憶障害があまり見られず，身近にいる家族も認知に問題が出たとは気づかないことがあります。早い人だと50代で発症するので，周りもまさか認知症だとは思わないでしょう。認知症から万引きをする高齢者がいる，というのは頻繁に報道されますし，万引きGメンを追ったドキュメント番組でもそうとしか思えない人がたびたび登場します。最近の判例では，万引き行為により一審で実刑判決を受けた高齢者が，控訴審で担当が変わった弁護人から認知症の検査をすすめられ，脳画像検査などから認知症と診断され，逆転の執行猶予判決または無罪判決が出たことがマスコミなどで報じられていました。

　とはいっても，なまじ知られていないわけではないからこそ厄介なこともあります。それすなわち，高齢者の中に万引きで捕まると認知症のふりをする人がいるということです。被害店舗の従業員にいろいろと質問されてもまともに答えず，その場を切り抜けようとするのは悪質としか言えません。しかし，ここに認知機能に問題があると思われる高齢者は逮捕されにくいという現実があります。警察にいっても会話が成立しないので調書も取れず，犯行の実態がよくわからないからです。そうした人はどこかの段階でそれを知り，学習しています。

　ここで，1つの好例を紹介します。

(3) 具体的事例

症例6：G（70代・男性）のケース

　身寄りのないGさん（70代・男性）には，万引きでの受刑歴があります。弁護士の紹介により当クリニックの通院を決めました。

　日常的な万引きはすぐに止まりましたが，じきに通ってこなくなりました。理由はわかりません。当クリニックのプログラムは，1年間の通院継続率が70％ときわめてドロップアウト率が低いのですが，たまにこういう人もいます。どんな窃盗症患者でも，早い段階で治療からドロップアウトする人のほとんどは再発しています。

Ｇさんもまた盗む日々に戻っていたようです。

それに対して動いたのが，住んでいる自治体の高齢福祉課です。被害店舗から同課に「何とかしてほしい」と連絡が入り，以前からＧさんを担当していた職員が店舗まで謝罪にいきました。そこで終わっていればＧさんはきっと，なおも万引きする日常を続けていたでしょう。その職員があと何度かは謝罪し，その場限りの介入をしてくれたとしても，そのうちもうかかわりきれないと愛想をつかされる可能性はあります。そうなるとＤさんはまた刑務所に逆戻りするしかありません。

しかしその職員は役所で早急に支援会議を開き，クリニックでの治療を支援することで役所内の合意を得ました。

いま，Ｇさんは週に3度クリニックの送迎車を利用し，スタッフとともに手厚い支援のおかげで通院を再開しています。クリニックでは規則正しい生活習慣の維持とバランスのいい食事が提供されます。デイナイトケアには同世代の仲間もいます。つまり日中の居場所と話し相手がいるのです。通院のない日は自宅で過ごしますが，自治体の介護保険サービスを利用しているので訪問介護の一環で家事援助を利用しています。クリニックのスタッフも夕方には見守りのため精神科訪問看護で安否確認にいきます。

これだけ多くの人の目があり，ひとりきりになる時間が減ると，物理的に万引きしにくくなります。けれどそれ以上に，たくさんの人とかかわりがあるということ自体が，再発防止につながります。孤独感というトリガーが引かれないと，Ｇさんは万引きしないのです。

こんなにも多くの人がかかわる中で，窃盗症から回復していくということに驚きを感じられた方もいるでしょう。社会のリソースが大きく割かれていることに，是非を唱えたい人もいると思います。

ここでは簡単に，認知機能の問題から万引きを繰り返す高齢者について解説しましたが，環境調整も含めた同様のアプローチが彼らにも非常

に有効だと考えます。窃盗衝動をコントロールできず，自分では万引きが止められなくなっているのは同じです。周囲からの目配りによって物理的にも精神的にも 1 人にさせないことで，未然に防げる可能性は十分にあります。これを我々は「孤立させない支援」と位置づけています。対象者への直接的支援だけでなく環境調整をすることで，ある程度問題行動の再発は防げるのです。

(4)　社会全体での取組

　これまでは，社会の中で万引きをやめ続けるということがほとんど考えられないまま来ました。今のところ日本では，窃盗症の当事者を刑事手続の早い段階から治療につなげるという制度やシステムはなく，弁護士などの紹介から私たちのような民間の医療機関に自力でたどり着き，治療を受けている人はごくごく一部です。今後，こうした施設がもっと増えてほしいと思います。ただその一方で，それだけではできることも限られると感じます。

　私たちのプログラムは一定のカリキュラムに沿って行われています。それが完成形ではなく，常にブラッシュアップしていくことになっています。ここに，さらに行政や福祉との連携があれば，より多角的なアプローチで高齢者の孤立を防ぎ，窃盗症の治療に臨むことができます。万引きだけでなく，高齢者になったことで生じやすくなる問題行動は他にもありますが，この方法が適用できるものはいくつもあるでしょう。

　万引きが社会に与える損失は甚大で，その病理に苦しむ人や家族がいます。この世に，生涯窃盗症には絶対にならない，と言える人はいません。自分の親が，子が，妻が夫が窃盗症になる可能性は十分にあります。特に高齢者の万引きは今後，確実に増えていくと考えられています。刑務所だけ，精神科医療だけではなく社会全体でこの問題に取り組む必要があるのではないでしょうか。

第5章　窃盗症における地域トリートメント

参考文献

・斉藤章佳　『万引き依存症』（イースト・プレス，2018）
・斉藤章佳　『男が痴漢になる理由』（イースト・プレス，2017）
・斉藤章佳　「クレプトマニアの包括的地域トリートメント」（特集　依存）更生保護 2018 年 3 月号
・日本経済新聞（夕刊）『広角鋭角―再犯防止へ回復支援』（2017 年 9 月 11 日付）
・河村重実，竹村道夫監修　『彼女たちはなぜ万引きがやめられないのか　窃盗癖という病』（飛鳥新社，2013）
・竹村道夫，吉岡隆編　『窃盗症　クレプトマニアその理解と支援』（中央法規，2018）
・伊東ゆう　『万引き老人　「貧困」と「孤独」が支配する絶望老後』（双葉社，2016）
・竹村道夫　「摂食障害と窃盗癖，私の対処法」（特集　クレプトマニアと摂食障害）　アディクションと家族 26 巻 4 号
・林大悟　「摂食障害者の窃盗事件をどのように弁護したか」（特集　クレプトマニアと摂食障害）　アディクションと家族 26 巻 4 号
・竹村道夫　「窃盗癖への対応と治療，700 症例の経験から」（特集　クレプトマニア再考）　アディクションと家族 29 巻 3 号
・林大悟　「窃盗常習者による事件の弁護」（特集　クレプトマニア再考）　アディクションと家族 29 巻 3 号 220 頁
・アラン・マーラット他，原田隆之訳　『リラプス・プリベンション　依存症の新しい治療』（日本評論社，2011）
・河本泰信　「クレプトマニア（窃盗癖）について―嗜癖行動障害としての検討」　精神科治療学 27 巻 6 号
・融道男ほか監訳　『ICD-10　精神および行動の障害』（医学書院，2005）
・高橋三郎ほか監訳，染谷俊幸ほか訳『DSM-5　精神疾患の分類と診断の手引』（医学書院，2014）

第6章　その人にあった「刑罰」を考えるということ

はじめに

　一橋大学名誉教授で龍谷大学名誉教授でもある村井敏邦は，立場の違う2人の実務家の言葉を紹介しながら，実務家と研究者の架橋のあり方について言及しました。紹介された実務家の言葉というのは以下のものです。すなわち，1つは矯正の実務関係者からの言葉で監獄法改正の議論の中で研究者と実務家が理想と現実を語りながら施設の運用と被収容者の人権とが争われた時に，「理想ばかりをいう学者も問題だが，理想をなくした実務家はもっと問題だ」というもの，そして，もう1つは検察官による「実務においては，日常的な事件処理において理念，理念とだけ言っていられません。理念と現実との妥協の上で仕事をしなければならないのです。しかし，最初から理念を見失っている場合には，妥協すべきものがありませんから，まったく悩みを感じないで現実を肯定する処理を行うことになる。これでは困るんですね」というものでした[1]。現場で活躍する実務家は，理想と現実の間で悩みつつ，一方でできる限りの理想を実務で活かしたいという姿勢こそが改革の力となるのであって，実務が理想を求める姿勢を失ってしまえば，実務の発展と改革は停止すると指摘されました[2]。司法試験（第二次考査委員）及び日本刑法学会理事長を歴任し，民間で唯一の刑事政策に特化した研究施設である龍谷

---

[1] 村井敏邦「戦後日本の強制改革における刑務作業の位置付けと本特集の意義」矯正講座第22号（成文堂，2001）123頁。

[2] 村井・前掲注1）123頁。

大学矯正・保護研究センターでセンター長も務められ，自身も弁護士として裁判実務の一部を担っている村井であるからこそ，学問と実務という単純な側面だけでなく，裁判実務と刑の執行段階における矯正・保護の実務においても学問と実務の隔たりがあること，そしてその架橋が必要であることを述べられています。

　本書のテーマである薬物依存やクレプトマニア，性依存などの嗜癖・嗜虐を伴うような行為依存を原因とした刑事事件が実務では問題となっています。これらは従来の行為責任主義では説明しきれない問題と，拘禁刑だけでは何も問題が解決しないのではないかという疑問が生じています。本書を企画された方々も各章を執筆されている方々も日々実務を経験する中で従来の刑事裁判では解決し得ない問題に直面されています。
　私に与えられた本稿での役割は，裁判実務を担う方々がなぜ刑罰の内容とその根本となる問題の解決に取り組む必要があるのか，どのように取り組むのか，そもそもなぜ日本では刑罰に着目してこなかったのかを説明し，1つの解決方法としてアメリカの問題解決型裁判所を検討することにあると考えています。たしかに，日本の刑事裁判では犯罪事実に関する証明がまず優先されるべきであって，無罪推定の原則からも事実があったかどうか，その事件を起こしたのが被告人かどうかの証明に力を入れるべきなのは異論がないでしょう。時間をかけて積み上げられた刑事訴訟法の原則は守らなくてはなりません。しかし，同時に刑罰の執行を指揮する検察官は，被告人に対してどのような刑罰を科すことが望ましいのかを考える必要があるのではないでしょうか。刑事訴訟法1条にいう「真実の究明」だけでいいというのであれば，例えばフランスの刑罰適用裁判官のように犯罪事実を証明することと，刑罰の内容を決める裁判は分けて考えるべきでしょう[3]。日本はそういう体制は取っておらず，検察官が刑の執行をも指揮することになっています。効果的な刑

---

[3] 相澤育郎「フランスにおける刑罰適用裁判官の制度的展開（1）」龍谷法学第48巻3号（2016）1303〜1354頁。

罰の運用は検察官の責任であるともいえそうです。一方で，刑罰について一切言及しないかといえばそうではなく，裁判で行われる論告においては「社会的な影響が大きい」といったような言説で罪を重くする時に語られます。その「社会的な影響」というのはどのように証明されているのでしょうか。犯罪事実を証明すること以外にも踏み込むのであれば，なぜ犯罪が起きたのか，どうすれば背後にある社会問題を解決できるのかも一緒に考えてもいいのではないでしょうか。

　もちろん，従来の刑事裁判においても，ただ犯罪事実が証明されているだけではなく，違法性や有責性とは別の判断のために本人の鑑定が行われ，さらには情状鑑定なども件数は多いとは言えませんが行われています。しかし，実際に刑が執行される場面ではどういった刑罰がその被告人に有効であり，必要なものなのかが深く議論されているとは言えないのではないでしょうか。特に，判決前調査を行わない日本の刑事裁判は，どういった刑罰がその有罪が確定する被告人に重要であるかを十分に検討しないまま量刑が決められる可能性が高く，また刑の一部執行猶予については，その運用について「再犯の可能性」にまで踏み込むということになっています。その事情や原因を調査せず，ただ前科・前歴があるかないかで判断してしまっていないでしょうか。

　以上の問題関心の中で，本稿では，刑事政策を学ばずに刑事裁判の実務を担うことの問題点を概観し，事件として表面化した逸脱行動だけに焦点を当てた「裁判」では，問題解決が困難であることを確認します。そして，それらを考えるヒントとして薬物犯罪者をひたすら刑務所に送っていても背景にある薬物依存による問題が残っている以上，劇的な解決にはならないと判断した実務家の判断から始まったアメリカのドラッグ・コート（薬物専門裁判所）と，そのムーヴメントから派生した問題解決型裁判所を紹介し，いかにして社会問題の解決を目指していくのかを検討する予定です。特に，人の倫理観によって左右されやすい薬物使用についての犯罪は，その行為をどう捉えるかで世界的には大きく取り扱いが異なっています。本稿では，これら薬物自己使用者に関して日本が行ってきた功罪について触れながら，刑事裁判が担う役割と法曹関

係者が担う役割，そして裁判官や検察官，弁護士が被告人の社会的問題解決に何でもできると過信することがいかに危険かについても検討をします。

　本稿に目を通していただいている「実務家」の方々は，またよく分からない研究者が理想を語っていると思われていることでしょう。しかし，最初に紹介した村井は，理想をなくした実務家に対してだけでなく研究者に向けても以下のようにも指摘しています。すなわち「刑事法の領域においては，実務家のみならず研究者においても，理念を失ってきている」と[4]。いつしか実務の中に理念が喪失していく上で，刑法の教科書で「刑罰論」に多くページを割いているものは少なくなってきていることや，法科大学院の教育のあり方なども原因となりうるのかもしれませんが，村井が指摘しているのは理念を支えるべき理論が脆くなっているということであり，激しい現実社会に耐え得る理念でなくてはならないという学者への注意喚起でもあります[5]。そこで本稿では，筆者の少ないアメリカでの経験にも触れながら，刑法学や刑事訴訟法学として乗り越えなければならない課題があることを認識しつつも，思い切って学者による理想を語ることにします。

[4]　村井敏邦「刑事法における理念の喪失現象」法学セミナー第58巻5号（2013）19頁。

[5]　村井・前掲注4）24頁。

第1 「刑罰」の実務を知らない法曹実務家

1 「刑事政策」は贅沢科目？

　日本の法学部で刑事政策を学ぶ学問の土台ができ始めたのは20世紀の前半からでした[6]。犯罪学の父と言われるロンブローゾのアプローチが生来性犯罪者説であったこともあり，医学の分野でも大きな展開が見られています。日本でも法学部よりも先に，法医学と司法精神医学に関する講座として1889年に裁判医学の講義を開始したとされています。そして法学の分野では1924年に東京帝国大学法学部において，「刑事学」の科目が設けられました。その後，1930年に高等文官試験司法科の試験科目として「刑事政策」が導入されることとなり，大学法学部の科目としても「刑事政策」という用語が一般化していくこととなりました[7]。1949年には司法試験の選択科目の1つとなり，各大学での法学部では刑法・刑事訴訟法とともに刑事法科目として設置されました。しかし，1998年の司法試験法改正に伴って選択科目が廃止され，刑事政策が司法試験から外されることとなりました。その後に，法科大学院の運用が始まる際に，選択科目の復活が議論されたのですが，その選定段階で刑事政策だけが外れることとなりました。しだいに全国の法学部では刑事政策・犯罪学の講座が減少することとなり，2020年現在では旧帝国大学で専門の講座を維持しているのは九州大学のみとなっています。このように司法試験の科目ではなくなったということに加え，解釈論を重視する「日本の法学部」の風潮の中で，刑事政策学は社会のニーズとは相反して，大学でのニーズは減少することとなりました。私立大学においても限られた刑事法分野の教員の枠があり，法学部での刑事政策教

---

[6]　相澤育郎「日本の犯罪学：1人の若手研究者としての体験と提言」石塚伸一編著『新時代の犯罪学：共生の時代における合理的刑事政策を求めて』（日本評論社，2020）135〜140頁。

[7]　相澤・前掲注6）135頁。

員人事が減少し，アカデミックポストが確保されないために専攻とする大学院生は大幅に減少することとなりました。今では，大学によっては刑事政策そのものが贅沢科目であり，専任教員のポストだけでなく，そもそも授業として設定することも困難な大学もあると言われたこともありました。

　また，専任の教員のポストがなくとも非常勤講師などによって授業そのものは維持されている[8]ものの，上述のようにこの分野を学ぶ大学院生そのものが減少していることは近い将来に必ず歪みが生じるものだと考えられます。筆者自身の経験からも某法科大学院で刑事政策の授業を担当させていただく機会がありましたが，成績評価のために論述式の期末試験を出したところ，受講生から「必修科目でないにもかかわらず，筆記の試験があるのは信じられない」といった趣旨の不満を聞かされたこともありました。これらの発言や法科大学院のあり方については別で論じたいことも多々ありますが，日本の司法試験や法科大学院の制度そのものが司法試験に偏ったものになりがちなことが原因にあるとも言えます。法科大学院生の関心も司法試験科目に集中するのは当然のことであり，まずは試験に合格することが目指される傾向にあります。このような土台の中で，法科大学院や院生を責めるつもりはないですが，試験科目でもなく，大学院の中でも必修科目でないという状態は，究極的に刑事政策学を学ばずとも法曹三者になれるということを示しています。

　プロだけでなく一般の市民も刑事政策を学ぶ必要があるともいえます。日本の裁判員裁判は，参加した市民も量刑の判断をすることになるからです。例えば，少年の逆送事件の量刑を決める際に，「少年刑務所と少年院との違いは何ですか？」や「短期で刑務所に行くのと，遵守事項をつけて保護観察を行うのとどう違うのですか？」といった質問が市民から出されたら，誰がどのように答えるのでしょうか。別の例も考えてみ

---

[8]　法科大学院などの刑事政策・犯罪学科目の状況については，安部哲夫「我が国の法学部及びロースクールにおける犯罪学教育」犯罪学雑誌第82巻2号（2016）44〜51頁を参照。

ます。一般的な世論として，日本では無期懲役もいずれ仮釈放されることになるために死刑を代替するような終身刑が必要であるといった議論がなされることが多いです。しかし，裁判員がこの事実によらない情報で話を進める際に，死刑と無期懲役の判断の際に「ほとんどの無期懲役受刑者は仮釈放されることがなく，仮釈放が認められる人の何倍も施設の中で亡くなっている。[9]実質的な終身刑の様な運用がなされている。」という事実を伝えている裁判官はどのくらいいるのでしょうか[10]。

2　法律の専門家なら「分かる」のか

　上記のような心配は，現実に起きています。例えば，2016 年 6 月 17 日の朝日新聞の朝刊に以下のような記事が紹介されています。「人の命を奪った罪には，大人と同じ刑で判断すべきだと心がけた」というもので，これは裁判員裁判で初めて少年に対して死刑判決が出された石巻 3 人殺傷事件で裁判員の 1 人が発言したものでした。さらに，この記事を書いた記者は「大人でも子どもでもない年齢だからこそ，慎重な審理が求められる。裁判員裁判での集中審理のあり方について検討すべきである」と述べています。少年法の意義や役割について議論をすることは本稿のテーマではないため簡単に記しますが，成人の裁判のように犯罪となる事実を明らかにし，その過去の行為に対して刑罰が科されるのとは異なり，少年については非行となる事実に加えて，要保護性の判断が行われ，「健全育成」の観点から刑罰だけでなく教育と福祉を提供することが必要であるとされています。だからこそ実際に触法行為がない虞犯

---

[9]　丸山泰弘「（私の視点）裁判員時代の無期懲役／軽くない実態，知る必要」朝日新聞（2017 年 2 月 2 日朝刊）

[10]　刑法 28 条は 10 年を経過すると無期懲役の仮釈放の審査を行えるとしているが，近年の実際に仮釈放が認められた人は 30 余年を経過しているのがほとんどで，2020 年 9 月に報道された情報によると国内最長の 61 年服役した方が仮釈放されたとのことである。NHK 熊本 News Web「国内最長か 61 年服役し仮釈放」（2020 年 9 月 11 日）https://www.3.nhk.or.jp/lnews/kumamoto/20200911/5000009976.html（2020 年 9 月 30 日最終閲覧）

第6章

その人にあった「刑罰」を考えるということ

も少年法は対象にしています。一般の生活を営んでいる市民がこれを知らないということは，まだ理解できますが（ただ市民参加の司法制度が目指された裁判員裁判というのであれば，すでに裁判の原則や少年法の基礎を知っているという市民で裁判を行っていただきたいというのが本心ですが），こういった少年法の役割を逸脱するような評議が進まないように，どこかのタイミングで然るべく専門家が説明を行えなかったのでしょうか。

　こういった1事例の裁判員のコメントから全体を語ることはできませんし，裁判員個人を責めているわけでも，個人の裁判官や検察官を責めたいわけでもありません。そうではなく，司法制度改革の柱の1つが市民参加型の裁判の実現というのであれば，市民には最低限の法教育を行うべきであるし，犯罪事実の認定と量刑の場面で手続を二分していない日本の刑事裁判を運用するためには少なくとも専門家は刑罰や執行の実務について学ぶ必要があるのではないでしょうか。

　特に，市民が量刑を判断するためには，判決前調査などの基準があるのが望ましいでしょう。そして，再犯の可能性などの評価を判決時に判断することの問題点はあるものの，実際にその評価を含む刑の一部の執行猶予を言い渡すのであれば，被告人本人が抱えている問題や更生計画を判断する必要性が高まるでしょう。次章では，判決時に判決前調査がなぜ必要なのかについて触れながら，その人が抱える社会的問題と裁判がどう向き合うべきかについて検討をしていきます。

第2　被告人の抱える問題を裁判ではどのように見るか

1　情状鑑定の運用

　　裁判所で裁判官以外に事実認定の判断や量刑の判断に影響を与えるものとして鑑定があります。裁判所で使用される鑑定は，「裁判所が裁判上必要な実験則等に関する知識経験の不足を補給する目的でその指示する事項につき第三者をして新たに調査をなさしめて法則そのもの又はこれを適用して得た具体的事実判断等を報告せしめるもの」をいうとされています[11]。その中で，情状鑑定とは訴因以外の情状について，量刑や被告人に対する処遇方法を決定するために必要な智識を提供することを目的としているものです[12]。これらが示しているように，本来の鑑定とは，裁判官の知識経験だけでは適切な判断を下す上で不足があると考えられる時に行われ，鑑定人は裁判官の補助者として位置付けられています[13]。鑑定には，主に裁判所からの命令に基づいて行われる正式鑑定（刑訴法165条）と主に弁護人の依頼に基づいて行われる私的鑑定があります。そのほかには，検察官が起訴するかどうかの判断のために起訴前に嘱託鑑定というものがあります。入口支援として知的障害者や高齢者である被疑者に対して何かしらのアプローチが必要であると注目されつつありますが，実際には多くは運用されていないのではないでしょうか。

　　このように，裁判官の補助のために行われる鑑定ですので，実施に際し，必要であれば被告人を病院などの適切な場所に留置することもできますし（刑訴法167条1項），鑑定人は裁判所の許可を得て住居などへの立ち入りなどを行う権限も与えられています（刑訴法168条1項）。しか

---

11) 最判昭和28年2月19日刑集7巻2号305頁。
12) 上野正吉「刑の量定と鑑定〜情状鑑定の法理」上野正吉ほか編『刑事鑑定の理論と実務』（成文堂，1977）114頁。
13) 本庄武「刑事手続における科学鑑定の現状と課題」一橋法学16巻1号（2017）1頁以下。

し，これらは，正式鑑定に認められているのみであって，私的鑑定の場合は，裁判所が鑑定は必要ないと判断した場合や裁判所が判断する前の段階であれば，特に鑑定人に特別な権限は与えられていません。これまで述べてきたように，日本では刑罰執行の専門的な裁判官制度を置いているわけではありませんし，必ずしも刑事政策の勉強を本格的に行っていない裁判官が，被告人（場合によっては被疑者）の鑑定が必要かどうかを判断するということになります。

　この問題が一層複雑なのは，刑事訴訟法上の大原則である「無罪推定」原則や適正手続論から考えて，被疑者・被告人を前提として有罪推定で量刑を考えるということに疑問が生じやすいでしょう。特に，日本の刑事裁判は犯罪事実と量刑判断の手続二分が行われていないために，こういった問題が付きまといます。つまり，確定してはじめて，「有罪」になる裁判の途中で量刑を考えるということは，有罪推定で裁判を行うことになるからです。犯罪事実を明らかにする手続と量刑を決める手続を分けるといった議論がなされることが必要であるといえます。刑事訴訟法上の避けがたい問題がある一方で，山本譲司氏が，その著作「獄窓記」や「累犯障害者」で刑務所には少なからず知的障害者が収容されていると問題提起したことで，被疑者・被告人に対する現場での見方に変化が生じています。その後の厚生労働省の調査によって知的障害者のみならず，高齢者などの社会的に支援が必要であったにもかかわらず，適切なサポートを必ずしも受けられていなかった人たちの犯罪と再犯が注目を浴びるようになってきました。そして，本書の企画や他の方々の論考にあるように，必ずしも行為責任論でその責任だけを刑罰として科しておけば解決し得る問題ではないことが明らかになってきています。

　上述のような問題を避けるためには，被告人が有罪となった場合に制度として事件ごとに被告人の生い立ちや更生支援計画を作成するといったことが必要になってきます。本庄武によれば，例えば実務的に多い覚せい剤の単純所持や自己使用の罪について，再使用が多いという調査結果が出ているにもかかわらず，初犯の場合はほとんどが執行猶予となり，再犯時に猶予されていた刑も併せて執行されることの心理的な威嚇効果

しか見られず，やめたくてもやめられないという依存症に対して心理的威嚇を与えるだけでは不十分であると指摘しています[14]。さらに，再犯率が高い他の犯罪として窃盗を取り上げ，窃盗の理由についても生活困窮によるものだけでなく，社会的孤立やクレプトマニア，それらに複合的に関連することが疑われる摂食障害などの疾患があり，こうした問題が解消されない限り再び犯罪に至りやすいのではないかという懸念がある中で，実質的には再犯のたびに刑期が重くなっていき警告を受けたにもかかわらず懲りずに犯罪を繰り返し，悪質になっていくという理由で刑罰が長期化していくのではないかと指摘しています[15]。つまり，実際に刑事施設の約50％を占める窃盗罪と覚せい剤取締法違反の罪の原因となっているような社会的問題には注目せずに，より刑期が重くなるという心理的威嚇と刑罰をもって再犯を抑止しようという方策しか採っていないようにみえます。

2　判決前調査

(1)　判決前調査とは何か

　情状鑑定とは別に量刑に影響を与える調査として判決前調査というものがあります。ただし，日本には現在判決前調査は存在していません。判決前調査とは，被告人の更生可能性やそのための資源の有無などについて調査を行う制度です[16]。それは，被告人の処遇決定や量刑を科学化するための手段として採用されているもので，国際的には趨勢なものです。本書のテーマのように刑事司法と福祉の連携が叫ばれる中で，被疑

---

[14] 本庄武「判決前調査制度を導入するに当たっての課題」須藤明＝岡本吉生＝村尾泰弘＝丸山泰弘編著『刑事裁判における人間行動科学の寄与〜情状鑑定と判決前調査』（日本評論社，2018）241頁。

[15] 本庄・前掲注14）242頁。

[16] 鈴木茂嗣「判決前調査制度」宮澤浩一ほか『刑事政策講座』第1巻（成文堂，1971）357〜358頁。

者・被告人に対し，判決後に適切な処遇が行われるように注目を集める
ものとなっています[17]。

　日本において判決前調査制度の議論が本格的に行われる少し前の
1950年8月に，オランダのハーグで第12回国際刑法及び監獄法会議が
開かれました[18]。そこで，審議された課題の1つは，「裁判官を補助する
ため被告人に関する判決前調査を行う必要があるか」というものでした。
これは，刑罰の目的が単なる犯罪者への処罰ではなく，再び罪を犯すこ
とのないように改善しつつ，かつ通常の社会生活の条件に適応すること
が一般的に認められていることを前提にして，刑事訴訟の伝統的な組織
を改革することが要請されたものでした[19]。これらに対する決議として
は，「刑事司法の近代的組織においては，刑の言渡に先立って，犯罪の
情状だけでなく，犯罪者の素質，人格，性格ならびに社会的経歴および
学歴に関する事項についても報告が行われるように定めることが，きわ
めて望ましい」といったものであったり，「調査および報告の範囲およ
び程度は，裁判官が事理にかなった判決をするのを可能にするに足りる
資料を裁判官に提供するごときものであることを必要とするであろう」
といったもの，そして「刑罰による矯正の問題を取り扱わなければなら
ない裁判官の専門的教養に刑事学の教養が含まれることも，同じく望ま
しい」といったことも決議されています[20]。

　日本における判決前調査制度の議論は，このハーグでの決議の3か月
後である1950年11月から，最高裁判所に執行猶予者に保護観察を付す
るいわゆるアダルト・プロベーション制度の調査委員会が裁判所，法務
府，弁護士会および学界のメンバーによって非公式に設けられました。
その後，1951年の法制審議会や1958年の売春防止法での付帯決議など
数度にわたって判決前調査の導入について議論がなされてきましたが，

---

[17] 丸山泰弘「判決前調査とその担い手〜Mitigation Specialist（減軽専門家）の視
　点〜」浅田和茂先生古稀祝賀論文集〔下巻〕（成文堂，2016）699〜719頁。
[18] 江里口清雄「補導処分と判決前調査」法律のひろば第11巻5号（1958）10頁。
[19] 江里口・前掲注18）9頁。
[20] 江里口・前掲注18）11頁。

結論的には当時の日本弁護士連合会などの反対が強く導入には至っていません[21]。

　本書のテーマのように刑事司法と福祉の連携が注目されている現在において，現在の情状鑑定で足りるとするには限界があるかもしれません。例えば，本庄は「判決前調査制度を持たない中で，応報主義による量刑を行なってきた日本の量刑実務においては，情状鑑定が原則として不要とされてきたのは当然のことで，それでも現在の刑事裁判において情状鑑定が果たす実質的な役割が大きいのは，第一義的には被告人に人格障害や知的障害などの精神的な障害が存在し，それが犯行に影響したことが伺われた際に，責任評価が困難な場合があったためである。これは，応報刑を適切に評価するための鑑定であった」と指摘し[22]，あくまで情状鑑定は応報主義の中での責任評価のための鑑定であって，司法と福祉の連携が叫ばれる中で不十分であろうと指摘しています。

(2)　なぜ必要か？

　司法と福祉との連携の話題の中で必要であると述べてきましたが，判決前調査の必要性を述べる理由はそれだけにとどまりません。冒頭にも書いたように矯正の実務について，そしてその効果について決して詳しいとは言えない検察官や裁判官が求刑と量刑を判断しています。その際に基準となるのは，責任主義にのっとった量刑相場に従うという方法に軸足があることになるでしょう。しかし，被告人の一人ひとりがそれぞれの犯罪や非行に至った理由が異なれば，その解決方法も異なります。例えば，同じ窃盗を繰り返す人でも，知的障害や高齢者で仕事がなく貧困から食べ物がない人が行う場合もあれば，障害はなくともギャンブル依存による借金苦から窃盗に及ぶ場合もあります。同じ窃盗罪として刑

21)　詳しくは，丸山・前掲注 17) を参照。
22)　本庄武「日本の量刑の特色と判決前調査制度を導入することの意義」龍谷大学矯正・保護総合センター研究年報第 3 号（現代人文社，2013）34 頁。

務所に拘禁をしても，前者の場合は生活が苦しい理由を探り社会生活が
行えるように整えなければ，釈放後にも再び空腹などから窃盗を繰り返
すこととなります。後者の場合には根本にあるギャンブル依存の問題が解
決されない限り，再び出所後にギャンブルによる借金から窃盗を行う可
能性が高いです。それぞれに見合った刑罰やそれ以外の選択肢を把握す
る必要があるでしょう。さらに，裁判員裁判の対象事件となる，生活苦
からくる放火事件や，介護疲れからくる家族殺人など重大事件であって
もその背景にある問題は様々です。さらに付言すれば，ただ「生活苦」
としても，生活苦の原因となる理由は多種多様であるはずです。これら
現状の裁判の問題点を見つめ直し，効果的な量刑のあり方を裁判員であ
る市民にも説明する必要があるのではないでしょうか。

　また2016年から日本では刑の一部執行猶予制度が始まりました。従
来の刑の全部執行か全部猶予ではなく，言い渡された刑期の一部だけ施
設に収容され，残りの期間を執行猶予されるといった運用になることに
なります。これまでの全部執行であっても，矯正施設での刑の執行途中
で仮釈放となる人がいますが，その仮釈放は地方更生保護委員会などの
別の専門家が個別に検討・熟慮をして仮釈放が可能かどうかの判断をし
ています。しかし，一部執行猶予は裁判官以外の専門家が判断するもの
ではありません。むしろ施設に入った後，つまり数年後の被告人の状態
を判断し，一部執行猶予の判決を言い渡すときに裁判官は適切な事後の
予測が可能でなければならないということになります。このように，一
部執行猶予制度を運用するという意味でも判決前調査のように専門家の
アセスメントや量刑の判断についての専門家が合議に加わり，刑の個別
化を行うべきではないでしょうか。ここまでの文章に対して，「それは
立法の問題であって我々の問題ではない」や「刑罰の内容については刑
罰の執行のプロが行えばいい」といった反論をもたれた裁判官や検察官
もいらっしゃるかもしれません。しかし，薬物に関していえば，少ない
私の経験からもダルクで回復が始まった人に対して「刑務所でもプログ
ラムをやっているからそちらでやればいい」といったことを言われたり，
「先例にはない」という理由だけで実刑を言い渡し，または再度の執行

猶予判決にすぐに控訴するような場面にも出会ってきました。同時に，被告人の回復に関心のない弁護士にも出会ってきましたし，逆に何がなんでも回復すべきであるという押し付けをする弁護人にも出会ってきました。

　そこで，以後は被疑者・被告人の抱えている問題に注目し，適切な裁判や量刑のあり方を模索するアメリカ合衆国（以下，アメリカ）の問題解決型裁判所と，そこで活躍する法曹三者とソーシャル・ワーカーの棲み分けと協力についてあるべき姿を検討します。そのためにまず次節では，刑罰のみでは効果が得られない問題として代表的な薬物政策に着目し，最終節にて被告人が抱える社会的な問題の解決を図ることで真の問題解決を目指すアメリカの問題解決型裁判所を紹介します。

第3 刑事政策の側面から薬物問題を見直す

1　世界の薬物政策と日本の「ダメ。ゼッタイ。」

　日本での薬物政策は公益財団法人麻薬・覚せい剤乱用防止センターによる「ダメ。ゼッタイ。」普及運動[23)]をはじめとした初期使用を防ぐための啓発活動に力点が置かれています。この啓発活動が初期使用の防止に効果があるのか科学的な証明はなされていませんが，健康侵害や刑罰などによる心理的威嚇を用いて初期使用を止めるためになされていると考えられます[24)]。仮に，初期使用に至る経緯に一定程度の予防効果があったとしても，それは諸刃の剣となっているおそれがあります。なぜなら，あえて自分を傷つけたいという自傷行為を望んでいる人への予防効果としては意味をなさない上に，日本の議論は「違法であるからダメなのだ」という思考停止に陥りやすいために，薬物使用者は犯罪者であるというレッテルを貼り付けることとなり差別が生まれやすいためです。

　日本で報道は少ないですが，すでに国連やWHOやその他の多くの薬物政策について提言をする国際組織からは，科学的根拠に因った効果的な薬物政策はハーム・リダクション政策であり，刑罰を用いた末端使

[23)] 公益財団法人麻薬・覚せい剤乱用防止センターのホームページ。http://www.dapc.or.jp/index.html（2020年9月30日最終閲覧）

[24)] 健康侵害を伝えることで初期使用を抑える啓発活動は，ある実験がきっかけとなっています。普通の水と薬物入りの水が用意され，快楽を得るために薬物入りの水を飲み続けるというラット実験がその1つとされています。しかし，たった1匹で行う実験に疑問を持ったサイモンフレーザー大学（カナダ）のアレクサンダー教授は複数のラットを遊び場があるゲージで同じように実験をしたところ，薬物入りの水に入り浸るラットがほとんどいないことを発見しました。アレクサンダーによれば，アディクションは孤独の末に起こるもので，その反意語はコネクションなのではないかという仮説が出されることになりました。ラット実験に関する分かりやすい書物として，スチュアート・マクミラン（松本俊彦ほか監訳）『本当の依存症の話をしよう：ラットパークと薬物戦争』（星和書店，2019）を参照。

用者への介入は差別や偏見をもたらすために望ましいものではないという声明を出しています。例えば，2016 年の国連の総会において薬物問題の特別セッション（United Nations General Assembly Special Session：UN-GASS）が開催されました。この 10 年前に開催された UNGASS では薬物戦争（War on Drugs）のもとに徹底した取り締まりが謳われ，厳罰をもって取り組むことが主張されていました。その結果，過剰収容を引き起こし，危険ドラッグなどが蔓延したことなどを受けて，これらの薬物戦争が大失敗であったことをはっきりと認めています。そして，何よりも重要なのは蓄積されたエビデンスを用いて，刑事罰に頼らずリスクマネジメントや使用の害を抑える，医療的で公衆衛生（Public Health）を用いたアプローチが有効であると示されています。2016 年の UNGASS では，さらに具体的に薬物使用者の人権と尊厳を守ることが記載され，犯罪としての対処から公衆衛生としての見地が重要であることが記載され，処罰による対処から予防・治療・ハーム・リダクションへの転換を示しています。さらに，2019 年 6 月の「国際薬物乱用・不正取引防止デー」のアントニオ・グテーレス国連事務総長のコメントは，権利保障と健康管理に軸足を置いた薬物政策に取り組むことで，薬物使用を予防し，薬物使用者のリハビリテーションなどを行うサービスに偏見や差別がもたらされるべきではないというものでした[25]。

　国際的な薬物の問題使用に対するアプローチは大きく 2 つに分かれるといわれています。社会には薬物が存在してはならず，製造や密輸などはもちろんそれらを使用する人に対しても徹底した取り締まりで統制を図ろうとする不寛容主義（ゼロ・トレランス）と，薬物が存在しないことは望ましいが薬物は現実に社会にあるものとしていかにその害悪を減ら

---

[25]　ポルトガル出身のグテーレス事務総長は 2001 年にほぼ全ての薬物を非刑罰化したことで有名です。ポルトガルは刑事罰に依存せずに薬物の問題使用を減らすことを目指し，その実践を行いながら，実際に問題使用を減らすという実績を積んでいます。ポルトガルの薬物政策については，丸山泰弘「ポルトガルの薬物政策調査報告・2014-2015 年」立正法学論集第 49 巻 2 号（2016）196～234 頁を参照。

し問題使用を減らすかということに力を注ぐハーム・リダクション政策があります。前者は，アメリカが主導となり世界中に薬物戦争（War on Drugs）を宣言し，日本をはじめ厳罰をもって解決を図ろうとする多くの国に影響を与えています。一方で，後者はカナダやヨーロッパを中心に展開されているもので，先の国連や多くの団体が主張するように科学的根拠に因った政策から捉え直し，問題使用を効果的に減らすことができるのは，公衆衛生として薬物統制を試みたり，社会保障の問題として回復の支援を行ったりするものです[26]。ハーム・リダクション政策を採る国では，違法でない状態または処罰をしないで対応することになるので，違法薬物の裏マーケットを仕切るマフィア等に流れる資金が抑制されますし[27]，それを取り締まる捜査機関が別の捜査に力をかけることができます。また，使用者自身も家族なども違法でないことから適切な場所に相談がしやすいために隠れずに病院や相談センターなど表に出やすくなったこと，そして注射器の使い回しなどによる HIV や肝炎が蔓延することが抑えられ，早期に医療機関につながり，回復の道につながりやすいようです。

　ただし，注意が必要なのは，ハーム・リダクション政策を採れば一貫して薬物使用の問題がなくなるのではありません。比較的に良い結果が出ていると見れますが，問題使用の数が減る年もあれば，増加する年もあり，さらに薬物の種類によっても異なる結果となっており二項対立で

---

[26] 丸山泰弘「覚せい剤に大麻…薬物使用者をあえて『罰しない』驚きの改革の効果」現代ビジネス（2018年9月2日）https://gendai.ismedia.jp/articles/-/57166（2020年9月30日最終閲覧）

[27] アメリカでは大麻（マリファナ）の嗜好的使用が合法にされた州や違法のままの州があります。例えば，2020年の大麻に関連した資金は約6.2兆円が予想値として出されており，そのうち71％が非合法の市場で占めているとされています。特に保守と厳罰を支持する州でその数値は高く，テキサス州が非合法の大麻市場の7％を占めており，厳罰化するほど非合法市場が独占していくことが予想されています。Bruce Barcott "Americans will spend \$60 billion on illicit marijuana this year, report says", Sep. 16, 2020　https://www.leafly.com/news/industry/americans-will-spend-60-billion-on-illicit-marijuana-this-year-report-says（2020年9月30日最終閲覧）

論じられるような単純なものではありません[28]。特に問題使用が増加しても薬物関連による過剰摂取（オーバードーズ）が減少する年もあれば，その逆になる年も国もあります。当然ですが，非処罰化・非刑罰化することで全ての問題がすぐに解決するわけではないのです。ただし，ゼロ・トレランスのように厳罰化することで問題が解決しているかといえば，日本やフィリピンを見れば明らかなように現実はそうなっていません。つまり，効率よく問題使用を減らすには，エビデンスに基づいた政策が必要であり，必ずしも人の行動に変化を与えるのに刑罰は必要としておらず，人権侵害を引き起こさずに問題使用を減らすにはハーム・リダクション政策が望ましいということです。

　それらのハーム・リダクション政策を採用する国でも，依存性の高い薬物を自由に使うことを推奨しているのではありません。しっかりと初期使用を抑えるための施策も行っています。それは，「ダメ。ゼッタイ。」普及運動のように健康侵害や刑罰を受けることを伝える心理的威嚇を用いた啓発活動ではなく，「Safety First」を伝えることでその場面に出会えばどのように断るかを伝えます。薬理作用で倒れた知人がいたらどのように助けるか，薬物と出会ってしまったらどのように安全に使用するのかといったことを教育することで問題使用を減らせるとしてい

---

[28]　ヨーロッパの薬物政策については，EU の薬物政策のための研究組織「European Monitoring Centre for Drugs and Drug Addiction：EMCDDA」のホームページを参照。https://www.emcdda.europa.eu/emcdda-home-page_en（2020 年 9 月 30 日最終閲覧）。また，2020 年 9 月 22 日には最新の「European Drug Report 2020」が公表されており，パンデミック禍における薬物政策をテーマに取り上げている。そこでは，コカイン使用の増加が指摘されており，今後の課題として言及されている。https://www.emcdda.europa.eu/system/files/publications/13236/TDAT20001ENN_web.pdf（2020 年 9 月 30 日最終閲覧）。コカイン使用の増加が課題とされつつも，ポルトガルでは過去 1 年の大麻も問題使用（15 歳から 34 歳）が 2012 年まで下がり続け（2001 年から非刑罰化している。その直後は少しだけ増加が見られた），その後は若干の上昇が見られるが，それ以外の薬物（コカイン，MDMA，覚せい剤）などは減少傾向が見られるとしている。さらに，若干の上昇が見られると述べたが，他の EU の国々の平均と比べれば依然として低い値となっている。

ます[29]。

　つまり，末端使用者の意思の弱さとして取り扱うような日本の報道や
刑事司法のあり方では，偏見や差別を生み出し，薬物の問題使用を減ら
すという効果は少ないどころか使用者の人権にも重大な侵害が生じるた
めに，その見直しが求められています。

2　新たな取り組みとその効果

　日本では，前項のように啓発活動と徹底した取り締まりが根底にある
ものの，近年ではただ処罰を科すというものから，依存症のための回復
プログラムを刑務所などの刑事施設でも行うようになってきました。そ
の流れを簡単に概観します。

　【図表1】のように，日本では覚せい剤を法律で取り締まるように
なった以後に覚せい剤取締法違反の検挙人員で3つのピークがあり，そ
の第3次乱用期が起きた1997年の翌年から薬物乱用防止五か年戦略[30]
が策定されました。その後，5年ごとに更新され，現在は2018年に策
定された第五次薬物乱用防止五か年戦略の下に薬物政策が行われていま
す。

　基本的には最初の薬物乱用防止五か年戦略が策定された時から，徹底
した末端使用者への取り締まりと供給側への取り締まりを強化すること
で，薬物問題に対応する姿勢が貫かれています。しかし，第三次薬物乱

---

[29] Drug Policy Alliance "Safety First: A Reality-Based Approach to Teens and Drugs"
(2019) https://www.drugpolicy.org/sites/default/files/safetyfirst-4.24.19_0.
pdf（2020年9月30日最終閲覧）。その実践の紹介として，例えばNY州のある
高校では，いわゆる否定的な教育をするのではなく安全な性行為を伝えることで
危険な性行為を避けられるように，薬物についてもその危険を伝えるだけでなく
同時に安全な使用方法について伝える教育を行っている。U. S. News "A Different
Does of Drug Education" (Nov. 14, 2019)　https://www.usnews.com/
news/healthiest-communities/articles/2019-11-14/high-school-drug-curriculum-
includes-harm-reduction-emphasis（2020年9月30日最終閲覧）
[30] 首相官邸「薬物乱用防止対策推進本部」（1998年5月）https://www.kantei.go.jp/
jp/singi/yakubutu/980701yakubutu.html（2020年9月30日最終閲覧）

【図表 1】覚せい剤取締法違反の検挙人員

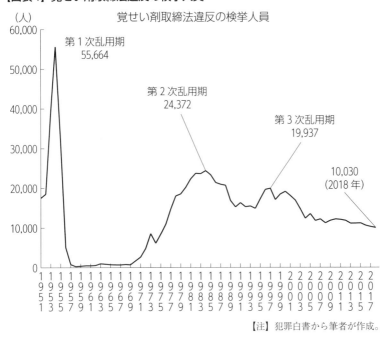

覚せい剤取締法違反の検挙人員

（人）

第 1 次乱用期
55,664

第 2 次乱用期
24,372

第 3 次乱用期
19,937

10,030
（2018 年）

【注】犯罪白書から筆者が作成。

用防止五か年戦略の頃から，使用者への回復支援や回復施設などの民間団体との協力が文言として登場し，末端使用者への徹底した厳罰というものだけではなくなってきました。さらに，監獄法の改正がなされ 2006 年に施行された「刑事収容施設及び被収容者等の処遇に関する法律」（平成 17 年 5 月 25 日法律第 50 号）では，特別改善指導として薬物依存離脱指導が導入されました。そこでは，従来の断薬教育とは異なり，ダルクなどの外部講師も招聘しながら，グループワークやミーティングを行いながら再使用に至らないための知識やスキルを学べるようになっているとされています[31]。

31)「刑事施設における特別改善指導：薬物依存離脱指導」https://www.mhlw.go.jp/
seisakunitsuite/bunya/kenkou_iryou/iyakuhin/yakubutsuranyou_taisaku/kaigi/

第6章

その人にあった「刑罰」を考えるということ

　薬物経験のない刑務官から「薬物をやめろ」と指導されるよりも，やめたくてもやめられない人たちや，そもそもやめたくないと考えている人たちに，ダルクなどの薬物経験のあるピアの方たちが自身の経験から薬物への渇望をどのように乗り越えたのかを語ることで，今すぐにやめられないと考えている人が出所後にダルクのことを考えるきっかけになるといった意義があると考えられます。しかし，刑期の長さに関係なく1回90分程度の単元を12回ほど行うだけで十分とはいえず，施設の問題で必ずしも全員が受講できているわけでもないようです。また，この特別改善指導を義務化されたとみる考え方も登場し，さらに現在の「新自由刑」導入のための自由刑の単一化の議論[32]で，本人のためなのだから本人の意思に関係なく回復プログラムを強制するという流れには注意が必要です[33]。むしろ裁判実務を見ると社会内で回復の機会を得ている人であっても，裁判官や検察官は1度でも再使用があればその回復の機会を断絶し刑務所の方が回復できると考えているようです[34]。この「再使用」についてドラッグ・コートではどう捉えるかについては次章で説明をします。

　薬物乱用防止五か年戦略などでは，供給側と需要側の両方への厳罰化が謳われ，また，回復プログラムも含めた支援について言及がなされるようになりました。刑事施設でも行われている薬物依存離脱指導を数字

---

zenkoku_h29/dl/s5-2.pdf（2020年9月30日最終閲覧）

[32] 法制審議会少年法・刑事法（少年年齢・犯罪者処遇関係）「取りまとめ（案）」（令和2年9月9日）http://www.moj.go.jp/content/001329766.pdf（2020年9月30日最終閲覧）

[33] 特別改善指導の義務化についての問題点は，丸山泰弘「刑事司法における薬物依存治療プログラムの意義〜回復する権利と義務〜」刑法雑誌第57巻2号（2018）229〜247頁を参照。また自由刑の単一化の問題については，丸山泰弘「自由刑の単一化と薬物事犯」犯罪と刑罰第27巻（成文堂，2018）51〜72頁を参照。

[34] 丸山泰弘「執行猶予中の覚せい剤取締法違反（所持・使用）に対し，医療や回復支援の体制が整えられたとした原審の再度の執行猶予判決を破棄し，実刑を言い渡した事例［大阪高裁平成26.11.6判決］」『新・判例解説Watch』第17巻（日本評論社，2015）207〜210頁。Web版は https://www.tkc.jp/law/lawlibrary/commentary/2015/05/07_090（2020年9月30日最終閲覧）

【図表 2】覚せい剤取締法違反　検挙人員　違反態様別（2018 年）

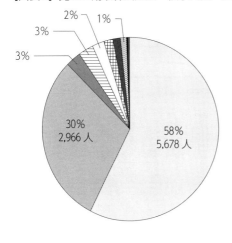

覚せい剤取締法違反 検挙人員
違反態様別（2018 年）
総数 9,868 人

- □ 単純自己使用
- ▨ 自己使用目的所持
- ▨ 譲渡し
- ▤ 営利目的所持
- □ その他
- ▦ 譲受け
- ▨ 営利目的譲渡し
- ▨ 営利目的密輸入
- ■ 自己使用目的密輸入
- ▨ 営利目的譲受け

【注】犯罪白書から筆者が作成。

で見ればどうなっているのか確認してみましょう。

　【図表 2】は違反態様別にみた覚せい剤取締法違反の割合です。2018年は総数で 9,868 人が検挙されています。そのうちで単純自己使用の罪の人は 5,678 人，自己使用目的所持の罪の人は 2,966 人でした。つまり，自己使用の罪と自己使用目的所持の罪という末端使用者だけで，覚せい剤取締法違反の約 90％を占めており，需要者側に徹底した取り締まりが行われているのが分かります。母数としての人数が供給側と需要側に違いがあるために一概に比較はできませんが，少なくとも多くの末端使用者が刑事司法によって介入を受けているといえます。

　次に，末端使用者を検挙し刑事罰で取り組むことで刑事司法はどのような効果を果たしているのでしょうか。【図表 3】は検挙人員における初犯者と再犯者の比率を示したもので，【図表 4】は同一罪種での入所度数を表したものです。【図表 1】で確認したように，覚せい剤取締法違反で検挙される人の総数は減少しています。日本の犯罪の減少は，覚せい剤取締法の人に限った話ではなく，全体的に減少の一途を辿っているのが現状です。その要因の 1 つとしては，いわゆる若年成人と言われ

【図表3】覚せい剤取締法違反　成人検挙人員中の同一罪名再犯者人員の推移

覚せい剤取締法違反 成人検挙人員中の
同一罪名再犯者人員の推移

【注】犯罪白書から筆者が作成。

る若い世代の単純な人口の減少が挙げられます。初犯の人が減少している分，犯罪に対する言及は，むしろ「再犯」に注目されるようになってきました。「再犯率」と「再犯者率」の違いを理解しないままに「再犯率が上昇している」という報道や言説を目にすることが多いですが，数字をみれば刑法犯全体の初犯者の数も再犯者の数もどちらも減少しています。ただ1つ，上昇していると報道される数字は「再犯者率」ですが，これはその年に検挙された総数のうち再犯の人の割合を示しているにすぎません。例えば，ある年に初犯の人が15,000人で再犯の人が5,000人であった場合に「再犯者率」は25％となります。そして5年後に初犯の人が8,000人で再犯の人が4,000人であった場合，初犯者だけでなく再犯の人も1,000人減っているにもかかわらず，「再犯者率」が33.3％となります。つまり，再犯の人も総数で見れば緩やかに減少しているにもかかわらず，初犯の人が急激に減っており，その1年で検挙された総数からみて再犯の人の割合が上昇しているにすぎません。そこで【図表3】をもう1度確認すると再犯者率は66.6％と過去最高になっていますが，同一罪名再犯者としての覚せい剤取締法違反の検挙人員は緩やかに

【図表4】覚せい剤取締法違反　入所受刑者人員の推移（入所度）

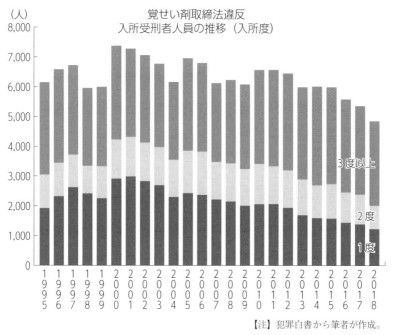

【注】犯罪白書から筆者が作成。

減少しています。

　再犯者の数も減少しているのであれば，末端使用者への刑事罰の運用が効果的に機能しているのでしょうか。それを確認するために覚せい剤取締法違反者の刑事施設への入所度数を表す【図表4】を確認します。上述のように犯罪全体がそもそも減っており，覚せい剤取締法違反の対象者であっても初入所の人は減少しています。しかし，2度目の入所者，特に3度以上の入所者の割合はむしろ増加傾向にあるように見えます。つまり，いかに刑事罰を用いた心理的威嚇を用いても，薬物依存離脱指導を行っても覚せい剤事犯で入所してくる人は何度も刑事施設に戻ってくることが分かります。

　以上のように，初犯の人の減少は薬物対策とは全く別の要因が影響しているとみえるのに対し，刑事罰で個人の責任を追及したものであって

も，薬物依存離脱指導を行ったとしても何度も繰り返す人に対して十分に効果を発揮していないといえます。こういった薬物政策の失敗は日本に限ったことではありません。前項で確認したように，どこの国でも厳罰によって問題使用を統制することに失敗をしています。そのため，様々な方法で厳罰とは異なるアプローチを試みています。

第4 問題解決型裁判所の挑戦

1　ドラッグ・コートの誕生

　アメリカでは 1960 年代に入って，ニクソン元大統領によって「薬物戦争」が開始され，特に 80 年代にはレーガン元大統領が大きく不寛容（ゼロ・トレランス）政策を展開しました。その後，80 年代には 80 万人ほどであった刑事施設の被収容者数が 2000 年には 230 万人となり，世界でもトップレベルの過剰収容を抱える国となっていきます。その理由はいくつか指摘されていますが，大きな理由の 1 つが薬物問題への失敗です。このように不寛容政策によって世界の薬物政策を主導してきたアメリカですが，徐々に変化が見られるようになってきました。例えば，2012 年にはコロラド州とワシントン州で嗜好目的の大麻所持を合法化する法律が州民投票によって実現し，2020 年 9 月には，嗜好目的で大麻を合法化する州とワシントン D.C. で 12（11 州と D.C.）となっています[35]。さらに医療目的での大麻所持を認めているのはワシントン D.C. を含め 34（33 州と D.C.）です。また，オバマ元大統領も「薬物問題は刑事司法の問題ではなく健康に関する問題である」と明言し，薬物戦争よりも重要なものは予防とトリートメントであるとしています[36]。このよう

---

[35] 脱稿後，2020 年 11 月 3 日に大統領選挙が行われた日に各州で州民投票が行われ，さらに 4 つの州で大麻の合法化が州民投票によって決まりました。また，オレゴン州にいたっては，ヘロインや覚醒剤などのハード・ドラッグも含めて非刑罰化をすることを決めております。大統領が民主党候補者に変わることで連邦としても大麻の合法化が加速することが予想されています。偏見に基づく刑罰の運用は害悪をもたらします。彼らはエビデンスに基づいた刑事政策を採る必要性に気づき，大きな一歩を踏み出そうとしています。

[36] The Guardian "Obama: 'Drug addiction is a health problem, not a criminal problem'" (Mar. 30, 2016)　https://www.theguardian.com/us-news/2016/mar/29/barack-obama-drug-addiction-health-problem-not-criminal-problem（2020 年 9 月 30 日最終閲覧）

に，非刑罰化・非処罰化の流れが急激に進んではいるものの，アメリカの薬物政策の中心を担っているのは薬物専門裁判所であるドラッグ・コートです。ドラッグ・コートは単純所持や使用だけでなく薬物に関連する犯罪も含めて，伝統的な刑事裁判とは異なる裁判を行う特別な裁判所です。司法省の中にもドラッグ・コート・オフィスが設置され，膨大な予算が付けられています。上述のように，オバマ元大統領は薬物問題が刑事司法の問題ではないと宣言し，刑務所改革を行っていましたが，その中の一つが非暴力犯罪の刑務所からの早期釈放でした。オバマ元大統領によって大統領直下の組織である全米薬物統制局（Office of National Drug Control Policy：ONDCP）のチーフに任命されたギル・ケルリコースキーは，就任してすぐに施設収容に頼らない薬物政策を提言しました。しかし，あくまで施設収容以外の選択肢を目指しただけであって，非犯罪化することまで宣言したのではなく，むしろ，社会内処遇を中心に行うということが想定されています。つまり，アメリカでは大麻などの合法化の流れは急速に進んでいますが，ハード・ドラッグについては依然として刑事司法を用いて薬物問題と向き合うという姿勢が，引き続き維持されることも予想されます。

　日本でも将来的には，国連などが推進する刑事罰に依存しない薬物政策の確立が望まれますが，まずは刑事司法の中でどのような支援が行えるのかを検討しているドラッグ・コートを検討することが重要です。なぜならば，すでに再犯防止推進計画の閣議決定の際に話題となったという報道もありましたし[37]，ハーム・リダクション政策を採用する国でも最初は刑事司法と支援が行われた後に社会保障による薬物使用のコントロールに切り替えています。特に厳罰化思考が根強い日本では刑事司法において薬物依存回復プログラムを提供しようとしているドラッグ・

---

[37] 2018年に閣議決定された「再犯防止推進計画」において，その検討の中で「ドラッグ・コート」について紹介され議論がなされたとする報道がなされた。産経新聞「再犯防止推進計画を閣議決定：薬物依存症対策など検討115の施策盛り込む」（2017年12月15日）https://www.sankei.com/affairs/news/171215/afr17121 50010-n1.html（2020年9月30日最終閲覧）

コートの運用とその理念を知ることが最初の1歩になるでしょう。

　ドラッグ・コート[38] では，薬物事犯者に対して，最初の段階で専門家によるアセスメントが行われ，通常の裁判を受けるか薬物犯罪専門の裁判を受けるかを弁護士とともに選択をし，被告人が決定できるようになっています。対象となる薬物事犯は所持や使用の罪に該当する人だけにとどまらず，薬物に関連して生じた窃盗などの犯罪もその対象となります。その窃盗の背景にある問題が薬物依存であるならば，窃盗の罪で刑務所に入っても，釈放後に薬物欲しさからまた窃盗が起きる可能性が高いからです。判決や決定までの期間をダルクのようなプロバイダーと呼ばれる外部の回復支援団体のプログラムを利用しながら，薬物を使用しない生活を目指すものとなっています。外部のプロバイダーは公設のものも私設のものもあり，集団療法やグループワークを中心として回復プログラムが行われ，定期的な出廷と尿検査を行いながら審理を継続していきます。被告人たちは「クライアント」と呼ばれ，この集中審理はドラッグ・コートごとに異なりますが，約1年ほどの期間で行われます。

　コロンビアなど南米の国からフロリダ州に大量にコカインが流入され，70年代後半から80年代にかけてマイアミでは薬物犯罪が激増していました。マイアミで裁判実務を行う関係者も同じ人を何度も徹底した刑罰で刑務所に送っても，また目の前に同じ人が現れるということを繰り返すうちに，「まるで回転ドアを見ているようだ」と表現するようになります。そして，刑事罰で威嚇を繰り返しても根本にある薬物依存の問題を解決しない限り回転ドアを止めることができないと考えるようになりました。そして，裁判官の裁量で審理期間を使いながら，起訴から判決が言い渡される間に，回復プログラムに参加し，無事に修了できたクライアントには裁判の手続を打ち切るという画期的な方法を始めます。そ

第6章　その人にあった「刑罰」を考えるということ

---

[38] James L. Nolan Jr. "Reinventing Justice: The American Drug Court Movement", Princeton University Press, (2003).〔翻訳本として，小沼杏坪監訳『ドラッグ・コート〜アメリカ刑事司法の再編』（丸善プラネット，2006）〕や，石塚伸一『日本版ドラッグ・コート〜処罰から治療へ〜』（日本評論社，2007）などを参照。

【図表5】問題解決型裁判所が重視する「10の鍵概念」

ドラッグ・コートのための10の鍵概念（10 Key Components）[*]	
1.　ドラッグ・コートは，アルコールとその他のドラッグのトリートメント・サービスを刑事司法手続と結合させる。	1. Drug Courts integrate alcohol and other drug treatment services with justice system case processing.
2.　対審構造にせず，検察官と弁護人は，憲法が要請する適正手続とドラッグ・コートの参加者の憲法的保障を遵守しながら，公共の安全を促進する。	2. Using a non-adversarial approach, prosecution and defense counsel promote public safety while protecting participants' due process rights.
3.　可能な限り早期にドラッグ・コートへの参加適合とみなされ，識別されれば，迅速にドラッグ・コートのプログラムに参加させられる。	3. Eligible participants are identified early and promptly placed in the drug court program.
4.　ドラッグ・コートは，アルコールやドラッグ，さらにその関連犯罪に対しトリートメントおよび社会復帰に向けたサービスへのアクセスを提供する。	4. Drug courts provide access to a continuum of alcohol, drug and other related treatment and rehabilitation services.
5.　アルコールおよびドラッグのクリーン状態は，頻繁に行われる薬物テストによってモニタリングされる。	5. Abstinence is monitored by frequent alcohol and other drug testing.
6.　調整された薬物戦略が，参加者に対しドラッグ・コートの影響を与えることができる。	6. A coordinated strategy governs drug court responses to participants compliance.
7.　個々の参加者と裁判所の間で繰り広げられる相互作用が重要である。	7. Ongoing judicial interaction with each drug court participant is essential.
8.　モニタリングとそれに対する評価こそが，プログラムの達成度とその有効性などを測定することができる。	8. Monitoring and evaluation measure the achievement of program goals and gauge effectiveness.
9.　学際的な教育を継続することが，ドラッグ・コートの立案，実行，および運営を効果的に促進させる。	9. Continuing interdisciplinary education promotes effective drug court planning, implementation, and operations.
10.　公的機関，地域社会に根ざした組織間の協力関係を強化することが，その地域での支援を生み，ドラッグ・コートの有効性を強化する	10. Forging partnerships among drug courts, public agencies, and community-based organizations generates local support and enhances drug court effectiveness.

[*]National Association of Drug Court Professionals Drug Court Standards Committee, "Defining Drug Courts: The Key Components", 1997. https://www.ojp.gov/pdffiles1/bja/205621.pdf
【注】丸山泰弘「問題解決型裁判所～ドラッグ・コートを中心に～」須藤明＝岡本吉生＝村尾泰弘＝丸山泰弘編著『刑事裁判における人間行動科学の寄与～情状鑑定と判決前調査～』（日本評論社，2018）138-139頁から転載。

れが 1989 年にフロリダ州マイアミ市デイド郡にあった第 11 巡回裁判所で初めて行われたドラッグ・コートでした。

　注目すべきは，ドラッグ・コートでは認知行動療法をベースに運用されているために，トライ・アンド・エラーが回復に重要な要素であると捉えているところです。そのため，尿検査で陽性反応が出たとしても裁判手続と回復プログラムが打ち切られることはありません。それも 1 度や 2 度でなく，何度も再使用が繰り返されようと審理は継続されます。なぜならば，再使用そのものが次に薬物を使わない生活を送るためにどうすれば良いのか知る機会であり，そして否認の病とも言われることがある薬物依存の問題において「自分は依存症ではない」と考えがちなクライアントが薬物に対して無力であることを知ると同時に，次に薬物の渇望があった場合に心理的な圧迫や感情ではなくソーシャル・スキルとしてどのように回避するかをソーシャル・ワーカーやケース・ワーカーとともに考えていくためであると言われています。つまり，トライ・アンド・エラーの実践をしていくための課題を示すものであるからです。

　それぞれの州や郡で運営されているドラッグ・コートは，システムやプログラム，その期間など独自に展開されています。例えば，有罪答弁前に行うドラッグ・コートもあれば，有罪答弁後に行われるものもあります。また，執行猶予段階で行うものもあります。このように多種多様なドラッグ・コートが存在するために，運営スタイルを完全に説明するのは困難ですが，どのドラッグ・コートも守るべき 10 の鍵概念が全米ドラッグ・コート専門家会議で示され，共有されています[39]。

2　治療的司法と問題解決型裁判所

　1989 年に実務家の実践から始まったドラッグ・コートは，その後急

---

[39] アメリカ司法省：U.S. Department of Justice "Defining Drug Courts: The Key Components" (1997)　https://www.unodc.org/documents/ungass2016/Contributions/Civil/Drug_Court_Professionals/Key_Components.pdf（2020 年 9 月 30 日最終閲覧）

速に全米に広がりました。全米ドラッグ・コート専門家会議のデータによれば，全米に 3,316 を超えるドラッグ・コートをベースとする「問題解決型裁判所」が運営されています[40]。革命とまで言われたそのドラッグ・コートの拡大で，ドラッグ・コート型裁判の考え方と運用が様々な形態へと変化していきます。例えば，成人用に始められたドラッグ・コートでしたが，少年の薬物問題を抱えている被告人に運用されるようになり，しだいに親権を争うファミリー・コートなどでも薬物問題を解決するのにドラッグ・コート型のアプローチが応用されるようになっていきます。さらには，逸脱行動の根本にある問題について裁判をきっかけとして改善を図るという方法が注目されるようになりました。この根本にある社会問題の解決を図る裁判所こそが「問題解決型裁判所」といわれるものです。

　ただし，現場で裁判を実践していた実務家の試みから始まったドラッグ・コートとその応用である問題解決型裁判所ですが，理念・概念となるものは別のところにありました。それがブルース・ウィニックとデイビッド・ウェクセラーが創始者とされる「治療的司法：Therapeutic Jurisprudence」（以下，TJ）というものでした。TJ の用語が初めてウェクセラーによって使用されたのは 1987 年の National Institute of Mental Health へ寄稿したペーパーからだとされています。その後，この TJ の概念が大きく展開されるのは 90 年代に入ってからです。もともと精神保健法の分野で考えられていた TJ の基本的な考え方は，刑事司法手続や裁判そのものが，そこに巻き込まれた人に与える影響はとても大きなものであり「治療的」にも「反治療的」にも作用することがあるので，法律上の諸価値を侵害することなく社会科学の知見を活かして，その影響を本人にとって「治療的」になるように活用すべきであるというものでした[41]。注意点として，「Therapeutic」の用語が「治療的」と訳され

---

[40] 全米ドラッグ・コート専門家会議（National Association of Drug Court Professionals：NADCP）　https://www.nadcp.org/wp-content/uploads/2018/11/US-Drug-Court-Fact-Sheet-2018.pdf（2020 年 9 月 30 日最終閲覧）

[41] Christopher Slobogin "Therapeutic Jurisprudence: Five Dilemmas to Ponder", Da-

ているために医療行為を想像させますが，ここでいう「治療」は医療行為ではなく社会的に抱える「生きづらさ」の解消といったものです。例えば，薬物依存症の問題を抱える人に，医療行為としての治療を施すのではなく，虐待経験からくるトラウマや，DV などを受けていることで生じる問題からの離脱といった社会問題そのものの解消を図ることを指しています。特に，TJ の「司法が介入する際に与える影響を可能な限り良い作用になるようにすべき」という概念が，問題解決型裁判所の裁判を行う際にクライアントが抱える問題を発見し，その解決を図るという実践に適合した形となりました。その後，実務家が実践の中で始めたドラッグ・コート側からは「ドラッグ・コートの理念を示すのは TJ である」と言われ始め，精神保健法の 1 分野でしかなかった TJ の研究者の側からは「TJ の概念を実践しているのがドラッグ・コートである」として，お互いが共通認識として捉え合うようになっていきます[42]。

　その後，1995 年には司法省の中にドラッグ・コート・オフィスが設立され，予算が付けられるようになると瞬く間に全米へと拡大し，ニュージーランドやオーストラリアなど国外にも展開されていくことになります。また，問題解決型裁判所もギャンブル依存が問題となって窃盗などを繰り返す人のためのギャンブリング・コート，酩酊運転を繰り返す人のための DUI/DWI コート，DV 問題に特化した問題に取り組む DV コート，退役軍人特有の問題を解決するベテランズ・コートなど，表面に現れた犯罪行動だけに注目し刑罰を科すだけでは真の問題解決とはならない問題に取り組むようになり，様々な社会問題に TJ の概念を応用しながら発展を遂げていきます。このような裁判形態の変化は，新たに法廷の内外で活躍する司法専門のソーシャル・ワーカーなど新たな

第6章　その人にあった「刑罰」を考えるということ

---

vid B. Wexler and Bruce Winick "Law in a Therapeutic Key", Carolina Academic Press, (1996), p767.

[42] Peggy Fulton Hora, William G. Schma and John T. A. Rosenthal "Therapeutic Jurisprudence and the Drug Court Treatment Court Movement: Revolutionizing the Criminal Justice System's Response to Drug Abuse and Crime in America", Notre Dame Law Review, Vol. 74, Issue 2, (1999), pp. 439-537.

職種を生み出すとともに，法曹三者にも従来の刑事裁判とは大きく異なる役割が与えられるようになっていきます。

3　法曹三者に「できること」と「できないこと」

　ノーランは伝統的な刑事裁判で裁判官が薬物事犯の被告人に与えていた「反治療的」な効果について以下のように述べています。すなわち，「回復の途上の薬物問題を抱えている人やアルコールの問題を抱えている人は，通常であれば自身の行動について責任を認めようとはしない。むしろ，それまでの自身の苦しみを与えてきた環境や他人を非難する傾向がある。そのような状態では法を遵守する自尊心そのものが欠如していることがある。そういう人たちに対し，裁判所が刑罰を言い渡すだけで済んでいると思っている限り，彼らの否認は継続されるであろう。（中略）繰り返される犯罪行動の中で，この反治療的な要素を認識できないのであれば，問題の本質を見逃すことになり，薬物問題への効果的で長期的な取り組みは無駄なものとなり，危機を長期化させることになる。」というものです[43]。

　筆者は，これまで 20 か所以上のドラッグ・コートを訪問しインタビュー調査を行ってきました。また，2018 年 8 月から 2020 年 3 月まではUCバークレーで学ぶ機会を得たことをきっかけに，オークランドのドラッグ・コートやメンタルヘルス・コート，ソノマ郡のDUIコートなど数多くの問題解決型裁判所にて長期間の研修を行ってきました。その全ての問題解決型裁判所で司法専門のソーシャル・ワーカーが配置され，被告人とのアセスメントや本人の希望の聞き取り，そして抱えている悩みに真摯に取り組んでいました。たまに，裁判官が感情的に怒り出した時もソーシャル・ワーカーが中心となり，クライアントに試すべきプログラムの提案をしていました。そして，いずれの問題解決型裁判所においても，裁判官も検察官もソーシャル・ワーカーや回復支援施設の

---

[43] Nolan・前掲注 38）51 頁。

スタッフの存在をプロフェッショナルな意見として尊敬し，ソーシャル・ワーカーの見立てを尊重していました。

　筆者は全米ドラッグ・コート専門家会議にも定期的に出席しています。この会議では，3000 を超える全米のドラッグ・コートの中から優秀なチームが講師となり，現場で困っているスタッフたちとケース会議をするようなワークショップが開催されます。その 2013 年の会議では，優秀な成績を残しているとしてカリフォルニア州のサンタバーバラのドラッグ・コートのチームが「Building a Treatment Team that Works（効果的なトリートメント・チームの作り方）」というセッションを開いていました。そこで，サンタバーバラのチームが合言葉として大切にしていることは「Keep perspective, you can not save everyone. Sometimes you have to throw in the towel and move on. Make room for someone you can help.（冷静に物事を把握しよう。あなたは全ての人を救うことはできない。時折，タオルを投げ（降伏し）なければならない。あなたにできる支援をしよう）」であると述べていました。そして，法廷に関わる関係者で「自分だけができる」というタグの取り合いをしないということも強調していました。彼らの合言葉が示しているのは，お互いが専門家として尊重し合うことが重要であることであり，裁判官であるから，検察官であるから，といった立場で，薬物依存の問題を理解できているという勘違いをしないということでありました。特に，薬物依存からの回復については，もともと使用経験のある支援団体の人の知識に敵うはずもなく，圧倒的に知識量も多いと尊重しています。

　一方で，弁護士や支援者もクライアントのために何でもできると勘違いしてはならないという意味も込められています。本人の回復に興味を示さず，接見にも行かない弁護士などもいる中で，親身になって被告人の生活の再建について一所懸命に取り組んでいる弁護士や支援者の方々がいることはとても重要なことですが，それぞれの専門分野からできることをやり切ることが大切で，何でもしてあげられると考えるのは危険であるということがサンタバーバラの合言葉であったのです。つまり，クライアントが薬物を使用しないでも生活が送れるようにということが

法廷関係者全員のゴールであって，そこに軸足を置いて，それぞれの専門家がそれぞれにできることを精一杯やるということが大事なのです。

　この指摘は，今後の日本に対しても重要な示唆をしています。日本の「再犯防止」の考え方は，本人の立ち直りの支援の結果に再犯が抑えられたという側面よりも，本人の人権などは二の次で社会や市民の安全のために対策がとられる「再犯防止」の側面が強いです。こういった排除型社会[44]を背景にした「再犯防止」は，社会安全のために人権が無視されることが起きます。これらは学説的にも自由刑純化論などの従来の学説でも反論の余地がありますが，むしろ現在の新自由刑の議論は過剰包摂型社会[45]を背景にした「本人のためだから治療も強制される」という新たな保安処分論を引き起こしかねません。これが，筆者がクライアントを主体とした刑罰に依存しない薬物政策が必要であると考える理由の1つでもあります。このように，刑事罰を土台にして行う「より治療的」で「より福祉的」な薬物政策は依然として問題も抱えています[46]。

---

[44] ジョック・ヤング（青木秀雄ほか翻訳）『排除型社会：後期近代における犯罪・雇用・差異』（洛北出版，2007）

[45] ジョック・ヤング（木下ちがやほか翻訳）『後期近代の眩暈：排除から過剰包摂へ』（青土社，2008）

[46] 丸山泰弘『刑事司法における薬物依存治療プログラムの意義〜「回復」をめぐる権利と義務〜』（日本評論社，2015）

むすびにかえて

　ここまで実務家に対し，特に法曹三者の専門家について理想だけを述べてきました。では，刑事政策・犯罪学の専門家たちは反省すべきことはないのでしょうか。自戒を込めて最後に触れておきます。犯罪学や刑事政策の知見が日本の犯罪対策に活かされていないのかもしれません。例えば，反省させるほど再犯が増えるとした犯罪学の知見がありますが，行刑改革会議などで特別改善指導として被害者の視点に立った教育がエビデンスの議論もなく導入されています。この被害者の視点に立った教育は，現在実践の中で様々な専門家がより良いものが行えるように海外での実験やプログラムを研究して努力を重ねていますが，さらに同時期に特別改善指導として導入された暴力団離脱指導などについてはエビデンスはなく倫理的に「あるべき論」で行われているようにもみえます。特に，犯罪に関する分野は「あるべき論」で語られがちですが，エビデンスに基づいた政策の決定が望まれています。今の犯罪対策は専門家が言いっぱなしで何が効果のあることなのか実証をしようとする向きが少ないようです。それらを打開するために取れる方法としては，政策提言者は責任を取るべきなのではないでしょうか。ここで述べている「責任を取る」というのは，政策の失敗だと判明した際にそのポストを辞職するということではありません。そうではなく，しっかりとしたエビデンスを収集し，専門的な知見に基づいて判断をし，検証の結果が望ましい結果でなかったのであれば，そのデータを活かして次の政策を考察するという責任の取り方があっていいのではないでしょうか。

　真の問題解決のために，それぞれの専門家がそれぞれにできることをやる必要があります。

事 項 索 引

著 者 紹 介

神 林 美 樹 (かんばやし　みき)

弁護士（弁護士法人ルミナス）
日弁連刑事弁護センター幹事（責任能力 PT 所属）。
第一東京弁護士会刑事弁護委員会委員，裁判員裁判部会員等を務め，
性依存・窃盗症などの行為依存の問題や，精神障害を抱えている方の
弁護に注力している。
〈表彰〉
第 12 回季刊刑事弁護新人賞最優秀賞。

斉 藤 章 佳 (さいとう　あきよし)

精神保健福祉士／社会福祉士（大船榎本クリニック精神保健福祉部
長）
大卒後，アジア最大規模といわれる依存症施設である榎本クリニック
にソーシャルワーカーとして，約 20 年に渡りアルコール依存症を中
心にギャンブル・薬物・摂食障害・性犯罪・児童虐待・DV・クレプ
トマニアなど様々なアディクション問題に携わる。その後，2020 年 4
月から現職。
専門は加害者臨床で現在まで 2000 名以上の性犯罪者の治療に関わる。
また，都内更生保護施設では長年「酒害・薬害教育プログラム」の講
師をつとめている。小中学校では薬物乱用防止教育をはじめ，大学で
も早期の依存症教育に積極的に取り組んでおり，全国での講演も含め
その活動は幅広くマスコミでも度々取り上げられている。
（主な著書）
『性依存症の治療』（金剛出版，2014）（共著），『性依存症のリアル』
（金剛出版，2015）（共著），『男が痴漢になる理由』（イースト・プレ
ス，2017），『万引き依存症』（イースト・プレス，2018），『小児性愛
という病─それは，愛ではない』（ブックマン社，2019），『しくじら
ない飲み方─酒に逃げずに生きるには』（集英社，2020），『セックス
依存症』（幻冬舎，2020）
（監修）漫画『セックス依存症になりました。』（津島隆太作，集英社）

菅 原 直 美 （すがわら　なおみ）

弁護士（多摩の森綜合法律事務所）
成城大学治療的司法研究センター客員研究員，保護司。
日弁連刑事法制委員会幹事，弁護士会多摩支部刑事弁護委員。
（主な著書）
指宿信監修・治療的司法研究会編著『治療的司法の実践―更生を見据えた刑事弁護のために―』（第一法規，2018）
季刊刑事弁護増刊『情状弁護アドバンス』（現代人文社，2019）

中 原 潤 一 （なかはら　じゅんいち）

弁護士（弁護士法人ルミナス・代表）
日弁連刑事弁護センター幹事（責任能力 PT・法廷技術小委員会等に所属），
埼玉弁護士会裁判員制度委員会副委員長，子どもの権利委員会委員。
獨協大学法科大学院特任助教（〜2016 年 3 月）等を務め，刑事弁護に注力している。
（主な著書）
季刊刑事弁護増刊『情状弁護アドバンス』（現代人文社，2019）

林　　大 悟 （はやし　だいご）

弁護士（弁護士法人鳳法律事務所）
成城大学治療的司法センター客員研究員。
日弁連刑事弁護センター幹事（責任能力 PT）。
日弁連の発展型研修の研修講師として各地の弁護士会で講義活動多数。
クレプトマニア弁護の第一人者。

丸 山 泰 弘（まるやま　やすひろ）

立正大学法学部准教授（刑事政策・犯罪学）。博士（法学）。

龍谷大学犯罪学研究センター嘱託研究員，成城大学治療的司法研究センター客員研究員。

2017年ロンドン大学バーベック校：客員研究員，

2018年～2020年カリフォルニア大学バークレー校：客員研究員。

（主な書籍）

丸山泰弘『刑事司法における薬物依存プログラムの意義～「回復」をめぐる権利と義務～』（日本評論社，2015）〔2016年守屋研究奨励賞受賞〕。

須藤明，岡本吉生，村尾康弘，丸山泰弘編著『刑事裁判における人間行動科学の寄与～情状鑑定と判決前調査～』（日本評論社，2018），丸山泰弘編『刑事司法と福祉をつなぐ～罪を犯した人への福祉的支援を考える』（成文堂，2015）など。

行為依存と刑事弁護
性依存・窃盗症などの弁護活動と治療プログラム

2021 年 3 月 8 日　初版発行

著　者　　神林美樹
　　　　　斉藤章佳
　　　　　菅原直美
　　　　　中原潤一
　　　　　林　大悟
　　　　　丸山泰弘

発 行 者　和　田　　裕

発行所　日本加除出版株式会社

本　　社　郵便番号 171-8516
　　　　　東京都豊島区南長崎 3 丁目 16 番 6 号
　　　　　T E L　(03) 3953-5757（代表）
　　　　　　　　　(03) 3952-5759（編集）
　　　　　F A X　(03) 3953-5772
　　　　　U R L　www.kajo.co.jp
営 業 部　郵便番号 171-8516
　　　　　東京都豊島区南長崎 3 丁目 16 番 6 号
　　　　　T E L　(03) 3953-5642
　　　　　F A X　(03) 3953-2061

組版・印刷・製本　㈱アイワード